刘魁立文集

4

刘魁立节日节气论集

刘魁立 著　张建军 编

黑龙江教育出版社

图书在版编目（CIP）数据

刘魁立节日节气论集 / 刘魁立著；张建军编. --
哈尔滨：黑龙江教育出版社，2023.9
　（刘魁立文集）
　ISBN 978-7-5709-3949-7

　Ⅰ．①刘… Ⅱ．①刘… ②张… Ⅲ．①节日－风俗习
惯－中国－文集②二十四节气－文集 Ⅳ．①K892.1-53
②P462-53

中国国家版本馆CIP数据核字(2023)第193985号

刘魁立节日节气论集

LIUKUILI JIERI JIEQI LUNJI

刘魁立 著　　张建军 编

责任编辑	李中苏　张　鑫
责任校对	赵美欣
出版发行	黑龙江教育出版社
	（哈尔滨市道里区群力第六大道1313号）
印　　刷	牡丹江市赢美教育印刷有限责任公司
开　　本	720毫米×1000毫米　　1/16
印　　张	17.75
字　　数	262千字
版　　次	2023年9月第1版
印　　次	2023年9月第1次印刷

书　　号　ISBN 978-7-5709-3949-7　　　**定　价**　98.00元

黑龙江教育出版社网址：wwwHLJEP.com.cn

如需订购图书，请与我社发行中心联系。**联系电话：**0451-82533097　82534665

如有印装质量问题，影响阅读，请与印刷厂联系调换。**联系电话：**0453-6938118　6682299

如发现盗版图书，请向我社举报。**举报电话：**0451-82533087

2021 年 4 月 25 日，刘魁立先生在上海图书馆"非遗大讲堂"，举办"中国人的时间制度"讲座。

2018 年，刘魁立先生在调研中休息

2019 年 7 月 23 日，大暑节气，刘魁立先生在考察浙江台州送大暑船习俗时接受采访

2016 年 11 月 15 日，刘魁立先生在湖南省资兴市瑶族盘王节上致辞

编 委 会

自　序

这部文集选录的文章是我从20世纪50年代开始至今，特别是进入21世纪以来所写下的部分文章。在这篇自序里，我想谈谈我同中国民间文化的情缘，我学习、研究的历程和感受，以及文集各卷的内容和写作初衷。

《十兄弟》的故事和民歌《小白菜，地里黄》，是我很小的时候就听过、唱过、十分喜爱过的。可是，我知道"民间文化"这个词儿，并且认真学习和系统了解这方面的知识，却是二十岁以后的事情。

童年时代的生活不堪回首。我一生下来看到的就是侵略者统治的天日。家里的老人不识字，整天为生计而劳苦奔波，我不记得他们对我有过什么直接的民族主义的、爱国主义的教育，只是他们关于关内家乡的甘甜的回忆和不能归去的苦味的遗憾，有时使我感到某种困惑。身在其中的年节习俗和深感有趣的婚丧礼仪，"孟姜女哭长城""牛郎织女""嫦娥奔月""屈原投江"等传说、故事，以及说话、识字和偶尔看到但又不甚了了的几出戏文，差不多囊括了我关于祖国文化的全部知识。

1945年，11岁的我才有了祖国，之后才感受到祖国的可亲可爱。1950年初中刚毕业，就怀着赤子之心，接受祖国的召唤，投身到一个解放军部队系统所属的学校学外语，随时准备着到炮火连天的战场上去卫国保家乡，那时才刚满16岁。1953年烽火甫熄，我毕业留校，担任外语语法教员。工作不久，就被派往苏联留学。

正是这个生活上的转折，使我在感情深处，从感性到理性，开始热爱起民间文化。

一年级的课程很重很重，时间排得满满的，有的时候从早上九时到晚上九时连续上课。在所有的课程里我最爱听的是拉慈克教授的古希腊罗马文学和契切洛夫教授的俄罗斯民间文学。由于对民间文化的迷恋，因而在二年级时我坚持完成了以民间故事为题的学年论文。我还利用假期参加了民间文学考察队。这在各国留学生中也没有先例，因此在办出差手续时还出现了一些麻烦。

带领我们下乡的是年过半百的鲍米兰采娃教授。行前的准备很充分、很细致、很周详。因为中国学生的声誉好，所以她把一台新配置的录音机交给我携带、管理和操作。这台四五公斤重的机器当时算是最袖珍、最先进的民用录音设备了。我们要考察的地方是当时苏联最著名的民间故事家科洛里科娃的家乡伏罗涅什州安娜区老托以达村。

回校后，我便着手整理我在搜集工作中的体会，并参考我从出国以来就一直订阅的《民间文学》杂志上的文章，写出了《谈民间文学搜集工作》的长文。文章寄出后，很快就刊登在1957年6月号的《民间文学》杂志上。

没想到，这一篇讨论民间文学搜集工作的文章，在很短的时间内竟引发出那么多的批评，乃至形成了一场关于民间文学搜集整理的大讨论。当然也有隐约地持赞同观点的，但持反对意见的居多，以至我不得不在1960年另写一篇文章重申我的观点，并对我不同意的见解给以总的回答。虽然这两篇文章今天看来显然不乏偏颇、幼稚主观、生硬的地方，但在我本人来说，基本观点并未改变。

1957年，在一个大的政治运动背景下，在民间文学搜集问题上，民间文学界曾经批判过"一字不动论"。被当作"一字不动论"代表而受到批判的钟敬文先生后来对我说，只有你的文章里写过搜集要"一字不移"，我是代人受过。这虽是一句玩笑话，但却饱含着无数的辛酸。我当时作为一个尚未入门的学生，认为搜集与出版是两回事，出版由于目的不同又当分作若干情况。但不管怎样，在最初记录的时候，都要准确忠实，一字不移，这应该成为一条原则。此前我虽读过一些书籍、文章，但限于当时的条件，没有系统地学过中国民间文学课程，对中国民间文艺学的历史所知不多。当时，在国外，读了批判"一字不动论"的文章，还以为真有那样的应该受到批判的"反动"主张，无论如何我也没有和自己联系起来。过了很多年，知道事情是由我的文章引起，殃及一位老学者代我受过，心里有说不出的愧疚和不安。

留学期间，我多次参加考察队，到边远的农村，进行民间文学调查，搜集作品；还到过邻近芬兰边境的卡累利亚地区，寻访过接近消亡的民间史诗的踪迹。多次的下乡考察，以及我选修的托卡列夫教授的《世界民族学》、梅列金斯基教授的《史诗原理》《神话诗学》等课程，是那样强烈地吸引着我，以至使我在由大学本科生转为研究生时，选定了民间文学作为专攻的方向。1958年，我回国参加了中国民间文艺研究会第二次代表大会，看到祖国欣欣向荣、热火朝天的情景，看到新民歌运动的蓬勃场面，更加坚定了我学习民间文学专业的决心和信心。

起初，我忙于应付不易通过的副博士基础考试，对如何做研究工作，茫然不知。我曾就此请教过导师契切洛夫教授，他笑着对我说，我告诉你一个秘密——我也没有掌握这方面的诀窍。我们可以试着做，我指给你几本书，你读过一本，这一本就会引导你去读另外三本，那三本又会引导你继续向前走；当然，研究工作不光是读书，还有其他的实践活动，不过道理是一样的。

在苏联读书期间，我真的是嗜书如命。而且见了好书就买，所有的助学金，除了吃饭，其余的全部买书了。买新书自不必说，旧书店我也常去光顾。《原始文化》《金枝》《拉法格原始文化论集》《作为文艺批评家的恩格斯》《赫哲人》《历史诗学》等，乃至本专业一些十月革命前出版的旧书，都是我在旧书店淘到的。

在读书的过程中，我有时也会把中国的学术发展道路同俄国民间文艺学的历史进程进行比较。我发现，中俄两国的情况是很不相同的。俄国由于斯拉夫学派和西方学派两种思潮的激烈斗争，在民间文艺学界，神话学派和流传学派便特别活跃，但人类学派却没有得到充分的发展。中国则不然。鉴于中国文化思想发展的特点、中国的国情，以及英国学术思想的影响等原因，使得人类学派的学术观点在中国民间文化研究的各个领域大有市场，渗透广泛。鉴于这种情况，我对人类学派的原著，以及它的发展状况便十分留意，后来我还特意选定了《俄国民间文艺学中的人类学派》作为我专题论文的题目。

令人痛心的是，时隔不久，契切洛夫教授因心脏病发作，英年早逝。后来便改由民间故事研究专家鲍米兰采娃教授担任我的导师。她征求我的意见，写论文是选关于俄国文学的题目，还是选关于中国文学的题目？我想既然要学真知识就不要怕困难，要学导师最独到、最有成就的部分。于是我选定俄国农奴制改革时期的民间故事作为研究对象。最后在进行学位论文答辩时，题目便是这时期的民间故事中的现实与幻想问题。

完成答辩并获得学位后，我返回祖国，回到我的母校黑龙江大学担任教学工作。

我讲授过一年中国民间文学课，后来受全国形势的影响，这门课停授，我被分配讲授"当前文艺评论"课程。这期间使我受益终身、永远不能忘记的是，在黑龙江省文联的支持下，我多次到省内各地进行民间文学调查和搜集工作。当时我们的计划是很有规模的，我曾经设想，在若干年内，要按地区、按民族、按职业，把全省民间文学蕴藏和流传的情况都考察一遍。我们曾经对满族、朝鲜族、回族、赫哲族进行过民间文学调查，还专程搜集过抗联的传说。当时的条件很差，能够用的只有笔和纸。记得我们曾经借到一台美国20世纪二三十年代制造的录音机，是用钢丝录音的，机器有十几公斤重。扛到乡下，电压不稳，录音机快快慢慢、转转停停，几乎没法工作。于是又在专区借了一个稳压器，这个大铁疙瘩比录音机还要重。我同一位年岁比我大的先生，拿了一根四五寸直径的长木杆子，抬着这两个"宝贝"，身上还背着行囊，就这样一村一村地采访着、调查着。在我所在的黑龙江省的范围里，居住着那么多的少数民族同胞，他们的传统文化又是那样的丰富多彩，这使我非常惊异、非常兴奋，好像在我面前打开了一座收藏着无数奇珍异宝的宝库。这些调查使我实际地观察和了解到中国民间文学现实存在的状况和环境，使我更了解了创造和保存这些文化遗产的人民群众。

进入20世纪70年代，一种想做些有益事情的强烈情绪，在时时躁动，最后驱使着我仍旧回到原来钟爱的领域，开始偷偷地翻译起拉法格的原始文化论著。我在我的译稿本上写过一段感想，其中一句是："愁苦灯下译旧书，相寄难言隐。"后来，我还翻译了《列宁年谱》，车尔尼雪夫斯基描写农奴制改革前夕俄国思想斗争的小说《序幕》等著作，总共有两百多万字。

1979年春，我从黑龙江调到中国社会科学院文学研究所工作。一到北京，我就有幸参与了恢复中国民间文艺研究会、准备文代会等重大活动的部分工作。看到贾芝、王平凡、毛星等几位前辈为恢复中国民间文艺研究会而精心筹划、四处奔走，我深受感动。通过起草文件、筹备会议的具体工作，通过亲自参加"中国民间诗人歌手座谈会"和第四次文代会以及中国民间文艺研究会代表大会，我接触到了全国知名的故事家、歌手、搜集家、理论工作者。他们心中有一团火，烧得很旺；文化创造的激情，如奔腾的马群、如澎湃的春潮，不可遏止。看到这些，我感到有很多事要我去做，而且感到能够做这些事是愉快的、幸福的。

1980年我协助毛星编撰《中国少数民族文学》一书，这使我有机会较为切近而且较为深入地观察和了解生活在新疆、云南、贵州、四川、湖南等省区的民族以及他们的文化历史，特别是他们的文学、艺术。我全身心地投入到这项工作中，跑了很多地方，结识了非常多的朋友，学到了很多很多新鲜且有益的知识。那段时光是永远值得珍藏、永远不能忘怀的。通过实地调查、访谈，以及同各民族学者一起研究问题、讨论提纲和修改书稿，我的面前展现出了一个全新的天地，这比起当年听托卡列夫教授讲世界各民族文化课程时像看电影、看画图似的纸上谈兵，不知要亲切多少倍、具体生动多少倍。

在新疆，为了撰写俄罗斯民间文学概况，我们特地把俄罗斯族同胞邀集在一起，他们像久别重逢的亲人，那么冲动、兴奋，他们唱起久已不唱的民歌，跳着热烈火热的民间舞蹈，每个人都心情激动、如醉如痴。

在西双版纳，我们参加了一位傣族同胞新房落成的庆贺仪典，新建好的竹楼尚未打隔断，像是一个大礼堂。屋内摆放着十几张小方桌，周围坐了几十个人，桌上摆着酒、肉和其他傣族食品。许多品级不同、技艺有别的民间演唱家——"赞哈"，分散地坐在各自的听众中间，拿着纸扇遮住脸，为大家演唱。据说从前的听众是用投币的方式表示喝彩，所以民间艺人的纸扇以破为佳。那天，各位"赞哈"的演唱虽也有比试高低的意味，但未见有听众投币的场面了。过了一段时间又开始立灶石的仪式，所有宾主活跃而激动，虔诚而严肃……夜半之后，回到住宿的竹楼，我听着远处仍然狂放不歇的歌声，辗转反侧，思绪万千。虽然我赶了一天的路，困乏到了极点，但无论如何也睡不着。一阵无声的润雨像轻风一样飘过，空气是清新的，我的心绪也是清新的。我想，我要把世世代代流传的文化遗产搜集起来，加以整理、研究，让这些优秀的传统得以传承和发展，这也是我们共同的历史责任。

《中国少数民族文学》付排以后，我便有时间放开思路考虑问题。我感觉到，我们要运用科学的辩证唯物主义和历史唯物主义的理论和方法，深入实际，全面掌握和分析民间文化的现实状况和真实材料；同时还要总结和借鉴人类智慧之光已经照亮的科学发展道路，包括中国学者和外国学者已经走过的探索历程。有鉴于此，我开始研究欧洲民间文化研究史问题，并着手撰写这方面的系列论文。评论神话学派、流传学派、人类学派经典等文章就是这样写成的。

为了认识和分析当代国外的五光十色的新理论、新观点，我认为有必要以简捷的办法和较快的速度追溯其历史，明了其根源，这样才不至于在一些时新论调的绚丽的外衣和炫目的光彩面前感到困惑莫解。于是，1985年开始，我策划主编了一套《原始文化名著译丛》，希望能把欧洲民间文化研究最基本的理论著作介绍给国人，尽快填补这一空白，免去学人再在二三流著作上花费更多的精力和时间。我希望我国学界能在较短时间内迎头赶上，充分利用我国的优越条件，做出贡献，在广泛的国际学术对话中发出更高更强的声音。

策划和组织《原始文化》《金枝》等一系列名著的翻译，花去我很大精力，但我觉得是值得的。我还认为，我有责任把自己关于这些著作的认识和分析陈述出来，供读者参考。《泰勒和他的〈原始文化〉》《论〈金枝〉》等文章写出后便以序言的形式刊印在各部著作之前。写这些文章我是当作研究工作来做，而不是当作一般的介绍来写的。尽管这样做更费气力，而且也并不容易得到认可，但心里却是踏实的、快慰的。

自20世纪80年代开始，我国的民间文化研究事业进入了一个前所未有的新的历史发展阶段。民俗学经过几十年的消歇之后重新振兴，这是学术界一件值得庆幸的大事。顾颉刚、钟敬文等几位知名教授的大声疾呼，既是这一历史潮流的具体体现，也为这一学科的振兴提供了助力。钟敬文先生提名，中国社会科学院领导责令我协助筹备成立中国民俗学会，在不算很长的时间里，草拟章程、筹建组织机构、发展会员、制定工作规划、申请经费——一切工作准备停当，1983年5月21日在北京召开大会，宣告中国民俗学会成立。在以后的几年里，作为第一任秘书长，在学界前辈诸位理事长的领导下，我协同秘书处各位同仁，筹划并开展了一系列研究和普及、学术讨论和队伍建设等工作。陶立璠教授和已故张紫晨教授具体负责的全国民俗学讲习班活动，便是这些工作中的重要一项。后来分布在全国各地从事民俗学研究和教学工作的人员，有很大一部分是经过这些讲习班培养训练的。本文集所收的《民俗学的概念和范围》一文，就是我在首届讲习班授课的录音记录。

在我早年学习的时候，就曾利用一切机会关心和涉猎民族学、民俗学的研究和发展状况，尽量多地选修和阅读，觉得这些是认识人类文化历史不可或缺的学科。在这一学科幸得复兴之后，看到学人身上迸发出来这样高涨的热情，也使我感到有些吃惊了。

这期间，学术界的文化热来势不弱，很多人学会了从更多的角度，更宏观、更悠远地看待事物。结合人民的文化创造，我想到文化层次的问题，同时还想到各种层次之间的关系问题。作为社会文化基础的民间文化素来不被重视，没有得到很好的研究，我们虽然生活在其中，但却知之甚浅。"不识庐山真面目，只缘身在此山中"，为了宣扬优秀的民间文化，1989年我组织策划出版了一套《中国民间文化丛书》，这套丛书一版再版，颇受读者的欢迎和专家的好评。

我一直认为，术语体系的严整规范程度是学科发展水平高低的标志之一。我觉得，现在时机已经成熟，可以谈民间文化学的学科建构问题了。以往，我们也是囿于传统，把有关民间文化的各个门类统统放在"民俗学"的范畴里来观察、认识和研究，这或多或少地影响了关于民间物质文化、民间社会生活、民间精神生活中诸如民间建筑、民间技术、民间社会组织及亲族关系、传统伦理道德、民间文学、民间艺术等许多门类的本体研究，也使得对这些门类的观照多偏重"传统惯习"的侧面，而不能涵盖某一民间文化具体门类的全部本质、特点和功能等。当把一系列理应独立门户的分支学科总揽在"民俗学"的旗帜之下时，研究工作会不由自主地重视对象中的传承的因素、稳定的因素，而在一定程度上忽略创新的因素，变革的因素，时代的、因时因势而变异的因素；会不由自主地重视集体的因素、整个社会的因素，而在一定程度上忽略人的因素、每一个个体的因素。是否可以让民俗学专注于民间习俗的研究，而不使其"越俎代庖"，去统领其他学科分支呢？把涉及整个民间文化领域的所有基本理论问题交由民间文化学来研究，这样既"解放"了民俗学，也"扶正"了民间文化领域的其他分支学科。这个简单表述的学科建设的构想虽然是来自对民俗学、民间文艺学以及有关学科发展历程的观察和认识，但是这构想的科学性和现实性还需要长期的、严肃的、艰苦深入的实践活动来验证和体现。

20世纪80年代中期，我受命参加《中国民间故事集成》总编委会的工作和担任中国社会科学院少数民族文学研究所的领导工作，此外，还有许多不得不完成的其他工作。大量的行政事务和各种会议分去了我相当多的时间和精力，但也开阔了我的视野，使我在观察、分析和解决问题的方法和能力方面得到了一定的锻炼。参与中国民间文学三套集成的策划工作时，民间故事集成各省卷的初审、复审和终审以及此前编辑原则的制定和不断增补、修正，给了我极好的机会，更全面、更真实地了解了全国各省区各民族民间故事的实际状况。通过从事《民族文学研究》杂志的主编工作，我可以不断跟踪民族文学研究的发展进程。而几度为北京师范大学民俗学博士生讲授《欧洲民俗学史》课程，则逼着我重读和新读了很多书，重新认识了欧洲民俗学的历史道路，并且结合我国的实际，思考了一些问题。20世纪八九十年代，通过《中国少数民族文学史丛书》课题的启动，我们组织和团结了全国各兄弟民族的数十位学者，大家奋力攻关，撰写出四十余部民族文学史，这是一项具有历史意义的文化工程。在这项工作中，我作为课题负责人，费时很多，当然心得和收获也极多。此后所写的其他文章，如神话问题的探讨、《文学和民间文学》《历史比较研究法和历史类型学研究》《关于民族文化》《福乐智慧的象征体系》《和平与劳动的颂歌》等，也都各有各的故事，其中也不免有些"急就章"，是应各种形势之需要而赶写出来的，这里就不细说了。这期间，让我极度感念、难忘的是和叶涛、巴莫曲布嫫、尹虎彬、施爱东、林继富、张雅欣等几位青年才俊在一起切磋学问，那真是一段一心向学的快乐时光。

　　进入21世纪，我作为中国学者，与韩国、日本的民间故事研究权威专家崔仁鹤教授、稻田浩二教授一道，共同发起成立了"亚细亚民间叙事文学学会"，开展三国民间叙事的比较研究。三国学者的交流合作，多年来在民间传说故事的研究方面，做出了一定的贡献。

　　从21世纪初开始，从国际到国内，掀起非物质文化遗产保护传承的大潮，我出于对传统的民间文化的热爱，全身心地投入到这一广泛兴起的浪潮中。2003年、2004年所写的文章《培育根基 守护灵魂——中国各民族民间口头和非物质文化遗产概述》《关于非物质文化遗产保护的若干理论反思》《非物质文化遗产及其保护的整体性原则》，全是这种内心情感的积极外现。当时，由文化部的一位行政单位领导来统筹规划、具体领导非遗保护传承工作。2005年，国务院办公厅发布第一个非遗保护工作指导性文件《关于加强我国非物质文化遗产保护工作的意见》。我有幸参加了这一文件的起草工作。自此为始，我就积极参与文化部非遗司主持的国家级非遗代表作名录、代表性传承人名录、文化生态保护区名录，以及向联合国教科文组织申报人类非物质文化遗产代表作名录候选项目等的评审工作。近二十年时间所思考的问题、所写的文章，也几乎全都是以"非遗"的保护与传承为主题。这期间的思考和研究，实地调查和读书学习，让我仿佛进入了一个新的民众知识、传统文化的大课堂，让我活得饶有兴味，深受教益，很充实，很乐观，打从心底热爱中华民族的先人们祖祖辈辈留给我们的文化财富。

现在，呈献给各位尊敬的同行和亲爱读者的这部文集共分8卷。每卷各有单一书号，各卷彼此独立，以方便不同读者选择参阅。

《刘魁立民间文学论集》——本卷选录的民间文学研究文章，基于文献阅读、田野调查而撰写，意在挖掘本土文化的深厚蕴藏，借以推动学科前沿的理论构建，其中包括20世纪50年代提出的"忠实记录、一字不移"的田野考察理念，以及为关注口头叙事语境而提出的"活鱼要在水中看"的研究理念。20世纪80年代以来，结合经典案例，重新阐释和应用诸如"母题""情节""类型"等学术概念；提出"民间叙事的生命树"的理论范式；借鉴中外学术发展成果，整理和探索口头叙事作品的共时和历时研究以及类型研究、形态研究等的方法和路径；此外还讨论民间文学与民俗学的关系等问题。本卷文章，也在一定程度上约略地映射出中国民间叙事学走向现代化的发展历程。

《刘魁立民俗学论集》——20世纪80年代以来，我作为晚辈有幸协助钟敬文等学界前辈参与筹建中国民俗学会的工作,在学会安排下,担任首任秘书长,后来又相继担任过副理事长、理事长和荣誉会长。在相当长的一段时间内,推动中国民俗学的学科建设、促进中国民俗学会的组织发展,成为我的主要工作内容之一。本卷选录了我在学会成立当年举办的首届民俗学培训班上宣讲的民俗学基本原理讲稿,以及数篇有关中国民俗学会发展的报告和总结等,还有相当一部分文章,是我在民俗学领域陆续发表的专题研究成果,比如对欧洲民俗学神话学派、流传学派、人类学派等各学派代表人物、学术观点、历史地位及意义影响的梳理、分析和评论,以及涉及历史比较研究法和历史类型学等研究论文,希望这些文章能对拓宽中国民俗学的学术视域和促进本土理论发展产生一些积极的影响。

《刘魁立非遗保护论集》——作为我国非遗保护工作的志愿者,我始终要求自己能在非遗及其保护的理论建设方面有所贡献。在深度参与国家非遗保护制度建设、法规制定、项目评审和大量实地调查等工作的同时,在过去约二十年的时间里,我还尽量提炼和阐释了一些有关非遗研究的关键性理论命题,诸如非遗的共享性与基质要素守护、整体性原则、传承人问题、公产意识和契约精神、传承与传播、文化生态保护区建设等问题,希望对非遗保护的实践走向和有关非遗的基础理论建设,能带来一点积极的作用。本卷收录的文章大致勾勒出了我在中国非遗保护实践与研究中的个人足迹,同时在一定程度上也反映了中国非遗保护事业的时代剪影。

《刘魁立节日节气论集》——传统节日和二十四节气是中国人时间制度的重要组成部分。数十年来,我和中国民俗学会同仁不仅对新年、端午节、中秋节等重大传统节日及二十四节气进行了有深度的专题研究,还从中外比较、时代流变等视域出发,比较深刻地阐释了中国节日、节气体系与结构、内涵和意义等,努力推动中国生活方式中时间制度研究。我们组织完成了"民族传统节日与国家法定假日"课题,推动民族传统节日——清明、端午和中秋纳入国家法定假日,鼎力呼吁切实保护传统节日和二十四节气,深度参与了"二十四节气"人类非遗代表作申报工作,与中国农业博物馆相关领导、专家共同推动二十四节气整体性系统性保护。这本论集选录的文章，呈现了我在传统节日、二十四节气保护实践和在理论研究方面所做的一些工作与学术思考。

《刘魁立序跋集》——本卷选录自20世纪80年代至今我应邀写作的50余篇序跋，内容涉及民俗学、民间文学、少数民族文学及非物质文化遗产等学术领域。"中国民间文化丛书""中国少数民族文学史丛书"等大型学术丛书的序言，介绍了我对学科建设的一些努力和想法；"原始文化经典译丛"总序及相关中译本的序言，目的是促进中外学术对话，以助力中国本土理论的发展；《钟敬文民俗学论集》《东亚的时间：岁时文化的比较研究》等论著的序言，除了学问的探讨议论，还有尊师敬贤、虚心求教，与志同道合者的学术情感交流。这些序跋记录了我敞开胸怀与读者交流鉴赏这些作品的真实心路，也希望它们能够为亲爱的读者提供一条通往这些论著"内里"的门径。

《刘魁立访谈集》——本卷辑录的是20世纪80年代至今的部分访谈内容，主要分为访谈、发言、报道和回忆四类。这些年受相关报刊、电视广播媒体，以及高校和研究机构的邀请，做过一些涉及民间文化的采访和发言，主题相对来说比较驳杂。特别是一些现场问答或即兴发言，可能有时会显得比较随性，但大多也是我的认知和情感的自然表达。20世纪下半叶，我的精力主要是在民间叙事的理论探讨和欧洲民俗学的研究等领域。21世纪以来，我有幸参与到非遗保护的工作中来，切实感受到祖国文化遗产的丰富浩渺和价值非凡。深刻地了解了人们生动的社会生活，这让我深受感动，获益良多。这本访谈集，记录了我的一些经验总结和学术思考，也有我对于中国民俗学长者、智者、善者发自内心的敬重，以及与学界同仁和社会公众交流民间文化保护传承的个人情感和生活记忆。

《刘魁立译文集1》——本卷收录了20世纪七八十年代我的部分译作，包括恩格斯青年时代创作的《科拉·迪·里恩齐》，这部诗体剧作展现了14世纪中叶罗马封建贵族和商业、手工业平民的斗争。法国和国际运动活动家、马克思主义理论宣传家拉法格的《母权制》论文，分析了母权制在家庭范围的衰落和被父权制替代的过程，以及其引发的一系列争讧、犯罪和荒诞的闹剧。《列宁年谱》（4卷）收录了列宁革命事业和多方面生活的数万条史实，并注明事件的参加者和地点，书中仅摘录了第二卷1905年1月至5月末列宁的活动纪事。《俄罗斯民间文学选辑》概述了俄罗斯民间口头创作的各个门类，并选译若干代表作品，以供赏析；列·雅基缅科的《论肖洛霍夫的〈被开垦的处女地〉》，是俄罗斯肖洛霍夫研究的权威专家对社会主义现实主义经典作品的独到见解。

《刘魁立译文集2》——19世纪俄国著名作家和文艺评论家车尔尼雪夫斯基创作的《序幕》是一部现实主义文学作品，反映了俄国19世纪50年代末、60年代初错综复杂的政治斗争，尖锐地提出了社会改造和农民革命问题，塑造了一批优秀革命民主主义者的形象。我所译的《序幕》中译本1983年由外国文学出版社出版，包括两卷：《序幕的序幕》和《列维茨基一八五七年日记摘抄》。第一卷揭露了当时所谓的"改革"，是政府为了平息广大人民的不满情绪所作的欺骗性让步，是必将到来的伟大人民革命的"序幕"。至于国内各派力量围绕着改革所进行的政治斗争，更是"序幕的序幕"。第二卷所描绘的贪赃枉法的法庭和地主的没落中的庄园，则是农奴制行将崩溃的缩影。

以上所述，敬请批评。

这里，我要对为《刘魁立文集》的出版花费心血、竭诚相助的诸位尊敬的朋友，表示最衷心的感谢，感谢他们对我的一贯关心、呵护和帮助。生活在这些青年、中年朋友中间，时时领受着他们的深厚友谊和热情关照，我感到温馨、快乐、幸福。他们是：

叶涛、施爱东、巴莫曲布嫫、张雅欣、林继富、刘晓峰、李春园、宋颖、李瑞祥、陈华文、孙冬宁、张晓莉、陈学荣、张玮、张建军、杨秀、朱佳艺、王晓涛、萧放、高丙中、陈泳超、陈连山、陈勤建、朝戈金、贺学君、周星、张立新、刘伟波、赵婉俐、刘丹一。我还要特别感谢李春园老师，是她负责本文集各卷的繁重的后期编辑工作。最后，我还要特别感谢黑龙江教育出版社及其编辑团队为文集出版付出的关爱和辛劳；特别感谢对文集出版给予大力支持的上海世久非物质文化遗产保护基金会。

絮絮叨叨地写了上面的话，希望能为本书的读者提供一点背景材料。我冀盼于尊敬的读者的，不是对匆忙和不当之处的谅解，我虚心以待的是您的批评和匡正，以及有益的学术对话和深入的学理讨论。如蒙赐教，是我所幸。

"谁道人生无再少"，现在，继续前行的召唤，仍旧响在我的耳边。

2023 年 7 月

目 录

论习俗的变革——从禁放鞭炮说起 ································· 1

民间文化的呼唤 ··· 4

与时俱进的春节文化——民族文化的现代性重构 ·············· 9

民族国家的日历:传统与现代交融 ·························· 42

文化内涵——传统节日的灵魂 ······························ 52

传统节日法定化与国家认同 ································· 57

韩国端午祭成功申遗的文化传承之思 ························ 64

话说节日文化 ··· 72

除夕该不该放假? 国家行政安排亦需兼顾大众情感 ·········· 74

东岳论坛议年节 ··· 76

节日制度引发反思 ··· 79

民族传统节日与国家法定假日 ······························ 84

传统节日不放假对民族认同感的影响 ························ 90

思考着是美丽的 ··· 95

刘晓峰的东亚岁时文化研究 ······························· 100

赋予传统文化节日新意义 ································· 105

中国传统节日礼赞 ··· 109

传统节日与构建和谐社会 ································· 119

我们需要重建对自己节日的情感 ···························· 124

让咱们的春节红火起来 ························ 126

传统节日是民族文化身份的标志 ············ 129

追溯端午内涵及起源 ······················ 131

从传统节日到法定假日——泛谈端午节 ········ 133

非物质文化遗产保护在行动:从传统节日到法定假日 ······ 142

孟门年俗文化感言 ························ 147

中国人的时间制度和传统节日体系 ············ 154

提升民族传统节日的文化自觉——访刘魁立教授 ······ 161

春节是生活之树上迎春的花朵 ·············· 164

我们的节日,我们的歌 ···················· 168

端午将近聊聊佳节 ························ 174

中国人的时间制度与传统节日体系 ············ 176

中秋节的多层文化内涵与现实意义 ············ 187

传统节日的百年变迁 ······················ 190

我们中国人自己的传统节日体系 ·············· 195

怎样留下我们的年味儿? ··················· 206

中国传统节日文化的传承和保护 ·············· 211

从"中国端午节"丛书出版说起 ·············· 224

节庆,那密叶中的疏花 ·····················228

话说端午——忠孝观念的维护与建构 ·········231

节气农谚的智慧 ·········234

中国人的时间制度——值得骄傲的二十四节气 ·········239

关于把"年"叫成"春节"的一些思考 ·········249

过大年是我们生活的歌 ·········254

节日之歌 ·········257

论习俗的变革——从禁放鞭炮说起

今年春节北京禁放鞭炮，施禁之前和春节当中，北京市政府和媒体做了大量宣传工作，禁令执行情况相当不错。对这一举措的施行，北京居民，上上下下，老老少少，都很关切，很少例外，事前事后，也都议论纷纷。很多人表示赞同，有人甚至感到一种如释重负的畅快，但也有一些微词，表示在理性上可以接受，在感情上觉得少了"年味儿"而不无遗憾。我就亲耳听到一位年高德劭深受敬仰的老学者说，他九十年来每逢过年都听这鞭炮声，突然间没有了这声响，心里有种难以名状的"失落感"。

我们非常幸运地成了一种习俗发生巨大变革的历史见证人。由此，我产生了一些作为研究者的联想。

鞭炮以及鞭炮的前身，兴起甚早，其性质、功能，乃至其本身的型制和制作技术等等，都经历了许多变迁。它所处的基本环境从农村逐渐进入到人口稠密、高楼林立、生存空间极度密集的现代都市，越来越显示出不适应的一面。放烟花爆竹所造成的财力和物资的浪费、人身危害、空气污染、噪声污染、垃圾污染、火灾事故、制作和运输过程中的恶性事故等等，越来越使社会中的有识之士和相当多数的成员看到这一传统习俗同新的社会环境的矛盾，使他们从理性上认识到，为了自身的利益、为了创造更良好的生存环境，必须改革这一传统习俗。扩而大之，恐怕是一切习俗无论它的惯性力量如何强大，归根到底总要同彻底变化了的社会环境相适应。

如果不能自行改革而适应，那就在极端的情况下，像现在北京市和其他一些大城市明令禁放鞭炮这样，采取适当的行政干预的办法，动用法律手段进行改革，以求其适应。这种行政干预的办法并非现代的发明，实际上古已有之，由来已久。

上面说的只是习俗变革的一个客观方面的原因。

认真想来，燃放鞭炮所具有的负面因素没有一条是过去不存在的。过去的鞭炮虽不如今天的"火力"大、"现代化程度"高，但所引起的人身伤害、火灾事故等等，若按比例来算，恐怕也不少。为什么在那时这些负面效果不像现在这样使人感到痛切和刺耳呢？这里就存在着一个主观因素的问题、价值观的问题。如果对于社会上的大多数人来说，爆竹、桃符以及一切相关的和类似的民俗事象，作为祈福禳灾的手段和象征，还在人们的心目中占据重要地位的话，无论采取什么手段，恐怕都难以彻底革除。只有观念改变了，具象反映观念的事物才可能发生根本的变化。讲科学、重视人类生存环境的新的价值观逐渐占了上风，旧俗的改革才能成功。

许多民俗事象从实践论的角度来看，往往说不清它存在和长期传承的必然性和合理性，往往也不能用实验的方法、工艺学的方法检验它的真理性，价值观在这里起着非常重要的作用。所以，我想，价值论应该在民俗学的研究工作中受到特别的重视。

有人写文章指责说，放鞭炮这一习俗的功能在于逐退瘟神恶鬼，到了今天，结婚迎新人，公司、商店开市大吉还放鞭炮，难道要把新人和顾客当成瘟神恶鬼赶跑不成，所以是"陋俗"，必须革除。我想，这种论证方法与事实不尽相符，也很难有说服力。一种风俗，作为习惯，不断传承，有其稳定、凝化的一面，但随着历史的前进，其内涵和功用，以及人们同它的关系，即对它的价值判断，总在不停地变化。放鞭炮同瘟神恶鬼的联系在人们的观念里早就淡漠，已经非止几朝几代了，在现代人的观念中，逐退瘟神恶鬼也罢，祈福也罢，这一类迷信的成分已经很少了，虽然偶尔还能听到个别人说"去去晦气"的话，但为了增加热闹气氛、为了好玩的因素是越来越多了。不能把民俗学家认识中的民俗事象同广大群众心目中的、当今现实生活中的民俗事象完全等同起来。新与旧、良与陋，这些对立的概念，恐怕都是相对的。昨天是新的，今天变旧了；今天看来是良的，明天也可能认识到它或许还有陋的一面，甚至可能不得不彻底抛弃它或相应地改造它。

人人都生活在传统之中，把文化和历史的接力棒接过来又传下去。接什么、传什么，怎样接、怎样传，有自觉的一面，也有不自觉的一面，有一定的自由，也有相当多的不自由。社会进步，包括习俗的演变、除旧革新，就是在对过去进行分析、选择、否定、继承、扬弃的基础上，为了未来而进行新建和创造的复杂过程中实现的。当我们对于众多的民俗事象有了适应于当前时代的深刻认识，并且把这种认识变成社会的理性的时候，那就会在继承优秀的民族文化传统以及移风易俗的历史活动中多一些自觉，多一些自由。我想，民俗学的主要任务之一就是向人民深刻地揭示广大民众自己的历史，使整个民族走向未来的步伐变得更轻快、更稳健！

原文载于：《民俗》1994年第1期，原题为"从禁放鞭炮说起"。同时载于刘魁立：《刘魁立民俗学论集》，上海，上海文艺出版社，1998年10月版。

民间文化的呼唤

在我们的传统观念里，过年，也就是我们现在称之为过春节的这一个岁时单元，是个人生活、家庭生活、群体生活的一件大事，一个大的关节。对于每个人来说，这是一年四季劳碌奔波之后的一次大休整、一个间歇，同时也是一种松弛和宣泄，当然也意味着是一次再思考、再规划，重打锣鼓另开张。这种节庆活动，对于家庭、亲族、社区乃至各形各色的社会团体，都是增进亲和力、向心力和凝聚力的特殊加油站，是化解矛盾、增进和谐、调整关系、融汇情感的一个好机会。虽说是民众劳动生活的短暂间歇，但却是社会生活、文化生活的一次大聚焦，是群众自己所有文化才干和诸多审美活动的大展示、大会演。做面馍、剪窗花、换服饰、要龙灯、扭秧歌、踩高跷、赶庙会、看表演和自己参加表演……夸大一点说，每个人都成了艺术家，都是文化活动、审美活动的积极参与者。

对于这样一件民众的大事，行政部门、文化部门，知识界、舆论界做了许多事情，比如说，宣布放假的时限；一些城市宣布禁放鞭炮；一些交通部门宣布增开列车、增开班机；组织商业供应；组织庙会活动和表演活动；排演春节晚会、上演贺岁片；组织节目表演……实事求是地说，有关部门所做的工作、所组织的活动，不是比过去少了，而是比过去多了。然而，与此相对照的是，人们普遍反映说："年味儿少了，不像过去那么有意思了。"这不单是指这些活动对人们的吸引力减弱了，同时也说明人们对年节的兴趣和热情也减弱了。过去，在很长的时间里，人们对西方的圣诞节几乎漠然不知，而现在，在元旦之前，无论是京城或者省会，无论在都市还是在乡镇，那位红衣红帽、白眉白须的外国胖老头儿竟变成了耀眼的明星，他的形象充斥大街小巷，有时与我们祖传的老寿星合演"二人转"，并立在那里，有时甚至是这位圣诞老人自己唱独角戏。西方的情人节，也使许多青年人，特别是城市里的青年人，趋之若鹜。这种"洋节"夺走许多人的参与热情的现象，不仅我们中国有，就是在我们近邻的日本，也有类似情况。应该说，日本是一个注意保存民族文化传统的国家，但是在那里许多"洋信仰""洋传统"，也在大抢滩头，大行其道。据说，在情人节和男人节期间，所销的巧克力竟占了全年销售量的80%~90%。这种巧克力畅销的情况，我们中国已经出现，甚至可能形成一种愈演愈烈之势。

面对上述情况，我感到我们的民间文化在呼唤，民族传统在呼唤，呼唤继承更新、关心、推进，呼唤对它的内涵、功能、机理乃至历史根源的深入挖掘和精到的认识，呼唤对它现实状况的透辟分析和深入的理性思考，结合我们今天的命题来说，它在呼唤实事求是的和有益的评论。总之，具有悠久民族传统的民间文化在呼唤健康的发展和繁荣。

我并不认为民间文化的走向，可以随着哪些人的意志而随意更改。行政的、舆论的（包括评论的）、学术的干预，或许在一定程度上，在一定时段内，起到某些影响和作用，但民间文化的发展有它自己的规律，它有强大的自制力。在乡镇，乃至大城市，秧歌就是民众在传统文化上兴起的一种新兴的文化活动。这种广大民众积极参与的文化对话，还没有引起知识界深入的理性观照和思考。

刚说到的年味儿的减弱，不应该简单地推诿给禁放鞭炮这一桩事。过去，过年有很浓重的民间仪式成分，有迎神祭神的内容，有祭祖敬老的仪式。在传统观念中，灶王既是灶神也是家神，受到广泛的敬奉，到了腊月二十三，要糖瓜祭灶，送灶王爷上天。现在，在多数家庭里，已经不再祭灶了。"贿赂"灶王爷的灶糖，"骗"灶王爷说好话的灶糖，如今变成了风味食品。每逢过年，到了除夕交子时刻，还要迎财神，而且要给财神上供，如今这些节目渐渐地绝迹了。亲族的观念也在变化，那种以为自己的祖先可以保佑后代安康幸福的信仰，正在渐渐地消失。年味儿减少的感觉，是比照过去而产生的。如今的生活比过去有了很大的提高，穿新衣、吃好的，不再是过年特有的节目，已经成了平常事，全然不新鲜。消闲的活动也可以一年四季随意安排。随着时代的发展，生活的方式也有了全新的改变。电视机等于在每个家庭里搭了一个舞台，随时可以看表演。电话拉近了人与人之间的关系，现在可以通过电话拜年，这自然十分简便，但它和面对面的祝拜，并不是等值的，仅仅是一种象征性的替代物，这里仿佛少了许多亲情，少了许多人情味儿。连过去的阖家团聚包饺子、守岁，也变得失去原来的意味了。有些人家嫌费事，买半成品，有些人家平时也十一二点睡觉，守岁或者通宵达旦迎新年不再给人带来什么新奇的感觉了。

从上面所谈的这些因素来看，年味儿的减少，并不是由于某种个别因素而造成的，它是基于时代的变化、现实的变化而引发的人们对传统习俗的依恋、对于新的习俗的探索和寻求而融汇成的一种复杂的情感。

并不是所有的民间社会文化活动都具有同样的走势，比如说续家谱的活动（在城市里还有同乡会、同学会等），在最近的这十多年里是极为活跃的。传统的民间信仰活动也在复兴，原有的和新近修复的许多寺庙，游人如织，香火极盛。尽管商业色彩一日浓似一日，但善男信女的队伍却有增无减，虔诚的态度也不见减弱。在许多地方，还可以见到三五成群挎着香袋朝圣进香的队伍。社火、花会、庙会等民间游艺和民间集会的复兴，也是近年来民间最活跃的一项活动。人民群众在这些活动里，不仅显示了自己的艺术才华，而且也集中地显现了他们的信仰、审美观念、群体观念，同时还表现出他们的创造精神和团结精神，以及对生活的热爱和追求。不要以为庙会是千篇一律的，不像我们城市里的那些千人一面的小吃加杂耍的庙会那样，在广大农村，每一个庙会，都在展现个性，都有自己村落集体的具有鲜明个性的象征。

一切民间文化活动的重要特点之一，在于它的群体的参与性。每一个人在这些文化活动中都是一名"观众"，但同时又都是一名积极的"演员"，而这种参与性所带来的乐趣是深刻的、无穷的，是会长时间留下记忆的。这里我顺便说一句，我们的文艺工作者每年都要给全国人民奉献一台春节晚会，可谓殚精竭虑，精心制作。在我们经历了"文革"那段特殊的历史时期以后，这种过年的新形式带给人们一种狂喜，带给人们一种无与伦比的新鲜感，但年年如此，人们的兴趣就渐渐地减弱了，原因之一，或许不全然在于节目是否推陈出新，也许这种形式的本身，就应该引起我们的再思考。在民众生活极为重要的这个时间，在除夕之夜这样的重要时刻，把全国亿万人民都锁定在电视屏幕上，这当然是一种巨大的力量，但是却降低了民众的参与感，使民众成了单纯的、消极的观众。如果在除夕享受的乐趣仅仅是平常也可能得到的乐趣，那么，大家那种不满足的心情也就可以理解了。

民间文化活动的另外一个重要特点在于它的传承性。任何民间文化活动的现实存在，都是文化传统的历史动态的现实表现。如果说在艺术领域里的任何一次个体的艺术创造，如写一部小说，画一幅画，演出一部戏剧，谱一首歌曲，都贵在创新，创新是它的魅力所在；那么，民间文化则总是牢牢地立足于传统之上，每一个个人在很大的程度上，都是巨大群体的一个个性代表。民间文化的强大生命力，既表现在它根植于广大民众的现实生活，也体现在它深远的历史渊源。

民间文化学，既不是历史学的附庸，也不是社会学的分支。然而，关于民间文化的研究和评论，既是社会的、现实的，也是历史的；既是个性的研究，也是典型的研究。我们谈论它的现在，不能脱离开它的历史。我们的任何个案的研究和评说，都应该照顾到它的现在，不能脱离开它的历史；我们的任何个案的研究和评说，都应该照顾到它的随机性和典型性以及两者之间的关系。如果说个体性的艺术创造，在大多数情况下，是以客观的读者、观众客体为对象的，由此我们的评论当然可以从读者民众的角度出发，加以议论和评价。相比之下，对于民间文化事象，仅仅是客观的评论和研究就显得不够了。这些文化活动在很大程度上是民众的价值观的体现，是他们情感的宣泄，是满足自我审美需求的手段。基于这一点，在这个领域里，那种客观的、跳出圈外仅仅作为观众客体的指点和评议，都会显得苍白无力和不中要害。唯有从民众自我的角度出发，从他们的立场、他们的价值观、他们的情感出发，才能把话说到点子上。

在民间文化领域里，有无数瑰宝，存在着深厚的优秀民族传统，广大民众每时每刻都在传统的基础上创造、革新。他们在创造和革新中，展示着自己丰富的能力和不尽的才华。在民间文化和艺术的创造中，体现我们民族精神的根。从事研究和评论的民间文化工作者，既不能指点江山，也不是完全无所作为。我们只有深入群众，与人民感情一致，热爱民族的优秀文化传统，热爱民间文化，努力把握历史前进的方向，踏踏实实地向民众学习，为民众工作，因势利导，才能够在这个领域做出一点贡献，努力尽到我们的历史责任。

原文载于：《民间文化》2001年第1期。

与时俱进的春节文化
——民族文化的现代性重构

【网络主持人：曹云霞】昨天我们的网友"yq117"说的一句话让我们非常感动，他说这次春节文化网上谈在线系列确实需要毅力，我想在这里说大家都辛苦了，为着这份坚持。只要打开我们的每期论坛实录和精华版，阅读着大家的思想与智慧，一周来的疲惫感又烟消云散了。今天是我们本次系列论坛的大总结，邀请来的嘉宾是中国民俗学会会长、北京师范大学教授刘魁立先生，北京师范大学萧放博士，他们都是从事民俗学研究的专家。另外，来到CCTV.com网络演播室的网友嘉宾分别是中国社科院尹虎彬先生、北京广播学院张雅欣女士和北京师范大学研究生周锦章。欢迎大家的光临！请各位专家简单地向大家介绍一下自己所研究的领域吧。

【特邀嘉宾：刘魁立】各位好！春节很快就要到了，在春节前夕和大家讨论春节文化问题，实在是很有意思的事，让我们大家能够在讨论中更多地交流观点、交流情感，也使我们的春节过得更有意思，使我们对春节有更加深刻的理解。理解深刻了，它的意味也就更加深长。祝大家在新的一年里，学业进步，工作顺利，人也更健康，更漂亮，更年轻！

【特邀嘉宾：萧放】各位网友大家好！我是北京师范大学的老师萧放，很高兴有机会在网上和大家交流关于传统节日的问题。在网络上谈民俗是一个很新鲜的话题，我觉得这可能在中国民俗史上是一个很有意义的事情，希望以后能够经常和大家在网上交流，谢谢大家！

【网友嘉宾：尹虎彬】我叫尹虎彬，我的研究领域是民族文学和中国民俗学。当然，我对民俗学的认识还很浅显，在这里我只能够从感性上谈一点。

【网友嘉宾：周锦章】"新年纳余庆，佳节号长春"，各位网友大家好！很高兴能在网上和你们共同讨论有关春节的话题，希望和大家度过一个愉快的周末。

【网友嘉宾：张雅欣】大家好！我是北京广播学院电视系教师、北京师范大学民俗学博士生张雅欣，很高兴今天可以在此与大家讨论有关民俗的问题。

传统节日的历史纵横

【网络主持人：曹云霞】请各位专家首先谈谈传统节日体系。

【特邀嘉宾：萧放】中国的传统节日很早就形成了体系，传统节日与农业生产、农业定居的生活有着密切的关系。在传统节日体系形成之前，有二十四节气，这是自然农业的时令。在早期社会阶段，人们的生产节奏、生活节奏是完全顺应自然，自然的时间称为"天时"。"天何言哉？四时行焉"，老天虽然不说话，四季的时间却默默地流转。人们要想顺利地去生活，就要顺应自然时间，因此，早期的节令有较多自然的特性。随着社会的发展，人的主动性的增强，人们不能满足被动地适应自然时序，开始形成依照社会节奏的人文节日体系。中国岁时节日体系形成于汉魏时期，最早的一本系统记载岁时节日的专著写成于南朝时期，就是宗懔的《荆楚岁时记》。《荆楚岁时记》是记载岁时节日的祖本，也是中国传统节日体系形成的文献标志。从这本书中我们可以看到，那时已有了除中秋以外的传统节日。唐宋以后，传统节日体系完备起来，到明清时期又有许多新的变化，突出的特点是在一些传统节日消亡的同时又增添了一些新的节日，但节日的基本框架没有改变。近代以后，传统节日受到西方节日与新政治文化节日的双重冲击，但迄今没有发生根本的变化。

【特邀嘉宾：刘魁立】中国的节日有着明显的农业特色，如四时八节，就是根据农业的生产节奏安排的。我们通常所说的"年"，它的原始意义就是农作物的丰收。比如，古代说到某年丰收了，就说这年"有年"。黄河、长江流域是传统的农业区域，生活在这块土地上的人们的信仰与农业有关。信仰是人们对自然的认识的反映，人们一方面适应自然，一方面又利用自然为自己服务，对自然的适应与利用就构成了传统信仰的基础。这种信仰的表达是在特定的时间集中表现的，这就是节日祭祀。在古代，早就形成了二十四节气这样的标志农业生活的时间体系，节日就从这里发生。当然，这个体系也在不断发生变化，如寒食清明，以前就较丰富，有冷食的习俗，现在只剩下追悼亲人的节俗了。二十四节气成为纯农业时令，已经没有很多节日的意义了。

【网络主持人：曹云霞】在我们的日历上，新添了许多传统节日体系中所没有的节日，如国庆节、教师节、三八妇女节等都已经和上述传统节日一样，成为我们很多人生活中的重要组成部分，甚至国外的圣诞节、情人节等也成为有些人生活的重要节日。请问您如何看待这些新节日与传统节日体系的关系？

【特邀嘉宾：萧放】我们的生活中添加了不少新节日，节日文化更加丰富多彩。这是现代生活的必然结果。从纵向的时间流变看，古代节日体系所依托的社会生活背景与现代所依托的社会生活背景有很大的不同。传统节日不能完全满足现代人的生活要求，这是事实。从横向看，现代生活的个性化与多元化，也需要多样化的节日。不同层位的人们大可从那些节日中获得情趣。这些新节日与传统节日没有根本的矛盾，不是"动如参与商"的关系，可以互补。因为无论何种性质的节日，它们的主旨都是要服务于社会生活。圣诞节、情人节是我们有些人的新节日，但在西方是传统的节日，它们都有着传统的特性。新的政治节日是与新的社会生活相关的，它的存在是一种现实需要。至于它们是否能够成为传承下去的民族性节日，就看它们与民族生活结合的程度。本人觉得流传了几千年的传统节日，它的存与废不是我们主观取舍所能决定的，它有一个自然的过程。新旧节日的关系应该有一个协调的问题，就是要注意利用传统节日的能量，注意新旧的嫁接。其实，从民族文化的角度看，有些一般的政治节日可以适当淡化，利用假日突出传统节日的地位（如清明），这是一般百姓最欢迎的。

【特邀嘉宾：刘魁立】在一般民俗节日之外，增添新节日的做法，自古就有。在古代社会，有因历法改变，节日发生变化的。如秦朝以十月为一年的开始，后世改为正月初一为一年之首后，人们就以十月初一作为"秦岁首"的节日来过。还有，皇帝的生日为圣诞，也要作为国家节日。行业性的节日古代也有，比如，行业祖师的诞辰，就是行业祭祀的节日。这些节日在今天大都没有传下去。今天的新节日虽然与那些节日性质不大一样，但它们相对于传统的民俗节日来说，是新生的或新传入的，它们与传统节日应该说是和谐的。和谐的程度要看老百姓接受的程度，比如，国庆节与中秋节在时序上较为协调，人们也易于接受。对于有些节日，它的文化积累少，礼仪的意义不强，能否延续下去要等待时间检验。

春节习俗会走向没落？

【网络主持人：曹云霞】几近消失的灯谜，失去了原有意义的"守夜"

习俗会进一步走向没落吗？会对人们的民俗心理产生什么样的影响？

【**特邀嘉宾：刘魁立**】关于灯谜，与其说是消失，莫不如说是它的功能和意义的扩散。以往多在元宵节、中秋节期间作为重要游艺活动的一部分，如今已经成为在全年的节庆活动中，甚至在一些小团体的聚会当中，都会发挥作用的一个重要的余兴。除了游艺、竞技之外，还有增加喜庆气氛、和谐群体等的作用。取胜而得奖的意义也不在于物质的层面，更重要的是所有的人都会在愉快的心情当中增进彼此之间的情感交流，所以，它不会没落。至于"守夜"，大概也很难说会不再为大家所信守、所传承，只是它的意义和过去不尽然而已。在农业社会里，大家睡得比较早，守夜是一件不平常的事，如今大家都睡得很晚，所以在两天交替的"当儿"，大家都还在兴致勃勃地做这做那，好像是很平常的事。当然，所有的人在情感上知道，平时的熬夜和过年时候的守夜是不一样的，虽然同样是睡得晚，可是在心情上却有极大的不同。在其他一些国家，虽然没有"守夜"的说法，但是在年末的最后一天，要睡得很晚，仿佛要迎接新的一年的曙光，这大约是许多民族都有的一种不成文的习俗。从这里看，仿佛"守夜"这事也未必会没落。

【**特邀嘉宾：萧放**】我们的节日是通过很多具体的习俗组成，一种习俗就是一种象征，如果说年节习俗部分淡化的话，那么它必然会影响到整个年节的气氛，特别是守岁这个节俗，它是年节的核心，如果连它也省略的话，那肯定会影响到年节的地位，会减弱民众的节日心理，使人们觉得节日跟常日没有多大的区别，就会影响到节日的传承。当然，"守岁"这一习俗，它有传统的信仰心理作支撑，它本来的意义是为了祈求长命百岁，现在人们已经失去了这样的信仰，就不太愿意熬夜了，但是我们完全可以继承这样一个传统民俗的形式，把"守岁"当作一年中的不眠夜，大家在一起聊天、娱乐，总结过去、畅想未来，这没有什么不好。至于"灯谜"，它本来就是在一定文化阶层里面通行的，在农村应该说是比较少的；在城市，其实它还应该有它的位置；在一些单位的节日活动中，灯谜经常是一个娱乐项目。就是说，它不仅仅限于春节，它还是有它的生命力的。

与时俱进的春节文化

【网络主持人：曹云霞】春节期间，人们庆祝节日的方式或者说春节文化越来越丰富。从包饺子、吃团圆饭过年到看晚会过年、旅游过年、上网过年，春节文化已经融入了很多现代因素，您们怎么看待这一现象？

【特邀嘉宾：萧放】年节习俗发生变化是非常正常的现象。中国的年节习俗有几千年的历史，《诗经》中就记载有年终祭祀欢庆的场景。但具体的过年习俗、仪式不断地发生变化，变异是民俗的特点之一。但无论怎么变，它祝福吉祥如意的深层含义没有改变。春节家庭团聚的习俗至今相传，人们再苦再累，春节那几天一定要好好过，这是个人生理调整的需要，也是心理调整与社会关系调整的需要。无论是旅游过年、上网过年，还是看晚会过年，人们寻求的还是人与人之间的沟通。人们在同一时间以大致近似的方式作大体一致的选择，是个人的需要，也是社会的需要与民族的需要。

【特邀嘉宾：刘魁立】我并不认为现在的春节内容是丰富的，我看较以前的情形是贫乏了，节日被简单化，很多节日内容被省略了。团圆饭的意义主要在于象征，人们看重的不简单是吃饺子，看重的是情感交流，这是维系群体的精神纽带。旅游过年、上网过年，看起来是融入了现代因素，但这也是传统的扩大，人们还是以家庭为单位，上网还是人与人的交流。不过这种交流的范围更小一点，人们不再跟一个家族发生关系，主要是很个人化的交流。在目前的传统年节中，拜年习俗淡化了。以前投拜年帖，是正月初一的重要活动。后来单位团拜，再就是电话拜年，最近是网上拜年。拜年的形式变化了，实质还是人与人交流。当然，人们比较之前缺少了一些感性的面对面的接触交流。春节晚会融入春节的习俗是最近20年的事情，它似乎有后来居上的势头，但是关于这个现象我们还缺少深入的思考和研究。我以为在这个形式里，还有许多不能让人满意的方面：第一，造势。看得多了，不仅不新鲜，而且会有一种不真实的感觉。第二，缺乏参与性。全国十几亿人面对着一个屏幕，彼此没有交流，大家看重的仍然是在家庭的圈子里共同交流感受，而晚会毕竟还没有融入家庭的情感交流当中，只是一个话题而已。第三，时间长了，大家都呆呆地坐在那里，坐累了，再去睡觉，过一天过两天变成一种谈资，好像大家在议论某一个看过的节目或者是看过的影片，在节日原有的含义里，似乎并没有增加什么实质性的内容。所以，我觉得应该对它做更进一步的思考，做进一步的改进。也许不要那么长，应该给大家留些时间过自己的节日。当然，我也感谢文艺工作者和电视人所做的努力，他们在努力摆脱一种旧模式，假定这个模式延续得久了，大家也会感到厌烦的。我的感觉只是个人感觉，不知对不对。

【网络主持人：曹云霞】作为民俗学者，您通常是怎样过年的？在这个节日中，您是怎样面对新习俗或者新民俗的？

【网友嘉宾：尹虎彬】谈到过节呀，一些朋友之间的聚会呀，非正式的场合呀，这些时候我们大家可能没有什么区别。这时候一个官员和一个学者、学生或什么的，都会不由自主地按照习俗来与周围人打交道，这时，大家都是普通人。当然，民俗学者会留心观察或者感受一些东西。对待一些新民俗我觉得应该慎重地评价。比如，北京过春节的时候有许多人全家到饭店吃饭，这个习惯其实并不好，是饭店商人搞出的名堂。过年还是自己全家人在一起包饺子好。有些新花样，可能不会赢得不同时代人们的普遍接受。比如，我们家去年春节到外面吃年饭，我父亲就不高兴。

【特邀嘉宾：萧放】一个民俗学者，首先他是社会中的普通一员，他同样生活在民俗社会之中。当然，他对民俗生活更有感情，这可能是他的"职业病"吧。民俗是在不断地更新、变化的，我们在面对新民俗的时候，更多的是理解和宽容，虽然我们提倡传统民俗，但是并不拒绝新民俗因素的加入。有的新民俗更能丰富我们的现代生活，使我们的节日更富有时代感，更贴近社会生活。虽然节日不一定要与日常时间一致，它更重视仪式化的生活，但是，节日毕竟是日常生活的一个点，所以，它跟日常生活关系紧密。现在生活是快节奏的多元生活，民众的生活环境与时间观念发生了很大的变化，春节民俗面临着调整，有些要淘汰，有些要更新，有些要继承、发展，但对民俗的调整要慎重。民俗的形成有一个长期的过程，它的出现有它的历史依据，因此，它的传承与变异，也有一个时间过程，单纯靠行政手段的人为助长或者抑制都不是最佳的方式，它需要人民在日常生活中进行自然调节。就春节来说，年的原始意义有很大的改变，但作为一个民族节日，它又承载着历史积累下来丰富的民族情感，它成了民族的心结，对它要珍重、爱惜，当然一些不合时宜的习俗应该让其自然淘汰。

春节是民族文化的财富，我们应有文化保护意识，通常讲环保，讲自然环境保护，其实，对年节这样的文化财富也要保护，有这种意识非常重要。

【yq117】其实，我们民族的凝聚力，最主要的就是民族文化的财富，这就是民族的情结、人文的色彩、人文的精神，是具有丰富内涵的，是丰富多彩的，具有强大的生机和活力，是我们民族复兴的动力和支撑点。

【s秋水伊人s】请问嘉宾，你们是如何看待当代社会出现的"新民俗"

现象的，比如"春节联欢晚会""节日旅游"等现象，这是否是传统民俗延伸和拓展的具体形态？

【网友嘉宾：张雅欣】你所提到的当代社会的"新民俗"现象，比如"春节联欢晚会""节日旅游"等到目前为止，还不能构成严格意义上的"民俗"。但是，有一天，它有可能会成为"民俗"。如果到了那一天的话，这就是传统民俗的延伸和变异了。

【可爱无极限】谈到与时俱进，您认为我们是否能够在借鉴传统文化形式的前提下采用现代题材？比如，制作一些具有现代性绘画色彩的剪纸，或将民族音乐改造成电子音乐等？这样往往能够得到年轻人的青睐！

【特邀嘉宾：萧放】这完全是可行的，因为民俗文化可以保留它的一些表现形式，民俗文化最主要的特征就是生活性——服务生活是民俗文化的主要宗旨。所以，在社会生活形态发生变化的今天，我们完全可以利用传统的民间艺术形式来丰富我们的生活，为今天的社会生活服务。

【网络主持人：曹云霞】我们的网友"小丽小丽"说过这样一段话："希望我们不要随着现代化的加速，忘却了传统文化，也希望我们不是为了留住什么而去顺手抓过这些传统文化，于是让中国结贴上了米老鼠，让灯笼绣上了英文字母，让动物园的山羊和猴子都穿上唐装，之后顺手一扔——然后该怎么办？"您怎么理解？

【s秋水伊人s】这位网友的问题令人深思，在这些现象背后，中国的传统文化面临着如何继承、创新与发扬的新课题，想听听今晚的嘉宾对这个问题有什么见解和阐释。

【特邀嘉宾：刘魁立】传统文化，特别是习俗，不是一个人两个人可以决定它的走向的，大家有意识无意识都这样做了，而且传之甚久，这就成了习俗。个别人这样那样的一些举动未必就能左右习俗的发展，刚才所说到的现象，比如说在灯笼上贴英文字母，或者是在中国结上贴米老鼠，大约未必会成为一种习俗被大家所接受。当我们说习俗的时候，不要忘记我们是有十几亿人口的一个大国，城市人口虽然在一定的时候对习俗可能产生这样那样的较大的影响，但千万不要忽略了占百分之七八十以上的广大的同胞，他们对于习俗的稳定和习俗的变异起着非常重要的作用，甚至可以说起着举足轻重的作用。我以为，认真观察、体会、研究和尊重大多数的同胞的生活方式和他们的价值观，对我们来说是十分重要的。"顺手一扔"是偶然的插曲，这样的做法既没有给习俗增添什么新奇，也没有对习俗产生太大的影响，今天贴了，明天扔了，我们也不必太在意，因为后天大家都会把这件事忘掉。不过应该说，这样"贴了扔，扔了再贴"的现象如果太多的话，也是一种叫人惋惜和遗憾的事，应该学会尊重传统、珍视传统，那才是有教养的表现。

【网友嘉宾：尹虎彬】我认为传统的东西并不像我们想象的那样脆弱。中国人自然会顽强地保持自己的传统文化。历来对于文化的破坏都是外来的力量造成的，比如战争，或者历次的所谓政治运动。在今天国际化的经济浪潮中，我们也不必担心自己民族的文化会消失，因为我们的传统文化一直具有融合各种外来文化的能力。另外，外来的文化如果不符合中国的国情或民族习惯，自然不会在我们这块土地上生根。比如，圣诞节根本不可能成为我们中国人的全民族的习惯。

【网友嘉宾：周锦章】现在，每个人都觉得春节其实可以过得更好，但好像只有小孩子是最高兴的，也许从一个儿童的视角来看节日就意味着玩，而大人则缺少一份童真，因为社会的压力太大。萧老师，大家都知道春节等一系列传统节俗是传统农业文明的伴生物，在社会转型的今天，您如何看待春节和现代化的关系？

【特邀嘉宾：萧放】春节是传统节日文化的一个重要内容，它的产生与发展和农业社会有关系，应该说它是农业时代时间观念的产物。但是，在现代生活中，它并没有失去应有的价值和地位，因为我们把春节不仅仅当作一般的节日，而是把春节当作一个文化的心结。因为在春节中浓缩了很多的民族文化因素，不是说我们一下子就能够完全改变它，而且它还有很现实的社会意义，它还在社会生活中发挥着积极的作用。我们可以从春节的民工潮里面看到，我们中国人还是非常热爱这样一个传统的节日，大家还是希望在这样一个时间点上，来共享一个民族的节日，这是我们民族文化凝聚的一个大好机会。并不因为我们过上了现代的生活，就不需要传统节日了。现代和传统，并没有天然对立的关系，它们之间有相互补充、相互协调的方面，我们只有在保持传统与接受现代生活方式方面找到一个契合点，我们才可能建构出一个新的民族文化体系，也就是在与时俱进的过程中，不要轻易地抛弃传统，传统有时会给我们一个大的智慧。

【喜欢做DJ】在社会发展过程中，我们的春节文化会随着社会的变化而变化，好的东西保存下来，与时代不同步的就淘汰，可回头想想被淘汰的文化在当时是多么的"流行"。请问嘉宾们如何对待我们会要淘汰或将要淘汰的文化？我们现代人如何留住这本不应该失去的文化？

【网友嘉宾：张雅欣】对于我们的文化是否会要被淘汰，或者更直接地说，我们如何守住那些我们认为不该失去的文化，这不是一厢情愿的事情。一个社会或者一个民族的文化，它的发展与否，它的被淘汰与否，都与这个文化所处的时代密切相关。文化不是个体的问题，它必须不断与它的每一个个体都存在或多或少的联系。甚至可以说，在当代越流行的东西可能越容易被淘汰。

【喜欢做DJ】传统的文化之所以能长期的生存下去，其主要原因是什么？

【网友嘉宾：周锦章】传统文化的延续可以用"集体无意识"来解释，文化是一种模式，在一个时间流动的平台上，它贯穿于民众的精神当中。

【绿极极】时尚，是民俗吗？

【网友嘉宾：尹虎彬】时尚比民俗在文化层次上更浅一些。民俗代表了中下层老百姓传统的、共同遵守的东西，而时尚可能仅仅是昙花一现，不会传承下去。比如，染头发，穿某种式样的衣服等，只能是时尚，但是有的东西现在是时尚，明天会成为习俗。

【极速体验】请问嘉宾，现代人的生活节奏越来越快，很多传统节日都在被人们渐渐地忽视，相反地，很多"洋节"反而越来越受到重视。您认为这是一种什么现象？传统的节日会消失吗？

【网友嘉宾：张雅欣】现在人的生活节奏的确是越来越快了，很多传统节日的节奏明显不能够与人们当下的现实节奏相匹配。但是，传统的东西很大程度上是经典的东西，因为它经历了时间的去粗取精的过程。传统节日的节奏或者外在形式可能与我们当下的生活内容不符，但是，它是我们生活的一部分，它会在我们这个时代的生活中寻找到适应的形式和节奏进行变异。应该相信我们传统节日的自我更新能力。

春联、年画、门神等到哪里去了？

【网络主持人：曹云霞】春联、年画、门神等到哪里去了？满足人们同等心理需求的替代物有了吗？它们是什么？

【喜欢做DJ】我看到城里不怎么贴春联和门神，农村到处都是。这说明什么问题？

【高正奎】每当看到这些带着浓郁春节特色的东西时，我就感觉年到了，感谢我们的祖先前辈留给我们这么好的文化习俗，我们有什么理由去嫌弃它？

或许有人会提出我贴那些东西，事后我要花很长时间去清理，不值得。

【猫咪mm】对啊，这个问题有没有人来回答呢？我也很疑惑。不过在我们这里，不贴年画、门神这些东西了，人们总是在初一的时候去庙里求菩萨，而且此风愈演愈烈，你们怎么看呢？

【特邀嘉宾：萧放】其实，贴春联、年画、门神在农村还是非常普遍的，如果我们到乡下走一走，在过年的时候就会发现到处都是大红的春联，色彩艳丽的门神画。在城市，情形有所不同，虽然我们在一些单位和单个家庭发现有一些对联，在北京的一些老胡同里还有门神画，但是毕竟少多了，原因有两个方面：一、我们住宅的防盗门就成了"门神"，人们觉得比较保险；二、现代城市生活毕竟淡化了一些传统的民俗内容，人们对门神的感觉比较迟钝了，再说，也很少有地方能买到门神画，所以人们就不太贴门神了。对联是另外一个情况，因为在现代单元住房的门口，没有地方贴春联，所以他们就简化了。但是，一般家庭还愿意倒贴"福"字，把自己过年的心情表达出来。不管贴不贴对联，人们还是把春节作为一年中最大的节日，人们过节的心情还是充满了喜悦。

【猫咪mm】以后农村也要走城市化道路，那么，现在农村还很浓厚的传统习俗的氛围会不会因为环境的改变而发生变化？变得与都市一样，一切都越发地简单，成为一种快餐式的文化氛围？

【网友嘉宾：尹虎彬】习惯或者习俗总是与人们的生活方式或者经济生活相互关联的。生活改变了，习惯就会改变。比如，农村人可以终老是乡，可以在成名之后衣锦还乡，可以保持与邻里几十年的关系，可以与熟悉的人眉眼传情。但是，人们到了城市，住在人人不相往来的大楼里，传统的生活习惯就成问题了。比如，我国台湾的学者，在前二十年里，有不少人研究儒教在现代城市生活里的位置问题，大概的共同认识是都市生活会大大削弱传统的儒家式伦理和道德。因此，传统的儒家文化与现代化是有矛盾的。

【猫咪mm】那么，你认为这种矛盾有解决的途径吗？如果在学生的教育中推行温情教育，进行传统的中华文化熏陶，能改善这种状况吗？

【特邀嘉宾：萧放】当然，农村的民俗会发生变化，但是变化的幅度有多大，现在还不敢预言。它很可能会改变传统的民俗形式，但民俗的核心内容不大会有大的变化。因为民俗是最贴近人性的文化，它在任何阶段都有它特殊的服务意义，它给人以感情的慰藉，心灵的温暖。

【特邀嘉宾：刘魁立】春联、年画和门神在广大农村还照贴不误，城市里大概有些不同，在中小城市还是很盛行的，在大城市由于装修等的缘故，好像没有地方去贴年画了，贴春联似乎也成了一种多余。不过，我不以为非要用另外一种什么方式去替代它。在很长的时间里，人们会在心里贴上去的。我觉得有的时候我们仍然还习惯于有对联这样的事物存在着。文字的力量从巫术的功能转变成为审美的功能，这是历史的必然。在一些公共场所，如饭店、宾馆、寺庙、游艺场所等人群多的地方，这种形式还是非常盛行的，也非常受大家的欢迎。年画和门神虽然在农村还要贴，但是，在近五十年乃至一百年当中，内容的变化也是大家有目共睹的。另外，窗花（剪纸）在广大农村过去也贴得很多，现在似乎在许多地方也有了变化，它的功能也扩散了。这些变化都是值得我们深思的。他们会在新的物质条件、心理条件、社会条件下有什么样的变化？实在不敢说。至于是不是有什么东西去替代它，或者它们是不是一定要被替代，也很难说。

外来文化对春节文化的影响

【网络主持人：曹云霞】目前，政治文化和西方文化对中国社会的影响日趋强大的阶段，法定节日如元旦，或者西方节日如圣诞节等是否会冲淡甚至取代传统的春节，或者说在这种冲击下，我们应该怎样重塑我们的节日文化？

【高正奎】关键要看我们的大环境，大环境怎么说呢？1.媒体在气氛的营造上；2.商家，现在不少商家在一些西方节日到来的时候做的促销手段比我们的春节还要好，其实，我们春节还是有很大的市场空间的。

【特邀嘉宾：刘魁立】我不这样看，西方文化的影响并不必然就产生这样的结果，在大陆，民族节日被外来节日取代是不可能的。即使是欧美各地的华侨在西方文化的包围之下，他们照样过中国传统节日。有些土著民族还要向华侨祝贺节日，还去欣赏中国传统节日，这成为当地生活的一部分。所以说，影响是双向的，影响不是坏事，可以相互欣赏，可以丰富我们的识见。当然，我们要明确自己的文化本位，不能洋化。

【特邀嘉宾：萧放】现代社会是多元的社会，文化多样性，带来了文化的丰富性，我们可以享受新节日与西方节日，但不大可能替代我们的传统节日，虽然有一部分人热衷于过"洋节"，这是他们的个人的选择。但在中国十几亿人口中，所占比例甚小。传统节日有着强大的生命力，就连元旦这样一个世界性的节日，在中国民众生活中地位极为普通。只要我们的政府不持续强制推行元旦节日，春节的地位它是撼不动的，即使强制改变了春节的日期，让人们过元旦，人们也会将春节习俗照搬到元旦。在现代社会，民族国家要有自立的本钱，不仅是经济强大，同时也要文化强大。传统节日文化就是传承与表现民族文化的重要手段。我们应该重视对传统节日文化的研究，从中寻找传统节日文化运行的文化规律，为今天的社会建设服务。在提倡假日经济的时候，应该多考虑传统节日文化的因素，让民众充分享受到民族节日的温馨。

【猫咪mm】我觉得似乎目前还不会吧。当我还是年轻的学生时,我对西方的节日也有过热情,但无论如何,春节在我心中是无可取代的,我喜欢过春节时人们情绪的释放,似乎这种时候人情味特别浓。

【攀登金字塔】我们中国人表达情感的方式往往比较内敛,所以,在传统节日中,人们的庆祝方式很单一,普通民众往往全家团聚就是最大的庆典。那么,在社会发展的今天,在外来文化不断涌入的今天,我们可不可以也采用"狂欢"的形式?您能否设想一下,如果真的将这种节日引入中国,我们民众的心态会是什么样的?

【特邀嘉宾:萧放】你的问题很好,的确,在我们的节日中,我们很注重家庭内部的团聚,有一种内敛的性格,但是传统的节日习俗也不是单一的,它丰富多彩。大家知道元宵节观灯就是古代的一个有着狂欢性质的晚会,大家从小说、故事、诗歌里面都可以感受到传统元宵节热闹的场景,在传统的礼教社会,元宵节成为人们打破男女界限的一个窗口,无论男女老少都可以到灯市上去欣赏夜景,这里面可能有些故事发生,这也不是卫道士们所愿意看见的,但是,它是民间社会的一个自我调节方式。其实,在我们民俗生活中,有很多类似的节日,比如说,南方的三月三,西北的花儿会,青年男女可以自由地对歌交往,这也是一种有狂欢性质的民俗活动。当然,在现代的节日生活中,我们似乎过得比较静态,少了一些传统狂放的东西,不利于今天的民众生活,我们大可以把元宵节这样一个有着狂欢意义的公众聚会的传统予以发扬。特别是在都市生活中,元宵节更有它的融合社会各阶层的功能,如果都市生活中有类似元宵节这样的一个公众机会,我觉得它肯定会极大地丰富我们的民俗生活,因为在城市中,人们平时因为各种原因,来往的机会很少,在这个时候创立一个社区性的公众聚会,这对于稳定和调节城市生活来说有着积极意义。

【特邀嘉宾：刘魁立】在一个家族和宗族观念强盛的社会里，人们首先考虑到的是家族和宗族的团结、和谐、一致。节日的性质和节日的表现也都离不开要体现这种观念的。说我们的庆祝方式单一或内敛未必准确，除夕自然要家族团聚，哪怕你在天涯海角，也都要千方百计赶回来和家人团聚，那种心理是我们每个人都深刻体验过的，在初一、初二、初三、初四、初五这些天里，我们都要到亲戚、朋友家里去拜年，这是一种增进团结、消除误会、感情交流、为未来的事业奠定团结基础的重要活动，这大约不是内敛，而是一种感情的"外释"。国外的新年会去最繁华的广场或去听音乐会，或者是参加人数众多的联欢晚会，这种方式是他们的观念和传统所决定的，随着社会历史的变化，也许我们会在一定的程度上，用类似的形式来补充我们的传统的习俗也未可知。如果要把春节联欢晚会看成是这种大聚会的一种另外形式的替代，也未尝不可，但它们究竟能在多大的程度上成为我们习惯的春节形式的本质性的内容，那还要看时间会告诉我们些什么。

【喜欢做DJ】现在，感觉中国传统的文化没有外来文化流行，是不是我们传统文化在某些方面有什么不足之处？

【网友嘉宾：张雅欣】你之所以感觉到中国传统文化没有外来文化流行，我想可能因为外来文化更加注重形式，并且这种形式是比较容易模仿的，比如，圣诞卡、圣诞树之类的东西。年轻人更喜欢接受具有强烈形式感的东西，并且对形式，尤其是流行的新鲜的形式比较敏感。

寻找民族文化的脉络

【绿极极】民俗在向多元化发展，我们总说民俗体现了信仰。那么，可以做一个简单的推理，信仰也在多元化（比如宗教的引入），那么，如何保护即将失去的民俗呢？能举例说明吗？进入博物馆？

【网络主持人：曹云霞】12 月 11 日的论坛上，我们提到了是否该创建"春节失落习俗博物馆"或者叫"春节失落民间艺术博物馆"来保护我们的传统文化，今天的专家怎么看？

【s 秋水伊人 s】保护仅仅是一个方面，更重要的是建设我们的"新民俗"。在当代社会，民俗的传承与发展更加显示出一个民族的自我创新意识和推动本民族文化发展的重要意义。

【绿极极】说得很对，就如老北京的四合院，虽是经典，但也不是一点儿也动不得。

【特邀嘉宾：刘魁立】对待传统文化，用一句老话说，要有分析的态度，尊重传统并不等于说我们要照样保留所有在历史上存在过的事物，用一个通俗的例子说，假定把我们祖先的坟墓都保留下来的话，我们就没法在地球上生活了，地球上再没有我们生存的空间了。我尊重我的祖先，但我甚至连自己曾祖父的名字都不知道，许多家族没有族谱，连他们的名字也都没有保存，但这并不是说我们不尊重我们自己的祖先。在传统的春节习俗里，有很多事象是变异了，或者用你所用的词是"失落了"，这是很自然的过程。今天我们看昨天，仿佛丢了很多，但是倘使昨天的人死而复生，他们看今天，也会发现我们多了许多。

【特邀嘉宾：刘魁立】建立博物馆，我是赞成的，但是，要有历史感。我们不能做一个"共时"的博物馆，要对不同时代做出准确的标识和记载，地域也是如此，不能把某一地的习俗说成是另外一个地方的或者说成是全国的。习俗的记录应该有时空的定位，这样才能给人们以准确的历史知识，我想，高质量的、科学的、给人们以真正历史知识的博物馆肯定会在我们中国的许多地方出现的，这是我们尊重历史的一种表现，而我们中国人是一个有历史的民族，是一个热爱自己历史的民族，不信再过三十年你再看，这样的博物馆会不止几个、几十个。你的愿望我很赞赏，但我不喜欢你用的馆名，我不喜欢"失落"这个词。对，主持人所提的问题是一个很重要的，也是一个很大的问题。民族文化如何发展，如何在现代化的历史背景下发展，是一个重大的关系到整个社会进步的重要问题。这里有两个关系，一个是传统和现代，另一个是民族和世界，而这两个关系又是彼此相涉的。传统文化对我们来说是至关重要的，它不仅是我们民族历史的记录，是我们的精神寄托，而且也是民族团结的黏合剂，更重要的，它也是我们建设新文化的本质性的基础，情愿不情愿它都是这个基础。我们和自己的历史进行对话，它是最重要的手段，我们不能揪着自己的头发离开地面。发展自然有变异，但是，变异并不意味着都是发展。至于说我们和世界，我以为，在经济全球化的过程中，我们或许会受到其他民族文化的某些影响，但这种影响并不能成为我们建设新文化的基础。为了整个人类的进步，文化应该是多样性的，是多元的，民族文化是我们民族的精神体现，我们不能在现代化的过程中失掉自己，发扬民族文化也是我们对人类的进步所做出的贡献。总之，你谈的是一个非常重大的问题，一时还很难描摹出我们民族文化将来的清晰的面目，但是我坚信，中华民族的博大精深的文化一定会在人类历史上发出更加光辉的色彩来。

【热情薯片】你们是潜心发掘民族文化的内涵，还是把民族文化东拼西凑？

【网友嘉宾：张雅欣】民族文化的形式可以东拼西凑，但是民族文化的内涵并不是可以拼凑出来的。它是一个民族经历了多少年、多少代共同传承创造的，而非若干个人就可以将它改换门庭。作为民族文化的研究者和保护者，我想，我们每一个人都会有这样的激情，就是让我们中华文化不断绵延发展。

【高正奎】中国的春节文化在整个世界的节日文化里占据什么地位？春节文化的发展对整个世界的节日文化发展起到什么作用？

【特邀嘉宾：萧放】大家知道中华民族是人口众多的民族，它的民族节日文化在世界节日文化体系中占有非常重要的地位。中华民族的节日文化丰富了世界的生活，是一笔宝贵的财富，所以，保持和发展我们民族的节日文化，是一件非常有意义的事情，希望我们中华民族的子孙能够在弘扬传统文化方面，尽我们最大的努力。一个文化，它是否被延续或者保存，在很大的程度上是有一个文化的自觉性问题，如果没有这种自觉性，我们就会觉得它是包袱。如果我们大家都有这种文化自觉的话，我们尽力去建设它，民族文化就会得到长久的发展，这是我们作为一个中国人的责任和义务，也是我们的福分。

【喜欢做DJ】我们现在的春节文化有什么不足之处？需要在什么地方做一些新的尝试？我们可以把中国传统的文化和外来的文化结合起来变成符合中国国情的文化，这是不是可以？

【网友嘉宾：周锦章】传统节日有一个社会记忆的过程，同时也有一个现代化的问题，在过春节时我们会受到一些外来文化的影响，形成一个新的节日文化空间。

【yq117】请问嘉宾，一个民族的发展是经济政治文化相互促进的结果，文化可以说是一个民族的灵魂，我们的民族节日文化如何适应社会的进步，更好地继承和发展，为时代前行提供巨大动力呢？

【特邀嘉宾：萧放】传统节日就是民族文化的一个心结，它承载着许多的民族文化内容，它与现代生活有区别的一面，也有协调的一面，就看我们如何处理传统与现代的关系，我们面向现代的时候，不可能离开我们已有的传统。现代是传统的发展，传统是过去文化的结晶，它有着重要的利用价值，虽然我们不能抱着传统不放，但也不是说享受现代生活就可以抛弃传统文化，也不是说我们主观上想抛弃就能抛弃得了。在现代节日文化建设中，我倒觉得对传统节日文化给予较多的注意是一条很好的出路。比如说，我们现在的节日中，有很多政治的、经济的和西洋的节日，它们分散了我们对民族节日文化的注意力，不利于民族节日文化的建设，如果我们能更加重视传统的节日文化，我们就很可能调动更广大人民的积极性，使我们的节日文化更能贴近民众的生活。我们现在的民族节日因素不是多了，而是传承少了。传统的节日，除了春节以外都没有假日，人们不能够充分地享受传统的节日文化，而一些非传统文化的节日，因为它与民众的心理有一定的距离，所以人们也不能体会到节日的情趣。我觉得这是不正常的现象，我们的政府应该注意这个现象，使节日经济更健康、更理性的发展。

【网友嘉宾：尹虎彬】节日是民族习俗一类的东西，它可以反映一个民族心理，但是，这类文化现象不可能像政治和经济那样是强势文化。像现在某些人提出的文化大省概念，这是本末倒置。想一想吧，如果一个国家经济不发达，政治不进步，它的文化还值钱吗？如果我们的经济发达了，成为大的强国，我们的文化传统自然就变得有价值。现在的中国旅游热和汉语热，只能说明我们的经济建设上去了，国家强盛了，希望用文化来促进经济，这种想法好，但是，效果值得怀疑。有一个现象，中国是文明古国，但是现在北京的大街上还有到处吐痰的痕迹。你说这时候文明传统哪里去了呢？关键是咱们的生活质量还不高，经济还不够发达。

【yq117】这是历史和人民赋予的崇高使命，是责无旁贷的。

民族文化的现代性重构

【网络主持人：曹云霞】民族文化也面临着与春节文化相同的问题，民族文化能否既保持其民族特色，同时又完成其现代性的重构？

【特邀嘉宾：萧放】民族文化与现代性看起来有些区别，其实二者关系十分密切。民族文化是在历史上累积起来的文化，它既包含传统，也接受了现在。民族文化是民族特性的文化展示与立身之本，它要保持特色就要传承历史，要面向未来，就必须接纳现代。民族文化的现代化不是一个简单的替代过程，它是一个复杂的交融与转化。传统与现代如同一条流淌的大河，很难区分传统与现代的界限。我们不能割断水的源头，也不能拒绝新的水源的汇入，更不能阻止它的奔流。在世界正变成地球村的时代，我们特别要有文化上的自觉，要积极主动地参与民族文化的建设，积极保护优秀的民族文化资源，不能任其生灭。同时，尊重世界其他民族的文化，包括节日文化。如费孝通先生所说，世界民族文化应该是"各美其美""美美与共"。

【热情薯片】我想，说起民族文化重构，人们一定会去从空间上想，如学习外国文化。这个需要，但我认为民族文化的重构并不仅仅局限在空间上，还有时间上，中华文明博大精深，为什么现代人就没有想过用汉唐衣冠、古代乐器等来丰富自己呢？时间上的考虑也可以把中华文化的博大精深给完全体现出来，体现出更有吸引力的民族文化。另外，现代人还可以重新想出好多新的文化，为什么国外就会不断有足球、篮球的发明呢？我认为只有这三者都利用好了，我们的文化才会更鲜明，更有特色，更吸引人。

【特邀嘉宾：萧放】说得很好，的确，我们在借鉴西方优秀文化的同时，我们的目光应该投向我们的过去，我们的祖先曾经创造了辉煌的文化，中国曾经是世界上文化程度最高的国家之一，我们的文明曾经影响到世界。

就像我们今天到西方留学一样，汉唐时期，有很多的外国学者到中国的长安留学，中国的四大发明，也是对人类的发展做出了重大的贡献。当然，我们有必要重温历史，树立民族的自信心，增强民族的自豪感，为我们今天的文化建设提供精神动力。关于古代的文化贡献，现在有很多的历史学者做了大量的工作，如果我们去看看《中国通史》，我们就会获得很多的感性认识，就不会盲目的自卑。一个民族应该有它的自信、自尊，这样，我们才能坚守民族文化的家园，才能为我们的子孙留下宝贵的文化遗产。

【网络主持人：曹云霞】 在民族文化进行现代性重构的进程中，政府是否应该加以引导？如果是，如何引导？

【绿极极】 增强它的自觉性和自我完善的能力——发掘、推广和扬弃。只是主导，有时会很机械。

【特邀嘉宾：萧放】 在民族节日文化的建设过程中，政府的确有着重要的作用。政府作为管理机构，它有责任、有义务在民族文化建设方面起推动和引导的作用。政府可以利用自己的权利资源与政府形象，来帮助民众进行有效的节日文化建设。特别是在传媒时代，政府掌握了各种资源，如果说政府有意识地提倡民俗文化，引导社会舆论，营造一种文化氛围，就能有效地促进传统节日文化的传承与发展。在文化转型的今天，农业文明正逐渐地被工业文明所替代，传统的文化正面临着退化与消失的危险，我们政府更应该积极地扶持和抢救积极的、有现实意义的民族文化财富。不要任其生灭，因为我们在这样一个关键时刻，如果放任它的话，很可能就会丧失一个保存传承民族文化的机会，就像我们轻易地拆掉一个名胜古迹一样，要是再复原它也是不太可能的。而这对于民族文化来说，是一个灾难性的后果，所以说，政府的作用至关重要，希望我们的政府更关心传统文化的保持与发展。

女性:春节习俗的传承者

【2003年的幸运小羊儿】在传统父权社会中,往往父亲是仪式的执行者,所以,节日中,他的角色在家庭中显得重要一些,那么,在现今日益文明进步的中国,这种情况有没有改观呢?我们"与时俱进"的春节应当体现出一种什么样的社会风貌呢?

【等待的是太阳】在我的家里,似乎母亲的吸引力更大些!

【特邀嘉宾:萧放】其实,在春节民俗生活里面,母亲的地位更重要,她们经常操办各种节日活动,准备各种节日食品,父亲倒是没有很明显的地位体现。在春节中,家庭呈现出一种和睦的气氛,好像没有明显的"父权"表现。

【网络主持人:曹云霞】那是不是说女性在传承传统习俗中起着最重要的作用?

【特邀嘉宾:萧放】女性在民俗文化传承中的确有着重要的作用,但不是最重要的作用。传统民俗的传承,在很多方面是通过家庭教育的方式进行传递的,母亲经常是民间故事的讲述者,也是家庭祭祀仪式的组织者或准备者,她们熟悉各种民俗,经常会对子女做民俗的教育,培养他们的民俗情感,从这个意义上来说,女性在民俗传承中有着特殊的意义。现在有一个新的学科叫"女性民俗学",希望大家更多地关注女性民俗的研究,这是一个大有作为的研究领域,在这里边可以出很多的成果,对民族文化建设也是有益的。

民族文化的世界性

【网络主持人:曹云霞】请您结合春节文化阐述"越是民族的也就越

世界的"这个观点?

【特邀嘉宾:萧放】春节是中华民族的盛大节日,是中华民族重要的文化象征之一,它代表着中华民族的性格,是世界文化的一个重要组成部分。它的文化个性,决定了它在世界文化中的地位,也是它独立存在的标志。如果说我们在现代化的过程中,不能保持自己的民族文化特色的话,我们在世界文化中就没有自己的位置。虽然我们可能是世界经济强国,但是我们在文化上就很可能成为西方文化的附庸,所以说,我们在面向世界的时候,在为人类文化做出贡献的时候,就要保持民族文化的特性,这是我们的职责所在,也是我们的立身之本。

【yq117】文化是一个国家综合国力的重要组成部分,是一个国家参与竞争不可低估的重要方面,她是实现民族伟大复兴历史进程中的强大动力。

【特邀嘉宾:刘魁立】我刚才说过,人类文化的发展不是走向趋同,不是走向单一化。我更倾向于它的发展的方向是多元化、多样性、丰富性。我们的头脑里装的越来越多,我们的情感也越来越丰富,民族间相互的理解也越来越深刻,但是我们的民族属性大约不会因此而变得模糊。我们民族的优秀文化被其他民族所理解、所尊重,成为对人类文化的一个贡献,这是我们的荣幸,也是其他民族所欢迎的。吃西餐的人,当然也喜欢接受我们的饺子,假如全世界所有的人都只吃一种菜,穿一种衣服,那不是太可怜、太单调了吗?

对于春节晚会的进一步思考

【高正奎】民族文化中的春节晚会核心内容是什么?请嘉宾用简要的语言谈谈。

【特邀嘉宾：萧放】就是把一个民族的情感集中起来，给它一个"爆发"的机会，让大家在共同的娱乐享受中度过一个不平常的夜晚。春节晚会没有必要加入太多的社会政治任务，增强它的娱乐性，让大家过一个热热闹闹、快快乐乐的大年夜。

【网络主持人：曹云霞】您觉得春节联欢晚会是否跟上了时代的节奏？

【极速体验】应该在某种意义上来说反映了时代的节奏吧？

【喜欢做DJ】只搭点边儿，没有真正跟上时代。

【猫咪mm】电视是现代文明的产物，春节晚会是借助了电视的传播手段走进千家万户。在表现形式上，它跟上了时代节奏，但表现内容上则落后于时代。

【特邀嘉宾：萧放】春节联欢晚会在节日文化建设中发挥过积极的作用，在增强民族文化的凝聚力方面，也有独特的贡献。至今，它仍有相当强的号召力，是毋庸置疑的。但我们在制作春节晚会的时候，要有与时俱进的心态，要代表最广大人民的根本要求，注意普通观众的反映，不要将节日娱乐当作一项负担，不要当作政治评判的舞台。它的主要宗旨是欢欢喜喜、热热闹闹，烘托节日气氛。将春节的本原意义还给春节是晚会最应该考虑的。春节联欢晚会一定要有平等的姿态，以互动联欢的形式跟大家一道过一个大年。晚会是年夜饭的一道佳肴，人们年年想吃，但不要成为年夜饭的全部，我们不妨给每个家庭一些"谈年"（团年）的时间，让家庭亲情得到更充分的表达，给我们广大民众一个祥和的氛围，让全体社会成员都能享受到春节的乐趣。

【极速体验】不可否认，它的商业化程度越来越高。

【特邀嘉宾：刘魁立】我不认为它是跟上了时代节奏。人们被动地接受，没有互动，十几亿人看一场戏。时间很长，似乎是占据了春节习俗的中心地位之一。现在的春节晚会越来越难以翻出新鲜花样，越来越难以满足大家的要求。总的来说，缺少宏观的哲学思考。我觉得，要从根本上和细节上都做深入的考虑和别出心裁的改进。

【热情薯片】还记得电视里美国的圣诞节吗？街上有狂欢，凡是路人都拿着一个圣诞老人，家里还有圣诞树，还送圣诞卡，孩子们还整天想着圣诞礼物……我觉得我们除了压岁钱，还能来点别的吗？特别是春节的纪念品，如：荷包啊，中国结啊！

嘉宾与网友间的互动

【圣人97】春节文化包括什么？

【网友嘉宾：周锦章】这个问题好大，简直可以写一本书。传统春节习俗是从腊月初八开始的，然后有祭灶、守岁等等，一直延续到正月十五元宵节。

【高正奎】在年轻人心里，本土的民族节日受到外来的"洋节日"猛烈冲击，甚至出现了春节我可以不过，但是"洋节"一定要过，这种现象正常吗？为什么会出现这种现象？

【猫咪mm】我觉得这还是有着一个教育的问题。现在十来岁的青少年，受到外来文化冲击很大，他们的心智还不成熟，判断能力不强，很容易受到新鲜事物的诱惑。而家庭社会就应该担负起教导的责任，让他们不要忘记没有民族性是可悲的。

【高正奎】媒体在其中的作用你忽视了吗？

【猫咪mm】当然不敢忘记，舆论的作用是强大的，所以，才有"用正确的舆论引导人"之说啊，但媒体应该包括在社会作用之中不是吗？

【网友嘉宾：尹虎彬】我不认为中国人已经有某种迹象表明他们更习惯

或喜欢过西方的节日。这里先要明白，中国是个多民族国家。按照我的观察，许多民族都有自己本民族的节日，比如藏族的藏历年，汉族的春节等，这些节日及其习俗不可能在短时间内削弱。总之，我们一定要考虑到大多数的中国老百姓，看他们过的是什么样的生活。我们不能拿个别大城市的一些年轻人的喜好，就觉得中国人的传统节日将成为过去。

【网友嘉宾：周锦章】传统节日是民族心理积淀的结果，外来节日显然缺少这种文化支撑。

【射大雕】尹先生说得很客观。

【特邀嘉宾：萧放】这肯定不正常，我们是中国人，就应该过自己的节日，我们应该有文化主体的意识，因为西方的节日有它的文化逻辑，跟我们的民族性是不完全协调的。我们传统节日跟我们的文化血肉相连，所以，我们在过自己节日的时候，有一种心理的慰藉。在西方节日中，我们更多的是新奇，是一种时尚，它能否成为一种习俗还不能下结论。青年人，喜欢新奇的东西也很正常，我觉得他们到了一定的年龄之后，会认识到民族文化的优势所在。当然，作为一个社会成员来说，我们有责任、有义务做一个引导，也不需要刻意的禁止它，因为民众生活有一个自然的调解过程，时间是最好的"裁判"。

【小丫林晓梅】请问各位嘉宾，每当有人提到"春节"这个名词时，你们最先反映在头脑中的是什么？为什么有这样一种感觉？是否算春节的一个显露特征或者自己有怎样的经历？

【高正奎】每次提到春节，我想最先反应的是过年了，又到团圆的时候了。或许这就是一种难舍的情，这种"情"想说清楚，真的很难，因为每个人的领悟是不同的，但是最终的目的是一致的。

【网友嘉宾：周锦章】春节在我脑中的第一反应是回家和休息，因为我在外地学习，每年基本上只回家一次，春节肯定是要回去的，因为心理上好像有一种情结，就是团圆。

【射大雕】久仰刘教授的大名，借这个机会请问教授：从语言符号中能否探究一个民族的文化结构？如果可以，其切入点在哪儿？

【特邀嘉宾：刘魁立】"射大雕"先生，你是要写博士论文吗？如果是的话，你的题目是什么？研究一个民族的文化结构，视角和手段都是多方面的，切入点当然也是多方面的。从语言符号的角度观察一个民族的文化结构未必不可以，但我想也未必能解决全部问题。我很希望你把问题提得更具体一些。

【射大雕】谢谢您给我的回复。我是要写论文，但不是博士论文，您觉得只有博士生才会思考这个问题？我是从汉字的形、声旁的角度考虑的。形旁代表着意义，所以它也是文化的象征符号。您能谈一下吗？

【特邀嘉宾：刘魁立】"射大雕"先生，我不认为这个题目只是博士论文的题目，我觉得任何人都可以做，不过这个题目是大了些，涉及的面很多而已。中国汉字历史悠久，博大精深，反映了中国传统文化的诸多方面，是一个很难穷尽的研究对象，你有志做这方面的研究，值得称赞。

【绿极极】春节作为一个民俗，就像图腾一样，在社会的发展逐步摆脱农业主导而向更高的层次迈进的时候，去与留就是纯自然选择，而保留的也是最有生命力的。同时，随着社会的进步，他们也会被赋予更内在的意义。这种新的意义，更多的体现的是民族的认同、信仰和历史文化背景。我们讨论过民俗的自觉性，要想民俗不断流传并具有巨大的生命力，就必须有强大的民族文化和信仰作依靠。我想民俗的自觉性的由来也是如此。

【特邀嘉宾：萧放】"绿极极"对民俗文化的思考有相当的深度，触及了文化的本质问题，民族信仰的确是民族文化的核心，当然，我们今天的信仰与传统的信仰有着根本的区别。如果说，一个民族没有信仰的话，它就没有存在的精神依据。

【2003年的幸运小羊儿】有的民俗学者认为，在节日中，人的社会角色会被淡化，代之以表达情感为中心，您认为呢？各位嘉宾认为在节日中如何界定人的属性？

【特邀嘉宾：萧放】节日本来就是为民众生活服务的，人就是节日生活的主体，人当然是节日的主角了。所谓情感的表达就是表达人的情感，当然这个情感主要是针对家庭成员的，其实也是针对民族的，因为我们家庭是社会的细胞，是民族基本的生活单元，一个家庭的情感得到集中的表达，也就是说，我们民族情感的凝聚。

【网友嘉宾：尹虎彬】节日里，人们会调整或者改变自己的社会定位，就像一个政府的部长，当他回家过春节的时候，在和他的父母家人团聚的时候，他不会像在工作中那样严肃谨慎，节日这种场合是民间的空间，不是官方的空间，在民俗的民间的场合，老百姓是主人，传统是主旋律。

【夜缘】春节文化，它只是一个局限性的说法，你认同我的观点吗？

【网友嘉宾：尹虎彬】春节文化是否包括经济和社会生活的许多方面？娱乐仅仅是消费文化的一个小方面。我觉得春运是春节文化的最大亮点，特别有过年的氛围。每个人都有过春节回家的"探险"经历吧？

【极速体验】没错，这种经历妙不可言……

【夜缘】我想这不应该有什么界定。应该说，春节文化是我们中国文化的一部分而已，不同时期，不同年代的春节文化，它所包含的定义也不相同。所以，我想它存在局限性的说法。

【现场版主：诗曼】所以，我们说的"春节文化"也包含不同时期的春节文化内涵的探讨，应该说它的涵盖范围广泛而不是狭隘。

【特邀嘉宾：萧放】春节是民族节日文化的一部分，它包含三方面的因素：一、特殊的时间。它在岁末年初，是一个时间转换的关口，它有着除旧迎新的特殊意义。二、相对稳定的传统民俗内容。它有节日传说、节日仪式、节日娱乐等自古相传的民俗事项，春节民俗的主旨是伦理文化的集中展示。三、它有着特殊的文化功能。它以多种多样的节日仪式来调节人与自然、人与社会、人与自我的关系。

【夜缘】萧老师的回答道出了春节文化的广泛定义，我非常赞同。

【猫咪mm】我觉得不准确啊！春节文化隶属于民族文化，它反映了中国人浓厚的亲情、人情、乡土情，它的节日氛围和节日内容是几千年文化的积淀。中国人的感情是内敛的，在春节找到了一个宣泄的堤口。

【喜欢做DJ】谈了这么长时间的春节文化，请问版主，这主要的目的是什么？是为了大家过个更好的春节吗？还是其他原因。

【猫咪mm】我倒觉得开这个论坛，是能让关心民族文化走向的民众有一个探讨的地方，不应该仅仅是为了春节，而是为了我们多姿多彩的民族文化能更好地发扬光大，能在民众心里激发一种思索的情绪。

【s秋水伊人s】运用网络这个载体探讨春节文化，思考中国的民俗文化在当今社会的作用，我觉得非常有意义，央视国际网络在这方面开创了将学术思考与大众交流相结合的新模式，我觉得这是一种非常有意义的尝试。

【网友嘉宾：周锦章】网络也可以成为春节文化的一部分，比如，春节时电子贺卡拜年已经成为一种新的风尚，这也许只是一个开端，一个新的起点。

【网络主持人：曹云霞】请我们的特邀专家、中国民俗学会理事长刘魁立教授来为你解答这个问题。

【特邀嘉宾：刘魁立】我们尊敬的古老哲人曾经有过一句话，尔爱其羊，吾爱其礼。每一个人都从讨论中看到自己想看到的，得到自己想得到的。我对这次讨论的理解是，通过春节文化的讨论，我们大家能够更理性地来理解春节，来理解我们自己的传统文化，理解我们的民族，理解我们自己。这是一个使我们大家活得更好，使我们的民族有更好前景的大题目。我是中国民俗学会的一个工作人员，这个学会就是团结全国民俗学界的同仁共同探讨传统文化的过去和今天，促进民族文化发展的一个组织。这次讨论是我们的分内之事，我们的秘书长是参加这次讨论的北大教授高丙中博士，他的通信地址是北大社会学系人类学研究所。大家有事可以给他写信联系。

民俗学者的网谈感受

【网络主持人：曹云霞】请各位专家及网友嘉宾谈谈做客 CCTV.com 春节文化网上谈论坛的感受吧。

【网友嘉宾：张雅欣】没有想到网友的热情如此之高涨，我想作为民俗学专业的学生，我会努力将我们的工作做得更好，无论是研究工作还是实践工作。也希望以后还有时间来与网友们交流。感谢央视国际网站。

【网友嘉宾：尹虎彬】参加 CCTV.com 的民俗论坛，我觉得我需要更好地融入当代生活中去，与当代人同呼吸，与时代同呼吸。搞传统研究的人，应该了解当代人需要，研究过去就是为了将来。如果传统与未来没有关系，那么，我们为什么还要研究它和讨论它呢？我感觉自己与时代有一些脱节，应该尽快赶上大家。祝你们春节好，生活快乐，明年发财。

【特邀嘉宾：刘魁立】这么多年轻人，从春节的话题说起，关心民族文化的发展，使我感到我们民族文化的前景是美好的，许多杞人忧天的疑虑可以打消大半。马齿徒增，我比各位长了几岁，代沟是人们心理的一种隔阂，通过这次谈话，这种隔阂似乎也减少了许多，我谢谢央视国际，也谢谢各位对谈的朋友。我祝大家过个健康的、愉快的、吉祥的春节。

【网友嘉宾：周锦章】几个小时转瞬即逝，很高兴和大家探讨春节文化，传统民俗和新媒体的结合将会拓宽传统文化的流传方式，这次论坛是一次创新，感谢主持人。

【特邀嘉宾：萧放】时间过得真快，网络感觉真好，能够和广大的网友交流对于民族节日文化的看法，我觉得是十分难得的机会，我也增长了不少见识，希望以后能听到更多网友的建议和批评，把我们的节日文化研究的更深、更透。如果说像一首歌所唱的"一年三百六十五天，就是三百六十五里路"那样的话，那么，年就是它的重要驿站。人们一路的辛劳，一路的喜悦，都在年节中得到溶解和升华。人们休整在这个新旧交替的时间驿站中，用团年、贺年、拜年等年节仪式活动来汇聚人们的亲情、友情、恋情。今天是网络的时代，同时，也是陌生化的时代，我们民族需要这样一个汇集亲情的节日，新人还是过旧年好！

【网络主持人：曹云霞】为期一周的专家谈春节文化在线论坛活动今天落幕了。我相信大家对我们的中华民族最盛大的、最重要的传统节日有了更深刻的了解，今年的年是否能少些疑惑，多些理解，更主动地去发掘传统，也发现时尚，让我们的春节过得更加心平气和呢？谢谢中国民俗学会的各位专家，谢谢各位新老网友的思想火花和热情支持。明天，别忘了还有金越——2003春节联欢晚会总导演要来与大家聊聊今年的春节晚会。

原文载于：央视国际 2002 年 12 月 15 日。

民族国家的日历:传统与现代交融

　　国内外民俗学大师齐聚北京,感受中华传统文化的魅力,探讨传统节日与法定假日的关系,我们究竟应以什么样的方式保留传统文化,现代民族国家的假日又该怎样设置?

　　主持人:您好,观众朋友,欢迎收看《今日关注》。

　　中国农历的大年初六,当中国人沉寂在浓浓的过年气氛里,西方浪漫的情人节也如期而至,这一天,来自美国、日本、韩国、俄罗斯等国以及中国的近百名文化学者齐聚北京东岳庙,而这些国内外民俗学大师们此次聚会,除了感受中华传统文化的魅力,欣赏有七百多年历史的东岳庙中各种民俗表演外,他们还将就各个国家的民俗节日文化的起源、发展,现代节假日与传统时间制度的关系等主题,进行广泛、深入的探讨。我们先来看一下相关的报道。

　　解说:在这次名为"民族国家的日历,传统节日与法定假日"的国际研讨会上,一些学者认为中国的一些民俗传统节日在广大民众的心里占据着特别显赫的地位,但是这些节日和一些法定假日相比,却存在着不协调之处。

　　刘魁立（中国民俗学会理事长）:在我们的整个假日系统中,有很多的节假日,虽然放假了,但是它的文化内涵,它的历史根源都不久远,都不丰厚。民族传统的节日非常丰厚的那种历史文化根源,我们没有办法展示,没有办法表现,就是因为它没有设为假日。

解说：学者们认为节日是休闲，但比休闲更重要。在现代化和全球化日益发展的今天，能够有意识地反思传统节日与法定假日之间的关系，以及各民族传统节日本身所蕴含的文化结构和社会功能，具有十分重要的现实意义和长远影响。为了充分感受中国传统节日的风采和特色，国内外学者还到北京六大庙会之一的东岳庙体验了北京人的春节庙会。迈进古老的大门，走在挂满了祈福牌的葫芦之间，仿佛穿越在中华文明史的时空隧道中，秧歌、面人、杂耍等民俗表演，更是让国内外学者们都深深地陶醉。

迈克尔·欧文·琼斯（美国民俗学会会长）：我对中国的春节及其一些活动感到很惊喜，它们很美妙，给我留下了深刻的印象。

主持人：刚才我们一起了解了这次研讨会的一些情况。

今天在演播室我们还特别邀请来了刚刚参加了这次国际研讨会的两位专家，首先我来介绍一下，一位是中国民俗学会的理事长刘魁立先生，还有一位是北京大学的社会学系的高丙中教授，你们好，欢迎两位到我们的演播室接受采访。

可以说，现在中国人的春节正在过，还没有过完，我们的长假还在进行中，在这个时候来探讨关于民俗的话题，确实是别有一番意味。我们注意到，这次研讨会题目叫"民族国家的日历：传统节日与法定假日"，我看到这个报道的时候就有一个疑问：到底民族国家的日历是什么意思？刘会长，您能不能先给我们解释一下？

刘魁立：民族国家的日历，如果明白地说，应该是民族的和国家的日历。

主持人：中间应该加一个"和"字，民族的和国家的日历。

刘魁立：对于一个民族来说，甚至于更小的，对于任何一个群体来说，都有自己的时间安排。对于一个民族来说，它的时间安排应该算是它的一个日历。中国是一个多民族的国家，对于整个国家的时间安排来说，我们把它叫作国家日历。针对民族的节日体系和针对我们国家的节日和假日体系，我们来进行研讨，所以题目叫作"民族国家的日历，传统节日和法定假日"这样的研讨会。

主持人：高教授，实际上，这里面突出的是节日和假日之间的关系问题。所以，你看，我们的主题题目也叫"传统与现代交融"。你怎样看待节日和假日的关系？

高丙中：这个题目当时我们确定的时候，是考虑到我们都面对的一个问题，中国现在在官方制定的假日里面，比二十年以前长了很多，现在有很多假日。可是大家都觉得假日里没有那么多有意思的事情可做，另外一方面，学者们在研究中也看到，在民间，老百姓有很多他们认为很重要的时间，有很多他们认为有非做不可的事情，这就是节日。可是他们往往遇到一个问题，没有假日，没有办法做他们认为有意义的文化活动。这样一个矛盾在这里面出现了，学者们就来探讨，在传统的节日跟现代的假日制度之间，应该怎样结合？

主持人：我注意到刘理事长在接受采访的时候谈到过民族传统的节日，它有着非常丰厚的文化根源。但是因为它不是假日，所以，有的时候很难再把它舒展开来，也没有办法把它舒展开来。所以，人们现在探讨怎样把民族传统的节日，把它法定化，成为一种假日。关于这方面的一些探讨，我注意到有一位我国台湾学者有自己的看法，我们一起来听一下他是怎么说的。

鹿忆鹿（台湾东吴大学教授）：我想大概多多少少还是会有（积极意义）的，因为（这样）过传统的节日，时间上会比较充裕，有些习俗，有些活动，我觉得大家还是会比较重视的。现在台湾的情况也差不多，一般的年轻人已经对传统节日不太重视了，因为受西方的影响，大家只是放假，吃吃东西，玩啊，所以，我觉得如果把传统节日定为法定假日，肯定还是对传统的节日有比较积极、正面的意义存在。因为传统节日对民俗的延续，或者是历史源流的保存、维护，我觉得还是比较好的。

主持人：刚才这位教授谈到了很重要的观点，她认为把传统的节日假日化是应该的，应该也是有效的，她这么认为。我也注意到这次的国际研讨会上，大家谈得最多的一个主题就是是否可以把民族传统节日假日化。两位专家，您们的意见是什么？

刘魁立：如果把这个问题稍微再引申一下，它不仅仅是放不放假的问题，节日的整个体系实际上是涉及我们如何舒展咱们自己的民族性格的问题，说得再大一点，是一个国家身份问题，或者说是民族身份问题。如果要是在这样比较大的前提下来谈这个问题的时候，可能就涉及我们自己的传统如何延续下来，如何发展下去，这就变成了一个对于我们民族来说，是一个非常重要的问题了。因为在整个的节假日过程当中，实际上民族性格能够在这里得到比较好的体现。如果把我们的传统，把我们非常优秀的民俗的传统延续下来的话，我想可能要在我们的假日体系里面应该有它的位置。如果这样的话，我们的许多有非常深厚文化内涵的节假日就会替我们做认定自己的民族身份或者是体现我们自己的民族认同情感的一些事情。

主持人：实际上，这个话题在去年的时候就已经开始讨论了。这里面探讨了一个很重要的问题，是一个时间制度的安排。但是国家已经有一些安排了，原来只能一周休息一天，现在能休息两天了，假日应该很多了。如果再把原来民俗的传统的节日定为假日，从国家政府的角度来考虑，是不是时间安排上也会有一些难处呢？

高丙中：实际上，这里不是时间够不够的问题，比如说，在传统社会，节日就是假日。

主持人：一过节就可以不工作。

高丙中：过节就有时间。那个时候跟农业社会是比较配合的。那样一个节奏可能跟现代社会是一个节奏，可能有不合的地方，这个不合应该说客观存在，可是现在再设立假日的话，根本就没有考虑到原来的节日体系，完全是弄了一套新的假日制度，现在开始做这个工作，基本上的思路都是跟着现代国家的重要活动设立纪念日，有的纪念日就变成了假日，有的纪念日只是在报纸上宣传一下，并没有成为假日。可是后来随着生产效率的提高，可就业人口的增加，国家不需要每一个劳动者都那样充分地去上班，不要那么多的工作时间，这样假日就慢慢地增加。增加之后，到今天，大家发现那么有意思的日子，没有病，这么多假日，我们却觉得没有什么意思了。这个问题出来的时候，我们再看我们假日制度演变的历程，就觉得我们有处理不当的地方。我们现在就是要讨论怎样调整这个不合理的东西。

主持人：您的意思就是说把一些传统的节日改为假日，您觉得从时间安排上来说，不算多。

高丙中：应该是可以的。并不一定要在一年的假日里增加新的假日，而是要把原来的假日的时间，调到传统的节日期间，把除夕演变为假日，这一点也是提的很精细的。大年三十本来就是应该休假的，可是大年三十还要他去工作、上班，该动脑子的，他的脑子不在那个地方，该动体力的，效率也不高。在观念里面，这就是一个休息的日子，就是人跟人聚在一起，做一些没有实际功效，但是有意义的事情，这个安排跟谁过不去呢？

主持人：关于这个问题，在这次的研讨会上大家有没有达成共识？

刘魁立：因为这次研讨会实际上是学理性比较强的研讨会。在这样具体的政策、对策性的问题上，没有非常舒展地把自己的意见全部都发表出来，因为严格地说，这次还不是一种对策性的研究，但是刚才高先生所谈到的问题，实际上是大家都已经涉及了的。就是说，要把我们现在有假日的，但是又缺少或者是比较薄弱的那一个文化内涵的那样一些日子，把它挪到另外的有深厚的文化历史内涵的时间上去，让那个时间成为假日。如果这样做的话，我想大家都是非常高兴的，会满足大家精神的需求。

主持人：说到春节一系列的民族传统节日的话题，我想到关于春节，前一段还有一个争论，说有的人提出来把春节日子改了，不是改在除夕或正月初一，而是立春那天，两位对这个说法是什么看法？

刘魁立：我本人感觉这个建议，名字叫作春节科学定日，这个建议本身的命名就不科学了。因为如果要谈现在春节的定日是不科学的，而一定要把它做成某种科学的办法来加以定日的话，我觉得这个本身的出发点是不对的。此外，如果把春节挪到立春，而春节是我们心中的年，把年放在另外一个时间，等于说那个时间我们不是按月相的运行办法。

主持人：不是一年初始的感觉。

刘魁立：另外，我们就没有了除夕，同时，我们也就没有了正月十五的元宵节，因为中国人对月亮的情感完全不同于其他民族，我们的许多节日的主要活动都是在夜晚进行的，比如说，元宵节、灯节，比如说，七夕也是在看星象，比如说，八月十五过去的祭月和现在的拜月，包括除夕，所有的这些活动都是在晚上进行的。我们中国人对于月亮的这种情感，一旦被这样定在立春这个时候就会全乱了。这样的话我们基本上再没有我们的民族节日系统，实际上，这个建议本身不仅是不可行的，而且是完全不可取的。

高丙中：春节，他可能这么提的时候，他提的问题是这么产生的，他就说春节是立春的节气，你既然是说叫立春的节气，不在立春那天，那你错了。春节是辛亥革命之后才有的一个概念，是原来的元旦，老一辈人都说元旦，被新的公历用到1月1号来了，要区别这个东西，它本身跟立春并没有关系，它并没有说我要代表立春。所以，现在这样提问题，可能是叉开了，这两个没有合在一起。

主持人：看来在这个问题上两位专家的意见是一致的。我注意到很多观众也是跟你们有相同的看法。确实，春节在中国人的心目中，就像刘教授曾经讲到的，地位是非常显赫的，甚至可以说是中心的地位。所以，在今年的春节期间，我们中国新闻节目是从初一到初六，每天选择一个不同的地方，来向大家直播当地的一些过年的习俗，现在利用这个机会，我们再来回顾一下其中的一些精彩的片段。

刚才我们一起看了六个不同地方的一些过年的习俗。虽然我们现在能看到各个地方的地域色彩非常的明显，确实是感到丰富多彩，但是也有人觉得现在过年好像不如以前了，这个年味好像越来越不浓了，总是觉得缺了点什么。两位分析一下，这其中是什么原因，到底我们缺了什么？

刘魁立：我自己感觉到在我们过年的这个过程中，大概需要提炼很多符号，或者我们叫作象征。而这些符号，这些象征的提炼，在某种意义上，我们过去做的工作不多。比如说，鞭炮，鞭炮这样一个符号，或者是叫作一个象征，它直接和年非常密切，有着非常密切的联系。

主持人：好像一说到过年，就会想到放鞭炮，这两者关系密切，把它摘下去，撕下来，好像感觉就不是年了。

刘魁立：所以，大家感觉没有年味。过去常常说爆竹一声除旧岁，好像是辞别旧的一年，迎接新的一年，中间的一个办法，是用鞭炮来衔接这两个时间段的。在这样一种情况下，一旦用行政的办法，用一个简单的办法解决我们心中的那样一个价值问题，或者叫作我们的情感问题，一个非常复杂的问题，那么，用一种禁绝的办法来处理，显然不会奏效。实际上，一方面我们禁了，但是群众又觉得在感情上过不去，于是它又要在某种意义上来叫作违禁，要采取一种办法，于是就出现了这样一种矛盾。

主持人：实际上，大家都难受，您禁了，但是还有不少地方放，我们注意到今年，包括北京有一些禁放区里还是有放爆竹的。这样一个情况出来，大家觉得还是非常尴尬。高教授，您觉得呢？放炮本身可以说确实是人们过年的一部分，而且是人们表达过年喜悦心情非常重要的手段，但是现在它没有了，您觉得年味是不是就是因为这个符号没有了而觉得冲淡了？

高丙中：年味淡，可能一方面是说内心的体验，因为原来过年有很多民俗活动，这些活动你都是从小就习惯的一套东西，很自然的你就在这里面来体验一遍，放鞭炮是重要的一个项目，其实，拿鞭炮来说，不仅仅是这一个项目被取消，事实上，很多项目在现代变化的过程当中，当然不是说大家要自动放弃，是社会造成的后果。比如说，原来春节的踢毽子、玩陀螺；踩高跷花卉表演，你去看，但不会去踩了；原来小孩儿要去玩这些东西，体验差了。再一个是价值的问题。大家觉得年是一个完整的年，是一个意义比较丰富的年的时候，是因为社会营造了一套价值，一个观念，跟你个人的东西相互比较契合，你会有一个统一性比较强的体验。可是现在经过这么多年，这里很多坏的东西，有迷信，有落后，有愚昧，有这样的东西，再来体验，再来做的时候，自己就犹豫了，显然做了，这个体验已经不是那个体验了，外在、内在两个方面，过的年不是原来的年了，是因为不是原来的过法，不能像原来那样了。

主持人：实际上，您刚才讲的使我想到一个问题，民族传统节日本身有两个构成，一个是它的文化内涵，有很多价值在里面；再一个是形式，比如说一些符号，放鞭炮也好，贴春联也好，是一种文化的形式表现。但是现在看来，我又想到另外一个问题，很多民族传统节日的形式本身也欠缺了，比如说，很多形式变为中国人传统的吃食了，春节吃饺子，正月十五吃元宵，端午节吃粽子，中秋节吃月饼，到腊八喝粥，立春吃春饼，跟吃联系在一起，形式本身是不是也在退化或者减少？

刘魁立：应该这样说，当别的符号，整个符号体系在某种意义上自己逐渐地变得比较贫弱的时候，我们其中的某一项变得突出出来了，显得只有它在那里好像是唯一的东西，但实际上我觉得符号体系的提炼还是不够的，比方说，过去丰盛的食品，几乎是在所有民族的所有的节日里面都是一个非常重要的内容，无论是中国的、外国的，或者是我们中国的各个民族的，实际上都有吃的内容。

主持人：吃本身也有文化的说法在里头，有内涵在里头。

刘魁立：可是现在一旦只突出了一点，把其他符号中间重要的内容变得很贫弱的时候，自然大家开玩笑地说，现在的节就只剩下一张嘴了。我想，今后的问题还是保持这个部分，但是加强其他符号的提炼和对于其他符号的宣传，包括您刚才所说到的贴对联，也包括互相之间的拜年的习俗，家庭和睦团圆。

主持人：内容丰富起来。最后一个问题请高教授讲一下。面对现在这种情况，内涵可能有些已经丢失了，形式大家又不是很明白，怎样才能使我们的民族传统真正地继承和保护下来？

高丙中：我顺着刚才的话回答这个问题，为什么吃沿袭下来了呢？因为吃是家庭里就可以做的事情，在很多年，在公开场合，在所谓公共领域，所谓公共空间，我们是不能来表演，或者是表现，呈现传统的民俗活动的。

现在，如果说要继承，要沿袭这个活动，重要的一点，也是最基本的一点，就是要营造一个共同的观念，这个观念必须在公共空间里营造，是一个公开的活动，这个公开的活动我们能观赏，能参与，我们能提我们的意见，能够分享价值，这样才可能沿着这个线索，这应该是共同的、群体性的活动。当它变成群体的活动，就能往下沿袭。

主持人：两位教授讲得很对，宣传也很重要，必须让大家知道我们节日里的内容是什么，文化内涵是什么，然后才能知道怎样通过一种形式表达这些内涵。但关键的问题是你怎样才能够有表达形式的一些习俗。

这个话题非常长，非常多，今天因时间关系我们先谈到这儿，以后有机会再聊，非常感谢两位到我们演播室接受采访，谢谢。

好，观众朋友们，今天的《今日关注》节目到这里就结束了，感谢您的收看，再见。

原文载于:CCTV 4《今日关注》2005 年 2 月 15 日。

文化内涵——传统节日的灵魂

有人建议将春节改在立春，我以为完全不妥。从学理的角度看，用平和的语词说，是片面的、不科学的；从实际操作的角度看（因为据说这一建议还要寻求立法支持），由于它违背规律，违逆人心，而且有前车之鉴，所以，我断定是难以实现和绝不可能奏效的。

建议改期的主要依据之一是说"春节时间游移不定"〔详见《论我国历法改革的现实任务》，载 2001 年 12 月《西安电子科技大学学报（社会科学版）》第 11 卷第 4 期第 1—5 页〕。

被改名为"春节"的旧历年，相对于在我国成为法定时间制度仅仅几十年的公历（在很长时间里被人们称为"西历"）来说，确实是游移不定的；然而，对于依据月相盈亏变化确定"月"之长度，又照顾到寒暑往来，通过设置闰年的办法大体依据回归年确定"年"之长度，而且在我国通行非止千年的阴阳合历来说，毫无"游移不定"可言。如果以月相作为依据看公历的一月一日，它必定也是"游移不定"的。从这一角度出发，公历的所谓"月"，在包括汉语在内的诸多语言中都是名实不符的。站在地球上看太阳，以为自己不动，说太阳在游走：早晨从东方升起，晚上于西方落下。如今，世界几乎所有民族的语言都还延用地球视角所得的立论来表述这一现象，说"日出""日落"，约定俗成，谁也不会叫人好笑地说"地球自转使我们又重新看见了太阳"，或者说"地球自身挡住了居住在地球某处的人们的视线，于是看不见太阳了"。我们许多民族传统节日的设立也都有其特定的视角。

传统节日作为某一民族、某一国家时间制度中的重要组成部分，一方面具有外在的、也是客观的物理性能。例如，中华民族的清明节，以及根据月之朔望确定的中秋节、除夕和"大年初一"等等；但另一方面，而且是更为重要的方面，还具有某一特定群体、特定民族、特定国家所赋予的价值内涵。节日是这一民族或国家的广大民众的精神文化的重要表现形式。所谓"春节科学定日"的建议，在我看来更多是考虑节日作为时间的物理性能。而文化内涵却是节日的灵魂、节日的本质所在。当然，从发生学的角度看，或许某一节日的时间确定，可能有其物理的依据，但随着时间推移，节日的物理性能的发挥和节日的文化内涵的展现会彼此消长，在多数情况下，是文化内涵越来越丰富、越来越被人们所重视。

自从"新年""元旦"等词被法定让位给阳历的一月一日，致使旧历的"年"失名之后，"春节"这一未必不好的新词渐次深入民心，成为人们不得不用的定式。然而，在屈尊改名达八十余载之后，时至今日，它仍然是"年"！每当说到"过年"的时候，人们首先想到的仍然是旧历腊月以及随后到来的新的一年的正月的那一段时间。旧历的年仍然在人们的心目中保持着它原有的神圣和辉煌的尊严。

每当过年时节，我们要请神，请诸多的神，请诸神降来人间。要祭祖，祭三代宗亲，起祖先于地下。此时此刻，天神地祇、列祖列宗来到人间，天地人沟通汇集，协调合作，共同对付邪祟，共同维护人间的幸福安康，共同营造美好的未来，这些成为节庆活动的信仰层面的最重要的内容。当然，随着历史的发展和社会的进步，这些内容及其表现形式也在不断地发展和变化。在旧历年的节庆期间，人们修好世间的人事关系：创造家庭和谐，巩固亲族团结，凝聚群体，增强文化认同、民族认同、国家认同。所有年节庆祝活动都具有非常重要的社会意义。节庆活动是民族情感的黏合剂，是国家认同的标识，而且在群体道德的培养方面具有深层的作用，这是人文教化的极好时机，也是优秀品格提升的极好时机。"一元复始，万象更新"，这是人们总结和清理过去时段的契机，是规划和期盼未来时段的关口，人们把它作为新的奋斗的起点，它是个人的、家庭的、群体的乃至民族的以及整个国家的生活节律的一个新的转折点。通过诸多节庆活动，人们充分地展示自己的多方面的才华，有最出色的、最集中的审美表现。一切美术的、音乐的、舞蹈的、演艺的、工艺的，各种审美表现在这个时候都得以淋漓尽致地展示。通过这些审美表现，人们也在展示自己的心灵，展示自己的优秀的传统。年节是民族文化的荟萃，是民族灵魂的体现，是一个具有丰富情感和无限魅力的说不尽的主题。

中国人对月亮具有特殊的情感，把月球这个天体看成是与人间世界雷同的一个所在。那里有巍峨的建筑——广寒宫，那里有神圣的植物——砍不倒的桂树，那里有可爱的动物——捣药的白兔，那里有从人间飞到天上、升格为神的嫦娥、吴刚，那里是人间的缩影，人间的美化。对于这样一个天体，我们一往情深，月亮成为我们象征体系中的一个非常重要的对象。我们依据这一象征，纪念和庆祝着一系列重要节日，月望的元宵节、中秋节，月半弦的七夕和腊月廿三，月朔的除夕和大年初一，等等。我们的这一节日体系，已经化为我们民族文化灵魂的一部分，也成为我们民俗传统根基的一部分。"每逢佳节倍思亲"，不思亲、没有亲、六亲不认，民族将何在？国家将何在？民族性，是节日的本质品格之一。

把春节确定在立春的建议，似乎仅仅是将时间移位，既不涉及它的文化内涵，也不影响它的民族性格，然而，我们看到，建议的着眼点仍旧在于要把它固定在现行阳历的二月四日或五日，而并非要强调二十四节气的可贵和可亲。二十四节气并非现行阳历体系中的节日系列，必须看到它是我们传统的阴阳合历中的一个组成部分，而且并不是二十四节气中的每一个节气都成了我们民族节日体系中的组成部分。当我们把在同一体系中的某个节日合并到另一节日的时候。例如，把所谓"春节"的旧历年抛弃，放到立春去过，也就把两个节日都毁了，旧历年的诸多传统仪式和内容也就会随之被抛弃了，剩下来的"节日"，或者说被"有识之士"创造的新的、人为的节日，将会是一个"四不像"，既非立春，也非旧历的年。更何况，节日的确定也是传统使然，并不是可以随着个人的意志摆布的。

历法作为时间计算制度，是为了方便和协调一国乃至世界各国所有民众的实际生活和工作。其在人类历史过程中的变化和改进也是为了这一目的。民族节日体系的形成虽然在一定阶段有时间计算的考量，但在更大程度上是为了文化内涵的展示，为了民族情感的寄托。前者是为了满足人们的实际需求，是属于实践论的范畴；而后者主要是群体情感的展现，是属于价值论的范畴。二者既不能相互混淆，也不能彼此替代。用机械的时间观念、片面的时间观念、唯我独尊的时间观念来更改传统的民族节日，看来似乎是科学的（这"科学"二字，并非我强加给建议者的，因为建议本身的定名是"春节科学定日"），然而，我认为，那仅仅是挂着科学名字的所谓的科学主义的表现。不全面考虑节日的民族性格，不全面考虑节日的历史传统，不全面考虑节日的价值层面和文化内涵，来讨论民族传统节日问题，是脱离实际的，也是行不通的。民国时期，由于废止旧历而查禁过旧历年的做法，在我看来是"欧洲文化中心论""欧洲文化唯一论"在历法问题上的表现，旧历年的确定无论如何总还是有自然天象的依据，而公元纪年则完全是依据一种宗教信仰确定的。类似种种漠视传统、违逆传统、否定传统的做法，都未奏效，就是前车之鉴。仅仅片面地以春节对现行的阳历游移不定，就要把它"科学地"定在说是立春的阳历的某一天，即使假定通过立法，在形式上得以实现，预计也一定不会有好结果。

如果把我们自己的传统文化用这样的尺度去衡量，说成是不科学的，那么，将来会随之要改造或者要否定涉及我们民族情感的多少宝贵而有益的优良成分啊！假设"春节科学定日"的建议经过立法推行全国，且不说会影响到港澳台地区，影响到民族的团结和国家的认同，且不说会影响到中国周边的诸多国家和民族的传统；就以我们自身而论，其他许多少数民族将如何过年？例如，藏历年将如何过法？假设这一"科学定日"成为现实，我们必将"科学地"丧失掉除夕，丧失掉腊月的诸多活动，丧失掉过年的诸多活动，丧失掉元宵节。从某种意义上，也会连带地丧失掉整个腊月和正月，以至于影响到端午、中秋和重阳。牵一发而动全身，不严肃，不适当，不谨慎地更移、改造"过年"，将会严重地影响甚至破坏我们整个的民族节日体系，它的后果将无法想象。

还是让我们着眼于当下，以自己的才智和勤奋工作，来维护广大民众的精神利益和情感需求，为构建和谐社会充分发挥节日的文化功能和价值认同功能，继承和弘扬民族文化优良传统，使中华民族为人类文化多样性发展做出自己应有的贡献。

原文收录于：《民间文化论坛》2005年第3期。本文系作者2005年2月14—15日在"民族国家的日历：传统节日与法定假日国际研讨会"上的发言。

同时收录于：中国民俗学会、北京民俗博物馆：《节日文化论文集》，北京：学苑出版社，2006年1月版。

传统节日法定化与国家认同

节假日体系二元结构有待改变

新京报：在今年全国两会上，有委员代表呼吁把清明节、中秋节等民族传统节日法定化。这方面，中国民俗学会有没有自己的举措？

刘魁立：一年前，中央有关部门邀我们共同探讨节日和假日的关系问题，我们对节假日体系进行了深入的研究，并对今后的节假日设置提出了相应的建议。

随后，他们还征求了有关部委和学者的意见。今年2月14日—15日，我们又和北京民俗博物馆联合举办了"民族国家的日历：传统节日与法定假日国际研讨会"。

新京报：我们注意到了这次会议。那么，中国节假日体系现状如何？

刘魁立：在我们的节假日体系当中，存在着一个二元性的结构。具体说起来，就是在现有的国家法定节假日之外，广大民众认为有丰富历史内涵和深厚历史根基的一部分节日，常常没有安排休假时间。

比如说，清明节，就没有足够的时间让民众来充分体会其传统价值和丰富的文化内涵，大家必然要赶在周日去扫墓或祭奠革命先烈和历史伟人。于是，问题就出现了，比如，媒体报道的交通堵塞等。而过去，在清明的时候，比如，唐代就有"前三后四"的说法，曾经在清明节放假七天，这是国家的命令。

今天这个传统变了。但是人们并不因为没有规定放假，就改变了自己对清明节的价值认定。这种二元结构有必要改变，以舒展民众情绪。我们必须要考虑到，民众的利益不仅是物质的，还有情感的，而情感的需求往往会被忽略，会为满足外在的物质利益所替代。我想，在大力提高广大民众物质生活水平的同时，应该细致入微地考虑到如何更好地满足民众的情感需求。

传统节日植根在民众心中

新京报：关于是否增加中国传统节日为法定节日的问题的讨论，目前已形成了一个小热潮，你上述所论是不是这种热潮的背景呢？

刘魁立：人同此心，心同此理。过去我们是一个相对封闭、自成体系的建设模式，不怕外面的东西进来。

改革开放后，大家就必须考虑应对之策。

我们的传统中有非常多的、健康的东西需要继承，否则，年轻一代因为缺乏丰厚的传统教育根基，久而久之，可能会在外来文化面前丧失自我，所以，必须要认识自己，而要认识自己，就必须对传统做某种清理，包括上层文化和底层文化。

在这一点上，当然也不完全是靠节日一项。

新京报：传统节日法定化有哪些意义？

刘魁立：传统节日法定化，我认为叫作"确定一部分传统节日为法定假日"可能更准确一点。因为在我们过去的传统节日里面，已经有这样的先例，比如说，春节，不仅是法定假日，而且和其他节假日相比是最长的。

新京报：一个有意思的现象大家比较关注，就是春节假期不包括除夕。

刘魁立：我个人想，是不是可以对节假日制度进行重新思考。

国家的节假日体系，我把它叫作"国家日历"。这个日历对整个民族来说，特别重要。譬如，"十一"，这是中华人民共和国的诞生日。

对每一个人来说，都有自己的"日历"，一个家庭也有家庭日历。比如说，父母、祖父母的生日，它对一个家庭来说是很重要的，通常是不能被忽略的。

同样道理，清明、端午、中秋、重阳，这些都是有悠久的历史传统并深深植根在民众心中的重要节日，但在我们的国家日历中没有被确定为法定假日。即使如此，大家到这个时候还免不了会有相应的情感表达。除夕虽然不放假，但是到时候大家会像平常一样度过这一天吗？与其如此，还不如提前一天放假，大家名正言顺地过除夕。

文化认同需要符号体系

新京报：节假日缺席的二元结构会不会影响文化认同？

刘魁立：这里有一个历史变迁的背景。比如说，新中国成立初期主要注意力集中在政治问题上；改革开放后又以经济建设为中心，从而出现了黄金周。现在，我们要从更深层、更基础的文化建设角度，来考虑这个问题。所谓文化建设，在一定的意义上说也是人心建设，通过必要手段，恢复部分重要传统节日的地位，必然会增强中华儿女的文化认同感。

新京报：传统节日的内容和形式是什么关系？

刘魁立：虽说传统节日具有很强的历史稳定性，但无论它的内容还是形式，都会随着社会环境的发展而有所变化。此外，每一种文化都有其符号体系，有时候符号的意义比内容还重要。

年轻人中可能信仰基督教的不算很多，但是对那位长白胡子、戴红帽子的老头，对圣诞树等符号感兴趣的人却不会少。年轻人会借助这个符号聚会，和宗教信仰没有任何关系，所以，符号问题非常重要。可是我们对自己传统节日的符号体系关注很不够。春节放鞭炮也是一个非常重要的符号，不可或缺。这个符号一下子被抽掉了，又没有别的办法来填补，结果往往是：你制定你的法律，我放我的鞭炮，彼此不相干，两方面都很尴尬。

新京报：传统节日法定化是不是可以有助于化解这种二元结构？

王焱：那应该是一部分，但不可能完全靠这个解决问题，可也不能连这个都没有。

1949年以来，我们的一些节日有些政治化，如"三八""五一"和"十一"等，而反映我国悠久历史文化的部分传统节日却放给民间了。这种选择有时候会面临一种困境：比如，八月十五应该是阖家团圆过中秋，但是国家没有这个节日，这就可能会影响到民众过这个节日。这些节日应该逐步得到恢复。否则，我们就会缺少文化意识，而且缺乏必要的仪式和制度。

现在讲以民为本，节假日设置也应考虑到民众的社会心理、民俗、历史文化传统等，不应该说老百姓要过的节，缺少法律的规定。国家确定法定节日，政治当然是一个重要的维度，但也不应将全部节日都泛政治化。

新京报：传统节日法定化这个建议和全球化对中国文化形成的强烈冲击密不可分，这种关系能不能消解"你是谁，我是谁"这样的文化归属感的困惑？

王焱：我觉得这一点是一个虽然重要、但不是唯一的问题。文化归属感的确定，光凭一些民族节日是不可能的，但连这些传统节日也没有，那就更谈不到了。因为文化不光是一些虚无缥缈的价值理念，还包含一定的仪式、制度、文化象征等，节日就是其中的一个组成部分。连这个都没有，很难说你已经确立了一个文化身份。

文化认同助推国家认同

新京报：这次中国国民党副主席江丙坤一行到内地来拜祭，先后拜谒了黄花岗、中山陵和中山衣冠冢。

他们选择在清明节之前成行，有无特别含义？

王焱：我觉得他们挑这个日子来访是考虑到清明节这个意义了。他自己已经定位了，就是说这是一个破冰之旅。首次不见得能具体解决多少问题，它具有象征意义，是一个开始，是一个起点。

其实，我们完全可以采取一些具体措施来接待来访团，比如，举行一个祭祀仪式，因为毕竟都是中国人，对所有为了保卫民族国家的主权和领土完整、捍卫民族独立牺牲的人们有一个祭奠，就像人民英雄纪念碑碑文上写的那样。在这些节日里，强调民族文化归属的含义，是下一步应该采取的措施。

新京报：能谈得具体一些吗？

王焱：中国文化和西方文化有一个不同，中国传统文化特别讲究慎终追远。中国人注重历史，注重文化，比如，后一个朝代要为前一个朝代修史立传。

中国文化本身重视历史为政治提供正当性。所以国民党选择这个日子，有历史文化的基础。

刘魁立：文化认同也好，民族认同也好，国家认同也好，都有一个历史的维度。所谓国家认同，我理解，其中含有比较多的文化成分，不全然是纯粹政治的含义，同时也有历史传统的内涵。无论怎么说，我们中国的历史，不还是如常言所说"自从盘古开天地，三皇五帝到如今"吗？不还是"秦皇汉武唐宗宋祖"吗？所有中华民族的儿女概莫能外，谁都不能重新杜撰一个历史，正像不能揪着自己的头发离开地面一样，谁也都不能割断自己同历史的联系。任何人都不可能自绝于自己民族的历史。

人生下来之后有一个非常重要的属性，就是我们所说的民族的属性，就是民族性。没有一个人是世界公民，当他说自己是世界公民时，实际上仍然有一个根在那里，他承认不承认都是一样的。这个根的价值是一种民族性的，是文化认同的另外一种表示。在有华人的地方，无论传统节日是否成为法定假日，在每一个华人的心目中，在自己的时间制度里，它一直都是存在的，法定化与否并不妨碍它在人们心目中的地位，但是法定化更有利于加强文化认同。

新京报：传统节日法定化后，对于世界华文圈的民族认同、文化认同会不会起到一些作用？

刘魁立：毫无疑义，会起到很好的作用。此外，对人类文化的多样性发展也会有所促进。这里面有一个文化的共享问题。文化的共享问题是文化的本质属性。

我们的领土被别人掠夺走了，我们能答应吗？不能答应。我们的石油被别人开采享用了，我们还能享用吗？不能。

在物质的享用方面是很难共享的，但文化可以，而且并不因为共享了文化，文化就变得贫弱了；相反，文化共享能促进文化的再生，更加发挥文化的功能，使文化变得更丰富，影响力变得更强。在某种意义上，也是文化的生命力的体现。

新京报：对中国节假日体系的建设，你有什么具体建议？

刘魁立：和周边国家相比，我们的假日是少的。有人认为中国现在的经济实力不足以承载那么多节日，或许并非如此。适当考虑把清明、端午、中秋、重阳等富有文化意义的传统节日纳入国家节假日体系，把"五一"

和"十一"的假期适当分流给清明和中秋，我认为是可能的，也是可操作的。

原文载于:《新京报》2005年4月3日,本文由《新京报》访谈员曹保印、陈宝成整理报道。

韩国端午祭成功申遗的文化传承之思

1月24日，韩国江陵端午祭被联合国教科文组织正式确定为"人类传说及无形遗产著作"。消息传出，所谓中韩端午申遗之争再次成为热点——韩国江陵端午祭与中国传统的端午节有哪些不同？此次申遗成功，有哪些经验值得借鉴？中国该如何加强文化遗产保护？

认识韩国端午祭

新京报：韩国江陵端午祭和中国端午节到底是怎样的一种关系？

王焱：从宏观上说，东亚共处于一个文化圈内，东亚国家的文化既有其统一性，也有其分疏性。具体到这个事情，韩国江陵端午祭和中国端午节都在农历五月初，体现出东亚文化在时间上的统一性，但两者的具体内容上又有一定差别，如中国端午节包含了吃粽子、赛龙舟、纪念屈原等一系列中国传统文化的内容，而韩国江陵端午祭实际上是由舞蹈、萨满祭祀、民间艺术展示等内容构成，又体现出东亚文化的分疏性。东亚统一的地缘特色与其分疏差异同时得到了展现。

王学泰：韩国的江陵端午祭本身是一种祭祀活动，主要是祭祀地方的保护神和英雄等，还有一些群众性的娱乐活动。它原名"江陵祭"，已有1000多年的历史。直到1926年，因为其时间是从每年的阴历四月十五持续到五月初七，与中国的端午节相近，才更名"江陵端午祭"。中国很少有如此规模群众性的祭祀活动。

刘魁立：有一点可以说明，包括我们自己国内，对于一个民俗节日的诠释，也不尽然相同。南方过节和北方过节都不一样。南方很少像北方这样吃饺子，过年的整个方式，甚至在时间长短上，都有些差异。北方过年时间很长，南方很快就要耕作，气候的原因，所以比较短。过去在南方有这样一个说法："冬至大于年。"在某一个历史时期，过冬至的隆重程度有时不亚于过年。这就是说，每一个地方，在自己的民俗活动上，都有自己的特点，而这一普遍性和特异性的结合，是民俗事项的一个非常重要特点。

所以，就算韩国从我们这里，作为一种人类文化财富而共享，他们自己也会有很多的变异，何况我们和他们又是两个不同的民族、不同的国家，另外，又经过了相当长的不同的历史发展道路。而且，现在他们的端午祭还有其他一些活动，包括大型的演出，把各国的舞蹈（艺术团体）请来，这些与我们有很大的差异。

直面不自信心态

新京报：怎么看待韩国江陵端午祭申遗成功？

刘魁立：我想这不是坏事。从整个人类角度来看，文化是多样性发展的，每一个民族都要对世界文化发展做出自己的贡献。这应该受到赞赏，是人类文化互相交流的情况之一。

新京报：这件事发生以后，有国人感觉到自己的文化遗产、文化创作被别人"占有"了，似乎流露出不自信的心态。

刘魁立：我们也应看到，文化遗产的共享对我们而言是一种荣耀。我们的文化产品被别人因袭、模仿甚至再创造，体现了我们对人类文化的贡献。在这个问题上，这两种看法如果结合起来，就容易想得通。我们最近和蒙古国共同申报一个文化遗产——长调。

这是彼此有所尊重又有所借鉴，道理是一样的。

比如说，韩国首先承认这一岁时庆典起源是来自中国的传统文化，就是端午的时间框架的选择。在这个时候，我们心里默默地感觉到，我们所创造的文化，对于我们中国人认识事物、认识自然、认识人事很有意义。韩国接受了这些，并作为自己文化符号体系中的一部分，难道我们觉得我们丢了什么东西吗？我们并没有丢呀。

新京报：一些人的不自信是否与近代的不幸历史有关？

王学泰：我们不要把什么事情都与这一百多年来的历史联系起来。非洲联盟的秘书长曾经表达过这样的意思：我们已经独立很久了，所以，应该向前看，促进一个民族的觉醒不能靠回忆过去，而是要摆脱过去的影响。我觉得这话很有道理，是民族自尊的表现。我们习惯于把精神的支撑点放在过去，不是归过于不幸，就是托庇于祖荫。好在我们有近三千年没有中断的历史，历史上足以引起今人自豪的东西确实不少，近代使我们不能前进的因素更多，但是一个自强的人、一个自强的民族更多还是需要自省和自信，这才是前进的动力，把一切都推到外部因素上是不成熟的表现。

刘魁立：实际上，从某种意义来说，一些人已经把端午节民族化了。反过来说，我们自己的文化遗产，也有一些是借鉴外来民族的，比如说，佛教以及藏传佛教，都是我们借鉴过来以后又做出自己民族的重要贡献，并不是说因袭过来，就没有自己新的创造。

这已经是我们自己的了，现在再不能说是外来宗教。这个道理是一样的。所以，我说，文化从一个民族传到另一个民族，从一个历史环境转到另一个历史环境，从一个群体传到另一个群体，变异是必然的。

所以，在谈异同的时候，仍然牵扯到我们是从人类文化发展这样一个总的宏观的角度来看，还是孤立地从我们自己一个民族的角度来看。这两种心态表面看起来似乎出发点不同，差别很大，但实际上这两种心态的根源是一个：不是以那种特别宽容的、更加长远的态度和眼光来认识这件事情。我们认识事物的立场，一是全人类的立场，一是民族的立场。民族对于整个人类来说，当然是其中的一个组成部分。假如我们只是很狭隘地看到了我们一个民族而没有看到我们也是全人类的一个组成部分的话，就会产生一种优越感：我们民族的东西不能被别的民族"占有"，一旦被"占有"，就意味着我们的东西被"盗窃"了。现在的情况就不同了，视角和立场的变化就使得我们想得更宏阔一些，更明白一些。马上要过圣诞节了，圣诞老人在我们的很多商店门口"站岗"，但并没有因为这个，芬兰人或者美国人就会表达他们的不满。所以，我们需要更加宏阔的、更加长远的来看待这个问题。

反思中国文保现状

新京报：在这场所谓的争论背后，我们感觉到的是民族与文化之间的纠缠关系似乎并不简单。

王焱：是的。民族、文化、政治分属于三个不同层次，并不是一一对应的关系，并非一种文化只能归一个民族所有，一个民族垄断一种文化。文化是人类公器，如果这种文化具有普遍意义，那它就会超越各种畛域广泛传播，而现代民族国家的疆域则是后来形成的。端午节是一个例子。再比如说，古希腊文化在本土亡佚之后，却保存在阿拉伯文化中，后来西方人从中找回来并发展到现在，才使得柏拉图、亚里士多德们得以发扬光大。

新京报：有人说，韩国江陵端午祭给中国人的思考就是如何保护好中国的文化遗产。中国文化保护的总体现状如何？

王焱：在这方面我们做得还很不够。谈到文化，至少有三个不同的层次：保存、传承和发展创新。保存就是让一些文化载体存在，比如说，古建筑一旦损毁就不可复制了。传承是什么含义？还是以古建筑为例，维护修缮需要有专门的工人和工艺，这样才能做到"修旧如旧"。

最后，才是发展创新。比如说，借鉴古典建筑设计创造出具有中国特色的现代建筑。我们现在第一层次也就是最基本的保存层面都存在很多问题，在传承和发展创新方面就更差一些。比如说，很多优秀的古建筑现在都没有了，懂得古代建筑技术工艺的工人也很少了，有些技术恐怕也失传了。这样下去，就会导致失去在文化方面创新发展的基础。

新京报：造成这种状况的原因有哪些？

王学泰：我们有多少精彩的物质的和非物质文化遗产经过数十年的风云变幻被淘汰了！你想想，我们的端午节不就剩下吃粽子了吗？小时候，北京端午节给我留的印象最深的是"青杏红樱桃"和桑葚，那时，家门上还要插艾草，喝雄黄酒，小孩用五色丝缠手腕等。赛龙舟还要有水的条件，只有在南方少数地方能够举行。"文革"时期，一些非物质文化遗产被认为是"四旧"，而实际上，这种说法的形成始自20世纪50年代。当时，人们普遍认为我们从事的是亘古未有的伟大事业，要与一切的旧事物和"传统观念彻底决裂"。这种认识和教育使我们抛弃了许多不应该抛弃的东西，在某种程度上导致了文化的断裂。因此，许多物质上的和非物质上的文化遗产的消失，这就不奇怪了。

这二十多年，似乎对各种文化遗产比较关注了，实际上，眼睛盯着的无非是钱，说好听点就是"功利"，所谓"文化搭台，经济唱戏"者也，并非对"文化遗产"重视了。我想，我们如果不从根本上改变这种短浅的、功利的态度，就不会对自己文化传统有正确的认识。这两年来，对待传统文化遗产的一些错误做法都与这种态度有关。

重视文化"软实力"

新京报：世界各国都将文化视为其自身综合国力的一部分，并称之为"软实力"。

王焱：的确如此。在国际的发展研究中，世界各国已经不再将文化视为可有可无的剩余变量，而是高度重视文化所具有的重要意义。一种以文化为中心的发展范式正在兴起。有外国学者甚至认为，"对一个社会的成功起决定作用的，是文化，而不是政治"。大多数研究文化的人都知道，创新必须在一个活泼的有生机的传统之上才能进行，没有传统也就无所谓创新；传统过于僵死也不行。但是，我感觉中国离这个目标还比较远。现在，我们讲和谐社会，其实就意味着从单纯追求 GDP 的增长，转向追求一种文化价值的落实，这其中就包含了重视文化在我国经济社会发展中的重要意义。如果用急功近利的眼光来看现代化，可能会认为文化是可有可无的东西，但研究英国工业革命的人就发现，工业革命曾经一度出现过停滞，后来是依赖某种文化内涵的注入，才取得了进一步发展的动力。

所以，正如以《国富国穷》一书知名的哈佛大学经济学教授兰德斯所说，"文化乃是决定经济取胜的支配因素"。另一方面，终极而言，经济增长只不过是实现更高文化目标的手段而已。文化自身的特点决定了任何政治都不可能主观打造出一种文化，但"政治可以改变文化，使文化免于沉沦"。

新京报：作为软实力的文化发展创新与我们平常所理解的物质文化的发展又是怎样的关系？

王焱：现代发达国家中，文化产业所创造的价值和在国民经济中占有的比重更是惊人。韩国近年确立了"文化立国"的基本国策，我们在韩国旅行，会看到很多有形的和无形的、物质的与非物质的文化，都标有"国家文化财"的标志。而《大长今》等大量韩剧在东亚的流行，不仅为韩国带来了大量经济效益，也扩展了韩国文化的影响。这给我们以启示，中国要发展，也不能满足于只是做世界的加工厂，永远只是生产裤子、衬衫，而应当大力发展资源投入低而附加价值高的文化产业，大力提升出口产品中的文化含量，多出口文化产品。不然的话，将来很多源于中国的文化会成为别人的东西。我们的后代要学习中国古典文化，可能要出国留学才能学到，这也并不是不可想象的。

新京报：文化遗产的保护是一项社会公益事业，这项事业主要的力量来自哪里？

王焱：历史文化遗产的保护，国家、社会与个人都有责任。政府的责任除了必要的拨款外，主要是制定相关法律，出台相应的政策，改革现行的文化体制等，但在具体实施方面，政府组织、企业组织都有自身的特定目标，并不是以文化为目标。在这方面，也同样存在着政府失灵、市场失灵的问题，所以，保存这些文化遗产，实现文化的发展与创新，需要相应的组织机构和机制，主要是靠公民社会中的非营利组织即第三部门来运作完成的。

申遗成功的启示

新京报：总的来看，韩国江陵端午祭申遗成功，给我们怎样的启示？

王焱：从更高或者更宏观的角度说，这件事情也给当代中国人提了一个醒：文化没有国界。古代的东亚传统文化为现在的不同民族国家所承继，这样一种共同的"文化财"，如果我们自己不能主动继承发展，别人就会承继发展。应当承认，不但在现代化方面，日本与韩国走在我们前面，而且在发扬东亚共同的"文化财"方面，也已经着了先鞭。

王学泰：韩国申报成功给我们的启示：第一，对过去文化遗存应该有所尊重，不管它是否能够给我们带来利益；第二，应该清点一下，还有什么文化遗存亟须保护。非物质文化遗产也应像物质文化遗产一样根据其重要程度分级保护。保护遗产是件花钱的事，不要总想借此赚钱。赚钱应该是副产品。

刘魁立：实际上，在和中华民族悠久历史打交道的问题上，我们有许多应该检讨的地方。我们对待自己的文化传统，并不是在所有的时候都很关爱，有的时候我们就做得很不关爱。而韩国和日本，在这些方面，有值得我们借鉴的东西。还不只是他们，甚至于欧洲的若干国家，他们的所作所为，对我们来说，也有启发意义。人家从我们这里学到的，或者从我们这里接受的，他们对此有所发展，甚至发扬光大，这种情况下，我们当然会想到自己：哦，我们还做得不够！所以，我想在这一点上他们给我们的启示甚至不只是就事论事，而是我们如何去举一反三，把自己的事情做好。

同时，我觉得还有一点，就是不仅是做好自己的事情，作为地球村的一员，我们还承担着或者完成着对人类文化发展的贡献。无论是从我们民族文化发展的立场出发，努力建设我们的新文化，还是从人类文化发展来考虑，要走多样性发展道路，每一个民族都要吸取别人的一些长处和优秀成果，做出世界贡献。无论是从人类的立场，还是从民族的立场，我们都有责任、有义务来关爱我们自己的民族文化遗产。只有把我们自己的文化传统保持好，才能为我们的文化建设获得多一份参考，多一份资源。

原文载于:《新京报》2005年12月4日,本文由《新京报》时事访谈员陈宝成、实习生苏婧整理报道。

话说节日文化

　　民族节日体系和国家时间制度，对每一个民族和国家的社会生活的各个领域，都发挥着极为重要的影响。而其中，民族传统节日无论是在国家时间制度中，还是在广大民众心里，都占据着特别显赫的、甚至是中心的地位。

　　在我们中国，对于节日的记录和研究，历史悠久，成果不少。历朝历代，对于节日仪式的资讯不胜其多，不胜其详。统治者和广大民众关于宇宙和自然界的知识以及和自然界打交道的手段和办法，都在节日中有所体现；人在社会生活和群体生活中如何处理繁复多样的关系，则更需要通过节日加以调整，以求得稳固、和谐；节日同样是人类各民族精神生活中相当重要的组成部分。所以，关于节日的程序和过程，素来为大家所津津乐道。于是，我们看到，关于这方面的文字记录异常之多，完全可以用"汗牛充栋"来形容。

　　然而，仔细想来，今天还有许多题目要我们继续深入地研究和探索。例如，每一个民族的节日体系及其内部结构问题，各民族节日体系之间的比较研究，并从中归纳和升华出人类节日体系的一般规律问题，节日作为社会群体生活因子的发生学问题，以及每一个节日的发生学问题，节日的周期性问题，节日的民族性特点，每一个具体节日的个性特点和独特功能，节日仪式中有形的和无形的文化表征，节日仪式中的象征体系，节日的社会意义和在协调人与自然、人与人、人与社会，以及在人的精神世界中的重要功能问题，如此等等。

这些问题，我们似乎都有所触及，但又往往感到不系统、不详尽、不深入，没有穷极义理、令人信服。这当然是我们作为民俗学工作者应该努力做好的事。然而，无论如何，广大民众并不因为我们尚未提供更好的学理阐释，便对节日有所忽视，有所淡漠，或者热情稍减。

对于包括我们自己在内的所有人来说：

——节日是休闲，但比休闲更重要；

——节日是广大民众心灵和表现艺术才华的舞台；

——节日是提升美好情操和培育丰富情感的熔炉；

——节日是社会群体和谐团结的黏合剂；

——节日是历史和文化传统的积淀和再现；

——节日是民族性格、民族文化的集中展示；

——节日是文化认同、民族认同、国家认同的重要标志；

——节日是这一切以及其他的总和。

节日是生活之树上的鲜艳夺目的花朵，节日是社会群体及其每一个成员心中永远唱不完的美妙的歌。

我们作为有良知的、同样生活在这一节日体系当中的民俗学工作者，不仅在调查着、记录着和研究着节日传统，而且有责任同人民一道，关爱它、维护它、宣扬它，为它的健康发展提供有力的智力支持。

这也正是我们这本论文集所有作者的共同宗旨。

原文载于:中国民俗学会、北京民俗博物馆:《节日文化论文集》,北京:学苑出版社,2006年1月版。有删节。

除夕该不该放假？
国家行政安排亦需兼顾大众情感

"除夕也该放假，使之与民间习俗大体一致。"在日前开幕的"春节：地方性与民族文化认同"学术讨论会上，来自全国各地及日本等国的三十多位专家学者就春节等传统节日文化的重新彰显进行了讨论。专家们认为，目前法定春节假期的安排不够合理，只考虑到国家行政安排上的方便，而没有真正做到满足人们的情感需要。

家庭小型化 "节味儿"变淡

"年味淡了……人们甚至不懂该如何过年了！"中国民俗学会会长刘魁立坦言，以春节为核心的传统节日文化已经成为民俗专家的一个心病。

对于时下年轻人重视"洋节"多于传统节日的情况，刘魁立认为，"洋节"对传统节日的冲击无疑是巨大的，商家为追求经济利益所起的推波助澜作用只是一个外因，最主要的内因则与传统的家庭基础和家庭观念息息相关。因为很多传统节日是围绕家庭来过的，相比过去，现在的家庭越来越小，而家庭成员与外界的关系也更为复杂。所以，很多时候，家庭成员更注重跟外界的交流，而围绕家庭来过的传统节日反而受到了冷落，是否过节、如何过节，都会随之受到影响。

今年6月，国务院颁布了《第一批国家级非物质文化遗产名录》，春节榜上有名，这标志着我国已正式开始对春节实施保护。民俗专家们表示，清明、端午、中秋、重阳等重大的传统节日也该放假，或者是给予时间上的调剂，让人们有时间继承和发扬传统文化。

传统节日没成假日　大众情感受到压抑

"很多重大的传统节日没有成为国家的法定假日，这是一个很大的遗憾。"刘魁立强调，传统节日是民族情感的载体，并非个人的，而是整个民族的情感。如果这种民族情感得以彰显，对构建和谐社会，促进民族认同、国家认同都有很重要的作用。"过传统节日"作为人们情感抒发的一种手段，让人们和民族历史对话，和优秀传统文化对话，可以陶冶人们的情操，也可以调和社会人际关系。

"有历史传统、文化内涵的节日没时间过，实际上是压抑了一种情感。"刘魁立提到，看待节日应该有两个视角：一个是国家视角，即国家行政上的一种安排，是一种国家时间制度；另一方面则是从人们的生活方式出发考虑，顾及大众情感需要和感受。国家在安排法定假日的时候，可以同时迎合民众的心理需要，给予一种满足。从初一到初七放假，只适应了年初的民俗活动，而忽视了年底隆重的纪念和准备活动，显然与年的过渡仪式不相吻合，也不便于人们有充足的时间和精力投入到过年的物质消费和文化再生产之中。

原文载于:《中国社会报》2006年12月27日,本文由黄蓉芳、高晓远整理报道。

东岳论坛议年节

2005年2月，夏历春节期间，中国民俗学会和北京民俗博物馆联合召开了以"民族国家的日历：传统节日与法定假日"为主题的国际学术研讨会。这次研讨会定名为"第一届东岳论坛"，出席论坛的除我国许多著名的民俗学家外，还有来自美国、俄罗斯、法国、日本、马来西亚等国的著名学者。那次学术会议着重探讨了传统节日和法定假日之间的关系问题；同时，还从跨文化视角看不同民族的时间制度；特别探讨了中国历史上的时间观念及其节日制度。那次会议的学术成果至今仍被学术界的同行们所引用和谈论。

根据原来的设计，我们在2006年的年初，同样是在春节期间，召开了第二届东岳论坛。这次学术会议是第一届东岳论坛的继续。这届论坛以春节作为议题，在第一届的基础上进一步讨论了节日的习俗惯制、节日的结构及其表现形式。一些与会者还特别分析了年俗文化的地域性特点。现在奉献给读者的就是本次会议论文的结集。

我们计划在2007年的春天，同样是在春节期间，召开第三届东岳论坛。如果说第一、第二届论坛是从时间范畴的视角考察节日的话，那么，第三届论坛将着重从空间范畴的角度对节日和节日制度进行学理性的挖掘。无论是第一届、第二届还是将要召开的第三届论坛，无疑都谈到或将要谈到节日在社会生活中的重要功能问题。如果说时间和空间视角下的节日研究是从"他者"立场来观察事物的话，那么，关于功能的分析就不能不带有强烈的"我者"的立场了，否则，功能的研究将会变得隔靴搔痒、言不及义。

应该说，一个民族的节日制度，在民众的日常生活乃至在一个国家的社会生活中，都有着极其重要的作用。以前，我曾说过，对于包括我们自己在内的所有人来说：

——节日是休闲，但比休闲更重要；

——节日是广大民众展示美好心灵和表现艺术才华的舞台；

——节日是提升美好情操和培育丰富情感的熔炉；

——节日是社会群体和谐团结的黏合剂；

——节日是历史和文化传统的积淀和再现；

——节日是民族性格、民族文化的集中展示；

——节日是文化认同、民族认同、国家认同的重要标志；

——节日是这一切及其其他的总和。

节日是生活之树上的鲜艳夺目的花朵，节日是社会群体及其每一个成员心中永远唱不完的美妙的歌。

但是，我们看到，一个相当长的时段，自1912年废除夏历以来，大约有近百年的历史，民族传统节日并没充分发挥它应有的作用。国家日历和多数民众的时间制度并不吻合，在我们的节假日体系里，我们看到的是一种"二元结构"。相当多的有悠久历史传统的民族节日被排斥在国家制定的假日体系之外。然而，民众并不受这种假日体系的限制，仍然按历史传统、仍然依据民俗情感来度过自己的节日。虽然这在时间上会受到某些局限，甚至在制度上要自行做出相应的调整。例如，在清明前后，总要到亲人的墓地去祭扫；要到民族始祖灵前祭拜；到革命烈士墓前敬献花圈。又如，除夕这一天并不是法定假日，并非国家职工的广大群众自然会放下手中的活计，忙着做过年的最后准备，而大部分在职职工也都会"违反规定"，提前回家准备过年。实际上，这一天已经被大家变相地当作了假日，这是传统使然，民俗情感使然。现今实行的"五一"和"十一"的所谓黄金周，虽然假期很长，但却缺少应有的文化内涵，仅仅变成旅游、购物、休闲的假日，民族的情感在这里没有得到展现，节日的民族认同、社会和谐的功能在这里没有得到应有的体现。这种节假日制度的二元结构状态已经到了应该改变的时候了。民俗学工作者愿意为此做出努力。

第二届东岳论坛的一个分会场，专门研讨了涉及民俗博物馆的相关议题。广大民俗博物馆工作者为文化遗产的保护做出了积极的贡献，而在这一工作中博物馆将会发挥巨大的无可替代的作用。这一方面的研究还有待各位专家加倍努力。关于会议的这一部分成果，另有中国民俗学会民俗博物馆专业委员会主任宋兆麟先生的序言向大家做相应的说明。

我们期待非物质文化遗产的保护不是一阵风，不是一股潮，而成为全民关注、持之以恒的文化建设大业。

原文载于：中国民俗学会民俗博物馆专业委员会、北京民俗博物馆：《第二届东岳论坛论文集》，北京：学苑出版社，2007年版。

节日制度引发反思

除夕放假是否多余

日前，来自中国民俗学会、中国非物质文化遗产研究中心等机构的民俗学专家在广东"春节：地方性与民族文化认同"学术讨论会上呼吁，法定春节假期可考虑从年底安排起，使之与民间从年底过渡到年初除旧迎新的习俗保持大体一致。此言一出，关注此事的人们马上就除夕该不该作为法定节日放假展开了讨论。支持者认为，传统节日文化需要重视，而反对者则认为，除夕已是准放假状态，再作为法定假日是多余的。

中国民俗学会理事长刘魁立告诉本报记者，使传统节日很好地体现在国家日历中，其意义不仅仅是为了庆祝和休闲，还有更重要的意义，那就是创造和谐、融洽的社会氛围。民族传统节日是我们与历史、祖先、传统文化进行对话的载体，是社会群体团结和谐的黏合剂，是对集体情操和民族情感的培养，对传统文化与和谐社会的培育、建设都有着重要意义。

他表示，提出除夕放假并不是那次研讨会的主要议题，但没想到引起了大家这么多关注。他解释了一下自己的设想——他并不主张春节多加假期，因为"破五"之后春节的活动就逐渐减少了。在这种情况下，为什么不可以将春节的假期向前挪一天呢？而且，实际上很多单位年三十都已经不怎么上班了。更重要的是，在传统民俗中，"年"指的是从三十晚上到初一这段时间，为什么不能名正言顺地放假呢？何况，在我国广袤的大地上有不少地方把除夕这一天看得很重要。这是采取行政手段较为容易就能做到的，节假日的设置应该照顾到广大民众的情感要求。

刘教授认为，年轻人对圣诞节、情人节等"洋节"感兴趣，原因之一是为了情绪的释放。有历史传统、文化内涵的节日没时间过，实际上是压抑了一种情感。我国民族传统节日经过近百年的压抑，在国家时间制度上没有得到恰当和公正的体现，大部分已经被淡忘。在"地球村"的环境下，不免会出现仿效西方过"洋节"的情况，这不能怪年轻人。对一些人来说，在并非法定假日的"洋节"期间，作为一个由头，和朋友聚会、交流情感是一件很个人的事，而对整个国家来说，则又是另一回事了。看待节假日应该有另外一个视角——国家视角，国家行政上的安排，让其成为一种国家时间制度。这种安排要顾及大众在长期历史中形成的情感需要和感受。刘魁立强调，传统节日是整个民族情感的载体，并非是个人的。刘魁立认为，在许多地方，除夕有很多庆祝活动，应该经过客观深入的调查研究、分析与考量，对节假日安排做一些更科学的调整。

圣诞节为何而过

2006年12月23日，北京外国语大学的小国走出大学英语六级考场后颇为轻松，因为这次考试的作文考题就是"如何看待过洋节"。17岁的她显然对应试已经驾轻就熟，她告诉记者，答题时是按两方面写的，一是传统文化不能丢，因为这是中国的特色；另一方面是，在全球一体化的背景下要借鉴西方文化。在现实生活中，小国同学的圣诞是如何过的呢？考完试的第二天便是圣诞节的平安夜了。尽管小国有双学位的课，下课时已经是晚上九点半了，但她还是和要好的十多个朋友一起出去搞了个小小的PARTY（聚会）。说是欢庆圣诞，实质上就是唱唱歌、玩一下。至今，小国依然不明白究竟为什么要过圣诞。谈到自己为什么会过圣诞时，小国说，主要是为了合群。她认为，在学校生活，合群是一个非常重要的因素。所以，既然周围的年轻人都过圣诞，为了合群自己当然也就只能选择一起过了。小国笑着说，她认为圣诞最高兴的可能就是学校周围的商家了，因为学生的钱最好赚。

2006年12月中旬，针对"越来越多的中国年轻人热衷过圣诞节"的情况，来自北京大学、清华大学等名校的10位博士发出联名倡议书，号召网友慎对圣诞节。在题为《走出文化集体无意识，挺立中国文化主体性——我们对"圣诞节"问题的看法》的倡议书里，第一句话就是"西洋文化在中国已由和风细雨演变成了狂风暴雨，最为直接和集中的体现莫过于圣诞节在中国的悄然兴起与日趋流行"。文章说，这是"国人在文化上陷入集体无意识"的表现，其根本原因是"中国文化的主位性缺失和主体性沉沦"。文章还指出，西方"软力量"在中国的渗透和扩张也是圣诞节越来越受到中国青年人热捧的重要原因。因此，博士们呼吁："国人应慎对圣诞节，走出文化集体无意识，挺立中国文化主体性。"

据报道，中国社会调查所2006年12月公布的一项调查显示，近九成受访青年表示2006年会过圣诞节，37%的人表示自己一到12月就开始为圣诞节做准备了——就像准备过元旦和春节一样，已成为习惯。调查表明，圣诞节这个来自西方的节日已在我国的城市中扎下了根，牢牢抓住了年轻一代的心。与此相对，在博士们提出呼吁后的网上调查显示，51.96%的人认为应该抵制"洋节"，而赞同过"洋节"的占31.05%、无所谓的占16.99%。

随后，此次活动的发起人王达山在接受网络访谈时称："年轻人追求一些自己的娱乐、一些快乐和喜欢购物、交友，这些都是无可厚非的，但是我想说的是什么？就是说假如你不信耶稣，你就可以不过这种节日，可以选择其他节日,中国传统的其他节日也可以过。当你不信奉这种宗教的时候却盲目地跟从过这种节日,我们认为这是一个文化的集体无意识表现。"

"因为中国传统节日在古代的农业社会和以前的节气有很大关系。而从农业社会发展到现代化社会之后,则出现了许多脱节性的东西。而进入到新的文化阶段之后,我们仍没有很好地合理转化过来。我们的传统节日有许多不尽如人意之处,需要全社会积极努力去挖掘传统节日的潜力。"

商家对圣诞生意经的"预谋"

在博士的呼吁声中,圣诞节依旧热闹非凡地到来了。重庆的平安夜里共有16万市民齐聚解放碑游玩。据当地媒体报道,现场每平方米就挤了3个市民,红色的帽子、奇特的面具、各色假发等别出心裁的打扮都出现在年轻人身上。渝中区警方出动了2000多名警力在步行街周围执勤,同时,还增加了上千名协勤队员参与巡逻。在上海,一家酒吧推出了圣诞性感促销,10名女顾客穿着比基尼泳衣免费进场泡吧。一家网站的数据预测,全国圣诞"网购"市场规模将超过8000万元。同时,中国制造了全球约70%的圣诞饰物,包括几乎所有的人造圣诞树。博士们对商家的"圣诞节营销"提出了批评,表示这些商家"对圣诞节流行起了重要的推波助澜作用",建议商家"应充分挖掘中国诸多传统节日所蕴含的巨大商机"。然而,正在忙于盘点圣诞热卖收益的商家们却没有谁公开站出来响应的。

刘魁立教授提到了一件有趣的圣诞现象——明明是卖炸酱面的,其头上也戴个红帽子,但身上穿的却仍旧是双排布盘扣的"唐装",让人感到不伦不类。郑州市也出现了身穿当年新四军军服的服务员头上却戴着顶红色圣诞帽子的"怪时尚"。刘教授认为,这些商家的行为是受西方文化强势浸染的结果。强势文化一旦风行,就会变成时尚。时尚久而久之就会改变人们的价值观，过去看不惯、认为荒诞的现象久而久之也就见怪不怪、习以为常了。商家的鼓动和提倡，当然有责任，但只有一方面的力量是推动不起来的，商家做的只是顺应需求而已。如何把我们自己的传统节日文化体系提炼好，使之彰显出来，深入人心，这才是最根本的。

中国艺术研究院非物质文化遗产研究保护专家田青在博客中称，我们对非物质文化遗产这件事情的关注的确已经晚了，我们的邻国（比如韩国、日本）在20世纪中叶就相继提出了保护自己传统民族文化的措施，他们称之为"无形文化财"。我们的非物质文化遗产因为受到现代化进程的破坏，造成了大量的流失，所以才引起了我们的重视。如果我们现在不做，多年之后，中国的非物质文化遗产就可能会慢慢消失，到那时候才真正是悔之晚矣了。

原文载于:《中国商报》2007年1月9日,本文由李兴整理报道。

民族传统节日与国家法定假日

中华民族的传统节日体系具有悠久的历史，千百年来，在人民的生活中占据着重要地位。

1912年国民政府确定使用公历纪年，一个时期里，公历和传统的夏历并存，十余年后，宣布取消夏历纪年，使之成为"废历"。当时以及后来，我国传统节日大部分被排除在国家法定假日体系之外，尽管在近百年的历史时期里，广大民众特别是广大农民兄弟，利用一切可能条件，采取各种办法仍旧依照原有的习俗度过民族传统节日。

新中国成立后，实行公历纪年，除春节之外，其他传统节日均没有被纳入国家法定假日体系。在确定国家时间制度的时候，没有把我们的民族传统节日当作整个社会的公共时间资源加以充分利用。在这种情况下，一方面，从民众的角度，有历史传统的文化情怀得不到正常的充分的抒发；另一方面，从行政领导的角度，具有悠久历史的民族传统节日作为公共时间资源，没有在国家的节假日体系中受到应有的重视和给予恰当的安排，这种可以在多方面发挥重大社会效益和文化效益的资源被白白地浪费了，甚至在一定程度上影响到文化传承、情感认同、民族认同，从而成为广大民众心中的一个郁结。

胡锦涛同志在中国文联第八次全国代表大会、中国作协第七次全国代表大会上的讲话中就指出，文化的力量，深深熔铸在民族的生命力、凝聚力、创造力之中。同时，他还指出，和谐文化既是和谐社会的重要特征，也是实现社会和谐的精神动力。建设和谐文化，是构建社会主义和谐社会的重要任务，也是构建社会主义和谐社会的重要条件。我们要牢牢把握社会主义先进文化的前进方向，建设社会主义核心价值体系，弘扬民族优秀文化传统，发掘民族和谐文化资源，借鉴人类有益文明成果，倡导和谐理念，培育和谐精神，营造和谐氛围，进一步形成全社会共同的理想信念和道德规范，打牢全党全国各族人民团结奋斗的思想道德基础。民族传统节日作为广大民众极为重要的日常生活方式的组成部分，在家庭生活、人际关系、社会生活当中都能发挥极为重要的作用和功能：

一、民族传统节日可以促进家庭内部和社会内部的和谐与团结。传统节日具有重人伦、重亲情、重礼仪、重和谐的特点，显著体现着中华民族优良的传统伦理和礼俗，有浓厚的人情味，几千年来，已经成为维系中国社会人际关系的重要感情纽带，可以在构建和谐社会的进程中发挥重要作用。

二、传统节日是一种隆重举行的标志性民族文化活动，能够显著地体现民族文化特色。广大民众通过传统节日，同民族的历史进行着无声的对话和情感的沟通。传统节日可以增强民众对于民族文化传统的记忆，从而更加尊重和热爱自己的民族文化。传统节日所具有的丰富内涵和多姿多彩的表现形式以及节日的无穷魅力，不但可以增强我们的民族自豪感，同时，也能强烈地影响其他民族对中华民族特色文化的认识和关注。

三、传统节日有助于道德和情操的培育。在节日期间，人们处在非常态的心理状态下，这时候在举止言行各方面的自我约束，对于人们道德情操的提升会产生积极影响。

四、传统节日是对现代快节奏的生活的调剂，是有丰富文化内涵的休憩，像年节这样的"过渡"本身既是对昨天的总结，也是对明天美好生活的畅想、期盼和筹划。节日能够使人们产生对和谐社会和美好生活环境的热爱和依恋,使有情趣的生活和安居乐业的幸福感落到实处。

五、传统节日是集中展示广大民众民族艺术才能的最好时机。人们在节日里彼此欣赏,互相竞赛,互相借鉴;通过节日活动,社群内部的组织协调和团结合作都能得到淋漓尽致的发挥。

六、传统节日作为一种载体和复合性的文化表现形式,居于非物质文化遗产框架的核心地位,很多非物质文化遗产的精粹都附丽于、展现于完整的节日活动之中。

我们的传统节日不仅具有上述这些极为重要的社会功能和文化功能,而且应该说,这些节日具有悠远的渊源和丰富的内涵,深入人心,长盛不衰,是民族历史的记忆,是民族情感的寄托,是人们无尽的欢乐和永恒的向往。

我们的传统节日同其他一些国家以宗教纪念日为核心的节日体系有极大的不同。这种历史积淀的群体性的庆祝活动,其核心功能在于认识自然,亲近自然,协调与自然的关系,促进家庭和睦、亲族团结、社会和谐,培育人们美好情操,发扬乐观向上的进取精神。

这些节日在一年的周期中具有严整的分布,循环往替,成为错落有致的体系,而且内涵丰富,多彩多姿。无论是在植物符号方面(春节的梅花、水仙,清明的柳枝,端午的菖蒲、艾蒿,中秋的丹桂,重阳的菊花……)、食物符号方面(春节的饺子、年糕,上元的元宵,端午的粽子,中秋的月饼……),以及居室装饰和衣物配饰符号等方面,都各具特色。在不同节日里,还伴随着各自特有的色彩纷呈的艺术表现形式和诸多竞技和游艺项目(旱船、秧歌、龙灯、高跷、拔河、划龙舟……)。严整的体系、丰富的内涵和无与伦比的多姿多彩,使具有悠久历史而延续至今的民族传统节日历久而弥新，装点着、美化着我们的生活，是广大民众心中一首永远唱不完的欢乐之歌。

这样一项在广大民众看来极为重要的庄严隆重不能忘怀的生活的关节，这样一个重大而宽阔的文化领域，这样一个加强认同、涵养情愫、展示才艺、增进和谐的大事，行政领导部门和社会各界当然应该给予特别的关注。从社会功能、经济发展、文化建设、民众情感等各方面，进行多角度的综合考量，适当调整现行的节假日体系，合理安排传统节日在现行假日体系中的地位，已经成为广大民众的强烈而响亮的呼声和热切而紧迫的期望。学术界和宣传媒体有责任提供智力支持，同广大民众和有关行政领导部门一道，在新的社会历史条件下，阐发传统节日的现实社会意义和功能，挖掘、提炼和发扬传统节日的象征符号体系，使蕴藏在民众当中的大量优良的节日习俗成为共享的节日元素，从而让大家向往传统节日、热爱传统节日，使这些节日过得好，过得有情趣，过得有意义，在构建和谐社会的过程中发挥积极作用。

环顾世界，几乎所有国家都十分关注自己的民族传统节日，并在其法定假日体系中安排有重要位置。具有悠久历史和深厚文化传统的民族自不必说，一些历史并不太长的国家也都极力地有意识地创造和维护能够凝聚国民人心、培育情感认同的新的"传统节日"（例如，美国、加拿大等）。受汉文化影响较深的亚洲相关国家，也以各种方式保留着、传承着源于中国但已成为他们民族传统的若干节日，而且成为他们国家日历当中的法定假日。例如，在韩国，虽然实行公历纪年，但仍然作为法定假日保留着春节、中秋节（秋夕）等节日；端午节由农历改为公历的5月5日，同时，内涵也调整和改变为儿童节，这仍然使人们在一定程度上保存着历史的记忆。日本虽然从1873年始，将原有的夏历纪年改为公历纪年，将公历纪年的1

月1日称为元旦，作为一年之始。但原有的过年习俗依然保留，前后休假七天到十天左右。日本废止了原有夏历五月初五端午节，但却在公历5月5日保留庆祝活动，使之成为儿童节；还有一些原来的传统节日在其假日体系中也保留有适当的位置。地处东南亚的新加坡是一个多元社会，在他们的法定节假日体系中，华人、马来人、印度教信众、佛教信众、伊斯兰教信众等群体的传统节日都得到了关注。在我国的香港、澳门和台湾，春节、佛祖诞辰、清明节、端午节、中秋节，甚至冬至、重阳节等传统节日和节气都被纳入法定假日体系中。

我国的传统节日体系有着悠久的历史和丰富的内涵，但是近百年来由于各种原因没有得到很好保护和传承，致使一些人对它们逐渐失去了兴趣和关注，特别是近年来，一些年轻人热衷于追逐国外的节日，这是令人遗憾的，也是令人担忧的。

鉴于我国民族传统节日对于人民生活和社会发展具有十分重要的意义，有关行政领导部门应当考虑充分利用节日这种公共时间资源，将其纳入我国法定假日体系中，充分发挥其巨大的文化功能和社会功能。具体建议如下：

一、建议将春节假期向前前移两天，除夕前一天开始放假，使人们有更充裕的购买年货、整洁环境、回家团聚、准备过年的时间。原假日期限总长不变，"破五"过后，初六上班。

二、关于春假，即目前实行的"五一"长假："五一"作为广大劳动人民的节日，仍依例放假一天，其余两天假日建议移至清明节一天（加上倒休两天总共休假三日，使人们有充裕的时间开展各项活动：祭奠民族先祖，以培育民族情感、增强民族认同；缅怀革命先烈，以进行爱国主义和社会主义教育；祭扫亲人陵墓，以促进家庭和睦、亲族团结；"踏青"、植树，以亲近大自然、热爱生存环境……），另一天则移至端午节（可以开展龙舟竞渡等各项有益的体育竞赛活动）。

三、10月1日是中华人民共和国成立的重要纪念日，放假一天，倒休一天。原有的其余两天假日移至夏历八月十五中秋节，放假两天，倒休两天，以开展各项有利于家庭和睦、社会团结和谐的各项有意义的活动，这样还可以使部分在外地工作的人有时间回家探亲，这样安排对于春节客流高峰也是一种分流和缓解。

四、在全国和地方性假日体系中，根据不同地区、不同情况纳入少数民族节日，从而增强民族团结和国家认同。

这样相对分散的假日安排不仅增添了假日的文化和社会意义，同时，对于现行春秋两季所谓"黄金周"所带来的节日经济效益不致造成负面影响，反而因为假日在一年中均衡分配，会对促进节日经济繁荣产生正面影响。

原文载于：《河南教育学院学报》2007年第2期。

同时载于：《复印报刊资料》（文化研究）2008年第1期；刘魁立：《中国节典：四大传统节日》，合肥：安徽教育出版社，2008年1月版。

传统节日不放假对民族认同感的影响

春节假期可"前1后6"或"前2后5"

新京报：今年好像是你第三次提调整春节假期的提案了吧？

冯世良：是的，我每年都提，认为这是必须要提的一个事情。

新京报：为什么要调整？

冯世良：辞旧迎新，大年三十本是一个标志性的日子。除夕对于中国人来说，几乎与大年初一同等重要，甚至传统的习俗更多。从节日本身看，中国人过节讲究辞旧迎新，不管是"辞旧"，还是"迎新"，真正的欢庆时间都在节日之前，就是"春节联欢晚会"都安排在"三十"，而不是"初一"。而且从现实看，虽规定春节放假是从初一至初七，但实际上最近几年，很多机关和企事业单位都悄悄地把大年三十纳入了春节大假之内，上午是领导到各部门拜年，下午就基本回家了。

新京报：就是说大年三十实际已是约定俗成的假期了？

冯世良：是啊，熟悉机关的人都知道，临近假日大家心情都浮躁了，不利于提高工作效率。因为节前连续上班，没有足够的准备时间，不少人工作时也想着过年的事，难免分散了精力。特别是到了年三十，工作效率之低也在意料之中。从目前情况看，调整春节假期势在必行。

新京报：你建议怎么调？

冯世良：可以保持目前春节的七天假期不变，按照"前1后6"或"前

2后5"（初一前一天开始算作假日，或初一前两天算作假日）的放假安排，既照顾了中国人的传统习俗，给大家留下了筹备过年的时间，也可大大减少私自放假的情况，增加有效工作时间。

传统节日是标志性民族文化活动

新京报：目前，传统节日法定化已成一大社会热点，为什么要主张传统节日放假？

刘魁立：除春节外，其他传统节日没有被纳入国家法定假日体系，这样一方面，从民众的角度说，有历史传统的文化情怀得不到正常的充分的抒发；另一方面，从行政领导的角度说，具有悠久历史的民族传统节日作为公共时间资源，没有在国家的节假日体系中受到应有的重视和给予恰当的安排，可以在多方面发挥重大社会效益和文化效益的资源被白白地浪费了，甚至在一定程度上影响到文化传承、情感认同、民族认同，从而成为广大民众心中的一个郁结。

新京报：具体而言，传统节日有哪些作用？

刘魁立：民族传统节日作为广大民众极为重要的日常生活方式的组成部分，在家庭生活、人际关系、社会生活当中都能发挥极为重要的作用和功能。民族传统节日可以促进家庭内部和社会内部的和谐与团结。传统节日具有重人伦、重亲情、重礼仪、重和谐的特点，显著体现着中华民族优良的传统伦理和礼俗，有浓厚的人情味，几千年来，已经成为维系中国社会人际关系的重要感情纽带。传统节日是一种隆重举行的标志性民族文化活动，能够显著地体现民族文化特色。广大民众通过传统节日，在同民族的历史进行着无声的对话和情感的沟通。传统节日可以增强民众对于民族文化传统的记忆，从而使我们更加尊重和热爱自己的民族文化。传统节日所具有的丰富内涵和多姿多彩的表现形式，以及节日的无穷魅力，不但可以增强我们的民族自豪感，同时，也能强烈地影响其他民族对中华民族特色文化的认识和关注。

新京报：其他呢？

刘魁立：传统节日还有助于道德和情操的培育。节日期间，人们处在非常态的心理状态下，这时候，在举止言行各方面进行自我约束，对于人们道德情操的提升会产生积极影响。节日是对现代快节奏生活的调剂，是有丰富文化内涵的休憩，像年节这样的"过渡"本身既是对昨天的总结，也是对明天美好生活的畅想、期盼和筹划。节日是集中展示广大民众民族艺术才能的最好时机。人们在节日里彼此欣赏，互相竞赛，互相借鉴，通过节日活动，社群内部的组织协调和团结合作都发挥得淋漓尽致。传统节日作为一种载体和复合性的文化表现形式，居于非物质文化遗产框架的核心地位，很多非物质文化遗产的精粹都附丽在、展现在完整性的节日活动之中。

韩国、日本仍以各种方式保留着传统节日

新京报：其他国家和地区是怎样对待各自的传统节日的？对我们有哪些借鉴？

刘魁立：环顾世界，几乎所有国家都十分关注自己的民族传统节日，并在其法定假日体系中安排重要位置。具有悠久历史和深厚文化传统的民族自不必说，一些历史并不太长的国家也都极有意识地创造和维护能够凝聚国民人心、培育情感认同的新的"传统节日"（例如，美国、加拿大等）。受汉文化影响较深的亚洲相关国家也以各种方式保留着、传承着来源于中国但已成为他们民族传统的若干节日，而且成为他们国家日历当中的法定

假日。例如，在韩国，虽然实行公历纪年，但仍然作为法定假日保留着春节、佛祖诞辰、中秋节（秋夕）等节日；端午节由农历改为公历的5月5日，同时，内涵也调整和改变为儿童节，这仍然使人们在一定程度上保存着历史的记忆。日本虽然从1873年始，将原有的夏历纪年改为公元纪年，将公历纪年的一月一日称为元旦，作为一年之始，但原有的过年习俗依然保留，前后休假七天到十天左右。日本废止了原有夏历五月初五端午节，却在公历五月五日保留庆祝活动，使之成为儿童节；还有一些原来的传统节日，在其假日体系中也保留有适当的位置。地处东南亚的新加坡是一个多元社会，在他们的法定节假日体系中，华人、马来人、印度教信众、佛教信众、伊斯兰教信众等群体的传统节日都得到了关注。在我国的台湾和香港，春节、佛祖诞辰、清明节、端午节、中秋节甚至冬至、重阳节等传统节日和节气，都被纳入法定假日体系中。

将少数民族节日纳入假日体系

新京报：对我们的传统节日法定化，你有哪些具体建议？

刘魁立：建议将春节假期前移两天，除夕前一天开始放假，使过年有更长的准备时间。原假日期限总长不变，"破五"过后，初六开始上班。关于春假，即目前实行的"五一"长假："五一"作为广大劳动人民的节日，仍依例放假一天，其余两天假日建议安排移至清明一天（加上倒休两天总共休假三日，可以开展各项活动：祭奠民族先祖，以培育民族情感、增强民族认同；缅怀革命先烈，以进行爱国主义和社会主义教育；祭扫亲人陵墓，以促进家庭和睦、亲族团结；"踏青"、植树，以亲近大自然、热爱生存环境……）。另一天假日移至端午节，放假一天（可以开展龙舟竞渡等各项有益的体育竞赛活动）。十月一日可以放假一天，倒休一天。其余两天假日移至夏历八月十五中秋节，放假两天，倒休两天，以开展各项有利于家庭和睦、社会团结和谐的各项有意义的活动，这样，还可以使部分在外地工作的人有时间回家探亲，对于春节客流高峰也是一种分流和缓解。在全国和地方性假日体系中，根据不同地区不同情况纳入少数民族节日，从而增强民族团结和国家认同。

原文载于:《新京报》2007 年 3 月 8 日,本文由陈宝成、钱昊平整理报道。

思考着是美丽的

　　节日问题对我们来说是非常重要的题目，前两届"东岳论坛"我们侧重从时间范畴的视角对节日进行研究，这一次转向空间范畴的视角。一般说来，社会正常有序的前进，依靠的是公共性，没有公共性，一个社会的有序的运行是不可能的。从这个意义上说，节日对于我们大家就特别重要，它不仅是公共性的非常重要的构成因素，同时，对公共性的促进也是卓有功绩的。从这个意义上说，我们这次会议的议题就十分重要了。

　　过去，我们对于文化空间的研究也许是不够的，这是一个新的词汇，但是应该说，我们对于节日的文化空间并不陌生。这一次会议我们大家不仅针对节日的各种表现形式，同时，还从节日的总体结构、社会功能和深层内涵方面进行了更加广泛的、更加深入的研究。

　　节日对于每一个人来说，都是生活方式中一个非常重要的组成部分。对于社会群体来说，节日对于社会的正常有序的运行都发挥着关键性的作用。我们中国的传统节日体系和当前由行政部门确定的法定假日体系之间多少有一些抵牾。在我国现有法定假日体系里面，除了春节有相当的位置之外，几乎其他的重要民族传统节日比如清明节、端午节、中秋节，几乎都没有安排休假。也就是说，我们民族的传统节日在相当长的时间里，没有被国家时间制度所认同。这里就出现了一些我们自己能够强烈感觉到的遗憾。我们在不断努力，想方设法改变这种状况，同时，也要很好地研究如何提升民族传统节日在我们的观念中、在我们的生活进程中进而在整个国家时间制度中的重要位置。这样丰富的中国传统节日体系，究竟对于我们社会能起什么作用呢？应该说，它对于构建和谐社会是非常重要的；对于我们每一个人乃至于整个社会的道德体系的提升也是非常重要的。它能使我们每一个人在现实生存环境里的幸福感落到实处。如果没有节日，那么，我们的幸福感或者说是对现实生活的满足感就会减少很多。此外，我们还非常明显、非常深刻地体会到，几乎所有非物质遗产的精髓部分都会体现在节日当中，而节日是整个民族展现艺术才能的一个集中的环境和时段。节日是一个非常广泛而且非常有色彩的文化领域，无论是社会各界，还是行政领导部门，都应该特别关注，给予特别的位置。

整个社会群体的节假日是我们的公共时间，如果从行政管理的角度来看，它也是一种资源。传统节日作为公共时间资源没有被很好地利用，从这种意义上说这些资源是白白浪费掉了，如果把传统节日当作公共时间资源加以利用，这些节日就对社会运行发挥积极作用。如果把这些潜力发掘出来，显然就会使民众心中的民俗情结、传统文化情结、民族的认同感、群体的内聚力和内心的幸福感落到实处。

在会议的讨论中，吕微和王霄冰曾经征引过尼采，也征引了康德，还讲了在我们认识世界的整个过程中会有不同的角度和方法，形成各自的理论体系。我感觉到，我们面对的对象，可以有不同的认识方法、认识角度，没有必要将某一种方法、某一种角度看成是独一无二的。

除了求真的所谓科学的视角，另外还有一个视角，这个视角并不是单纯为了认识对象，而是从对象和我们自己关系的角度来评价事物，这个角度就是"价值论角度"。价值论的角度，对于认识民俗、认识所谓民间文化事象是非常重要的，也许在这次会上，这一方面谈的少了一些。也许是因为在我们平时进行田野调查的过程中，这一方面关注本身就少了一些，这可能是我们今后要努力的一个方面。因为对于我们来说，节日不仅是文化表现形式，更是一种情感的载体。这个情感是民众的情感，但是我们很少谈民众如何看待节日、如何展现自己的内心情感。

讨论节日的议题，还有另外一个角度，就是所谓"实践的角度"，所谓经世致用的角度。而这个经世致用的角度，会议谈的似乎略多一些。张勃、王霄冰、李萍，还有谢沫华等几位报告人谈的都是经世致用问题。比如，钟宗宪先生谈到节日的设置和对节日功能的认识，以及前面谈到的传统节日法定假日化问题，所有的这些都是一种经世致用。

有时候，我在想，一次会议成功与否表现在哪里？我觉得有几个必须说到的标志：

第一，就是许多报告确实有真知灼见，而且这些真知灼见不仅今天有用，同时，将来也会引起后人关注。比如说，高丙中先生从学理角度对于文化空间进行深入阐解，他的报告对大家会有重要启示。其他许多报告也同样是饶有趣味、多有新意的。

第二，会议是否激起了大家的思考，散会之后，大家是否有激情把这项研究继续下去。如果没有热情、没有互相的鼓励，会议就不算成功。我们的会议确实是一次有彼此鼓励和真正激动的会议。

此外，我觉得，这次会议之所以成功，还表现在我们和国外的学者有了一次非常有益和深入的对话。

巴西的冯塞卡女士谈到如何调整个人和社会之间的关系，从纳入和融入，社会纳入个人，而个人融入社会。俄罗斯学者安特罗波娃追溯了一个外来的化装舞会从彼得大帝时代一直到今天21世纪之间的演化过程，实际上和我们谈完全是同一个题目。德国的克劳斯教授从一个更广阔的视角对节日问题进行了独到的分析。日本佐野贤治先生提出了一个很重要的观点，将会给我们一些深刻的启示，从地球村的角度出发，我们作为地球村的村民，应该如何看人类的民俗；作为世界"常民"，我们应该如何对待传统的民间文化。俄罗斯的克里奥斯教授以俄罗斯圣诞节期间的一种封门仪式为例，用二元独立的哲学思考，进行深层结构分析。

这次会议的参加者在方法论上各有不同。比如，刘晓峰同志把统计学的方法，纳入我们自己现在民俗学研究的领域里。会议中，几位学者谈到城乡之间的关系，康丽教授、刘铁梁教授、萧放教授等都是从这个角度提出问题的。今天，我们的城市是一个什么样的城市？它和乡村是一个什么样的关系？我觉得这些都是很有意思的题目。

今后，还会有非常多的题目，等着我们去做。每一个人都有自己的社会责任，这个社会责任是根据自己的意愿和可能来确定的。作为一次会议、一个集体，也有自己的社会责任，就是说如何把我们的今天过好；如何让祖先留给我们的文化遗产在我们今天发挥作用；如何让我们的现实生活在继承传统的基础上能够更加丰富多彩，更加可心，更加让我们喜欢。我觉得，这也许是我们民俗学工作者的一种追求。任重而道远，希望在我们大家身上，在各位的身上。

在几天会议当中，我和大家一样，非常非常的用心。这次会议既有内容充实的报告，也有热烈而有益的讨论，同时，每个人还在各自心里对讨论的议题进行着思考和对话，就此我想说："思考着是美丽的。"刘晓峰同志谈到自己的心情，他报告的头一句话说，"我非常的激动"。他还说，这不是一时的激动，十五年来他一直为节日的议题而激动，应该说，他的激动也感染了大家。他说，节日的分布和节奏是一部非常美妙的乐章。我听到了这部乐章。他的思考是美丽的，听他的思考，同时进行着自己的思考，也是美丽的。

原文载于：中国民俗学会、北京民俗博物馆：《传统节日与文化空间："东岳论坛"国际学术研讨会专辑》（第三届东岳论坛论文集），北京：学苑出版社，2007年版。

刘晓峰的东亚岁时文化研究

刘晓峰的《东亚的时间——岁时文化的比较研究》一书，是他花十四年心血，孜孜矻矻，对岁时节日进行深入探索，所完成的研究著作。

岁时节日作为研究对象，是一个内涵丰富、范围广阔的大题目；同时，也是关乎每一个民族、每一个人的重要题目。

我们中华民族的传统节日体系具有悠久的历史，千百年来，在人民的生活中占据着重要地位。历来，民族传统节日作为广大民众极为重要的日常生活方式的组成部分，在家庭生活、人际关系、社会生活当中都能发挥并且一直发挥着极为重要的功能。

一、民族传统节日促进家庭内部和社会内部的和谐与团结。传统节日具有重人伦、重亲情、重礼仪、重和谐的特点，显著体现着中华民族优良的传统伦理和礼俗，有浓厚的人情味，几千年来，已经成为维系中国社会人际关系的重要感情纽带。

二、传统节日是一种隆重举行的标志性民族文化活动，显著地体现民族文化的特色。广大民众通过传统节日在和自己的民族历史，进行着无声的对话和情感的沟通。传统节日增强民众对于民族文化传统的记忆，从而使我们更加尊重和热爱自己的民族文化。传统节日所具有的丰富内涵和多姿多彩的表现形式以及节日的无穷魅力，不但增强我们的民族自豪感，同时，也强烈地影响着其他民族对中华民族文化特色的认识和关注。

三、传统节日有助于道德和情操的培育。节日期间，人们处在非常态的心理状态下，这时候在举止言行各方面进行自我约束，对于人们道德情操的提升会产生积极影响。

四、节日是对快节奏的生活的调剂，是具有丰富文化内涵的休憩，像年节这样的"过渡"本身既是对昨天的总结，也是对明天美好生活的畅想、期盼和筹划。节日使人们产生对生活环境的热爱和依恋，使生活情趣和幸福感落到实处。

五、节日是集中展示广大民众民族艺术才能的最好时机。人们在节日里彼此欣赏，互相竞赛，互相借鉴。通过节日活动，社群内部的组织协调和团结合作都发挥得淋漓尽致。

六、传统节日作为一种载体和复合性的文化表现形式，居于非物质文化遗产框架的核心地位，很多非物质文化遗产的精粹都附丽在、展现在完整的节日活动之中。

我们的传统节日不仅具有上述这些极为重要的社会功能和文化功能，而且应该说，这些节日具有悠远的渊源和丰富的内涵，深入人心，长盛不衰，是民族历史的记忆，是民族情感的寄托，是人们无尽的欢乐和永恒的向往。

我们的传统节日同其他一些国家以宗教纪念日为核心的节日体系有极大的不同，这种历史积淀的群体性的庆祝活动，其核心功能在于认识自然、亲近自然、协调与自然的关系，促进家庭和睦、亲族团结、人际关系和谐，使人们具有美好情操和积极向上的进取精神。

这些节日在一年的周期中具有严整的分布，循环往替，成为错落有致的体系，而且各具特色、多彩多姿。无论是在植物符号方面（春节的梅花、水仙；清明的柳枝，端午的菖蒲、艾蒿，中秋的丹桂，重阳的菊花……）、食物符号方面（春节的饺子、年糕，上元的元宵，端午的粽子，中秋的月饼……）、居室装饰和衣物配饰符号等方面，都各具特色。在不同节日里，还伴随有各自特有的色彩纷呈的艺术表现形式和诸多竞技和游艺项目（旱船、秧歌、龙灯、高跷、拔河、划龙舟……）。严整的体系，丰富的内涵和无与伦比的丰富多彩，使具有悠久历史而延续至今的民族传统节日历久而弥新，装点着、美化着我们的生活，是广大民众心中一首永远唱不完的欢乐之歌。

尽管如此，我们的传统节日体系并不是在所有的历史时期都得到很好的维护和传承。1912年，国民政府确定使用公历纪年，广大民众使用数千年的夏历被"边缘化"，一个时期里，公历和传统的夏历并存，十余年后，官方便宣布取消夏历纪年，使之成为"废历"。当时以及后来，我国传统节日大部分被排除在国家法定假日体系之外，尽管如此，在近百年的历史时期里，广大民众依然利用一切可能条件，采取各种办法，仍旧按照原有习俗度过我们的民族传统节日。新中国成立后实行公历纪年，除春节之外，其他传统节日也没有被纳入国家法定假日体系。在确定国家时间制度的时候，没有把我们的民族传统节日当作整个社会的公共时间资源加以充分利用。在这种情况下，一方面，从民众的角度说，历史传统的文化情怀得不到正常的充分的抒发；另一方面，从行政领导的角度说，具有悠久历史的民族传统节日作为公共时间资源，没有在国家的节假日体系中受到应有的重视和给予恰当的安排，这种可以在多方面发挥重大社会效益和文化效益的资源被白白地浪费了，甚至在一定程度上影响到文化传承、情感认同、民族认同，从而成为广大民众心中的一个郁结。

正因为传统节日之重要以及传统节日之被边缘化，所以才引起举国上下的一致关注和广大民众的热烈讨论。有关学者也为此写下了不少论文和专著。

刘晓峰先生现在呈献给广大读者的这部著作，正是这些论著当中极富特色的一部。

《东亚的时间——岁时文化的比较研究》一书眼界开阔，涉猎广泛，发前人之未发，注重参照异域的岁时史料，吸收异域的岁时研究成果。该书的相当部分，都是立足于对东亚民俗文化进行比较研究而展开的。《东亚"克仗斗石"考》一文，很能代表作者的写作立场，作者的学术视野及于中国、日本、韩国等东亚三国，旁征博引，穷极义理。作者曾长期在日本留学，而日本是国外汉学研究水平较高的地方，也是民俗学非常发达的地方。自柳田国男以来，日本民俗学研究有长期的学术积累，就中日岁时文化这一领域而言，日本学者也做过大量研究工作，出版过大量的论文和著作。作者在研究中合理吸纳了日本学者的研究方法和研究思路，这对于我们思考和拓展中国古代岁时文化研究无疑具有一定的启发意义。

中国的民间节日作为一种文化现象，具有鲜明的复合性特点。这一特点决定了节俗从产生到发展，其过程都不会是单向度的延展，而是处于不同时代、不同地域文化多种因素的复合作用与影响之中。基于对研究对象这一特点的认识，作者对中国古代节日文化的讨论，就引入了历史学的实证研究方法，把节日放回到具体的历史时空中加以认识。实际上，能否把节日形成过程的研究纳入历史的时空坐标当中，也成了节日研究能否深入的一个重要标志。本书运用历史学的研究方法，着力探讨了中国古代节日之形成过程。《上巳考》《寒食与山西》《中日踏歌考》等，都不落窠臼，有其独到之处。

一年是一个整体的单位，并且具有循环往复的特点，节日是将流动的时间划分成"节"的特殊关节。这些"节"互相关联，而并不是完全互相孤立的。实际上，中国古人是将自己认知世界的方法，他们的宇宙观、时间观、世界图式等多种思想文化观念，反映到一年的岁时节日排列之中。所以，有必要把一年的岁时节日作为一个整体、作为一个系统加以认识和把握。对于这些今天仍然处于潜在状态的特征，该如何加以清理和认识，找到其背后存在的结构性因素，便成为问题的关键和需要深入探讨的症结。本书所收的《中国古代岁时节日的内部结构体系》《论中国古代岁时节日体系的内在节奏特征》《论重数节日序列及其阐释系统的形成》等三篇论文正是基于这一观点，在分析中国古代岁时的整体结构特征方面，做出了有益的尝试。这三篇文章探索性强，有的观点在从事岁时研究的同行中曾经引起过激烈的争论，但总不失为有价值的攻玉之石。

以刘晓峰先生对学术的忠诚和执着，我相信他一定会不断地有重要的学术成果贡献于世。

谨为序。

2007年8月

原文载于:刘晓峰:《东亚的时间:岁时文化的比较研究》,北京:中华书局,2007年10月版。

赋予传统文化节日新意义

中国国家法定节假日调整方案近日公布，引起社会极大反响。最引人注目的是实行了7年的五一黄金周休假将被取消，民族文化气息浓郁的清明、端午、中秋等传统节日将升格为法定全民休假日。调查显示，超过七成网民赞成民族传统节日"归去来兮"。这次国家法定节假日的调整，对民族传统文化的回归和彰显究竟有多大的价值？

今天下午16:30，搜狐网联合西部网邀请中国民俗学会会长刘魁立和著名相声演员徐德亮，和网友一起现场探讨传统节日的新时代意义。

主持人：五一黄金周创造了很多的经济收入，旅游产业带动了各方面的发展，现在，取消五一黄金周会不会对其他传统文化产业又有所带动？

刘魁立：刚才徐先生谈的我特别有感触，他谈得比较好，他有一个社会发展过程当中的历史责任感，哪怕我们这一代人做出一点牺牲，但是要让这种传统延续下去，我觉得这个精神确实非常可贵。但同时我又想，是不是这代人一定是做出什么牺牲呢？我自己感觉到不是一种牺牲，相反是一种偏得，为什么是偏得？黄金周制度什么时候开始的？七年前。这七年，我们比过去的休假日期要长多了。

的确，现在生活节奏很快，大家也很劳累，但是如果我们想一想我们自己的父辈，特别是在农村的，起五更爬半夜，过去劳动生产的劳动量非常大，也特别特别辛苦，几乎没有任何的休息时间，一年到头总是顶着星星下地，再顶着星星回来，只有到过年的这个时候休息。现在节日逐渐多了之后，就想到刚才你说的这些文化传统怎么能够延续下去。过去，这些老百姓也许考虑得并不是那么多，现在已经到了这样一个程度，可能真的要从民族的文化前景来考虑这个问题。你刚才说的一句话大概不是故作惊人语，将来弄不好真的我们就会变成只会说中国话的中国人了，其他别的包括服饰，包括心理，包括我们所过的节，包括我们的饮食习惯，包括我们自己的思维方式，包括我们自己的价值观，所有的都变成了别人的了。我们自己还剩下什么呢？所以，我觉得保持这些东西，另外，还有一个视角的问题，不光为了我们民族，如果从人类发展的文化多样性来看，我们也是一种贡献，这就叫人类的视角。世界越来越丰富多彩好呢，还是越来越单调好呢？

主持人： 的确有这样一个问题在里面，可能要做一些小范围的牺牲。

徐德亮： 所谓越是民族的越是世界的。我完全不觉得黄金周会带动多么高的价值，弊反而比利大，吃旅游饭的人会挣到一些钱，但是带来的问题更多，对文物古迹的破坏，出行成本非常大。为什么大家都觉得有了七天怎么怎么样，还是大家活得太累。现在，很多大公司都有带薪年假，以后会以法律的形式来确定下来。在这之前都会有，尤其是大公司，搜狐肯定有，但是肯定休不了，我原来也在大的网站公司干过，一般只有到总监级别以上的这样的人才会休年假，一般在基层干的孩子们没有休的，工作压力特别大。

徐德亮： 我现在努力倡导的，包括写我自己生活的文章贴到网上让大家看，放下一切，别给自己那么大的压力。我前几天刚写过一篇文章，我认为我现在够一个小资或者中产，不在于我挣多少钱，我挣钱其实很少。我们这样的人不演出就没钱挣，但是我有这个财富，我可以拿出一下午的时间上北海划船看书。我相信搜狐的总裁以上包括CEO都没有这个财富，绝不可能拿出半天来在北海或者去天坛看看，站在圜丘上看看落日。我舍弃挣钱的机会，不要给自己太大压力。

刘魁立：你刚才说的心境真是应该每一个人都有，设立这几天的假日之后，在这个时候，更容易让你有这种心境。另外，刚才说到所谓经济层面的问题，我没有做过假日经济的调查，但是我自己有一个笨想法，决定拉动整个经济的根本性的因素不是给多少时间，而是给你多少钱。一旦你袋里的钱多了才能多消费，没钱消费什么？所以，根本的问题还是钱多钱少的问题。现在，很多人旅游就是穷旅游，就是把路费花进去之后找一个基本上能够勉强睡觉的地方就够了。

刘魁立：受自己袋里面钱的数量的限制，这是一个因素。还有一个旅游因素就是越来越多的旅游者不是年轻人而是退了休的老年人，有的时候，我出差在机场也好，在火车站也好，拿着小旗走的一队一队的年轻人倒不多，老年人多，这种情况下它也许不会集中在五一、十一，因为他们随时可以出去旅游。在假日经济这个问题上，可能还要做一点文章，让他们好好统计统计。

假定说这是我个人的一种想法，假定说我们的国民经济整个发展程度够我们再享受一天假日，我们何必一定要死守就放一天，我们为什么不在五一这儿多一天或者在春节那儿多一天。这个可能将来随着我们整个经济的发展会有这一天，让我们在春节的时候，让我们在春天的某一个时期里面多几天假期，让我们很好来享受整个社会发展所提供我们的那样一个福利待遇。

主持人：就像古人经常说的一句话，有舍必有得。我们今天所看到的可能是我们舍弃了一些短暂的我们眼中的长假期，但是这个假期的形成也是经过了几年的工夫给大家创造的一个比较舒畅的习惯，在未来，相信在我们的节假日改革方案正式的出台之后，大家也会逐渐习惯这样一个假期，就像徐老师说的，我们放慢脚步享受生活。希望每个人都能在这样的假期里面过着像您那样在北海划船看书的日子，希望大家真正享受假期的时候像刘老提出的让大家知道传统文化是什么样子，而且从我们这一代人做起，开始把我们国家最宝贵的传统文化一代一代传承下去。

在网上的争辩也非常激烈，今天访谈的目的也是希望让大家更加了解传统文化节日是一个什么样子，让大家能去享受传统文化节日。我们的节日体系和假日体系实际上是不可分割的两个体系，在未来，这两个体系也会逐渐融合，慢慢改变，让大家更好适应。今天，非常感谢两位来到我们的现场跟我们谈了这么多，这个话题我们还会继续讨论下去，也非常欢迎网友能继续跟我们进行系列话题的讨论，关注节假日方案改革的系列访谈，谢谢各位。

原题为：[访谈回顾]《赋予传统文化节日新意义——访谈中国民俗学会会长刘魁立和德云社著名相声演员徐德亮》

文章来源：搜狐新闻-西部网 2007 年 11 月 14 日。

中国传统节日礼赞

一

在最近大约一百年的时间里，我们对于传统节日一直持有淡漠的甚至是漠视的态度。

1912年1月，孙中山先生签发临时大总统历书令，确定从当年的1月1日起改历。过去，我们常用的农历也就是夏历，虽然也还仍然有效，但整个国家日历改为以西历或称公历为主，而且把这种西历称为"新历"，把我们长期使用的农历也就是夏历称为"旧历"，新旧历同时并存。

到了1928年5月7日，内务部又向国民政府呈送了一个要求废除旧历，用所谓"国历"也就是公历的呈文。当时有报道说，1929年的春节，在一些地方居然动用行政手段，查抄卖年货的商家。

1949年12月，新中国的政务院发布270号令，对于《全国年节和纪念日的放假办法》做出了新的规定。当时，放假的有五一、国庆、元旦。很幸运的是在传统节日当中，唯有春节仍然给假。

但是到了1967年，国务院发出通知说，"为了适应革命形势，根据广大革命群众的要求"，春节不再放假。

当然，到"文化大革命"结束的时候，这个春节不放假的规定，就自消自灭了，大家照旧在春节欢天喜地地度过自己的传统节日。

总之，多年来，我们民族在历史中形成的传统节日始终没有给予充裕的时间来度过。这段历史如果从1912年算起，到今年已经九十五年了，如果从1928年算起，也有七十九年了。

这个历史，到了今天才有了改变：2007年12月7日，《国务院关于修改<全国年节及纪念日放假办法>的决定》经由国务院第198次常务会议通过，将从2008年1月1日起施行。办法规定，除春节长假之外，清明、端午、中秋增设为国家法定节假日，各放假一天。

所以说，这一次《全国年节及纪念日放假办法》关于民族传统节日与国家法定假日的新规定具有划时代的意义，是一个了不起的举措。

二

回想起来，在这么长的时间里，我们不仅没有把民族的传统节日确定为国家的法定假日，就连给了假期的春节也有自己的不平凡的命运。

我们通常说"过年"，是指一个既往的时间周期结束，一个新的时间周期开始，这个过渡的关节，我们称之为"年"，或者称之为"新年"，这是新的时间周期的开始。可是农历改为西历纪年的时候，新的一年要从1月1日算起了，所以，农历的"新年"称谓就被借用来称呼西历的1月1日，于是我们的农历新年便没有了称呼，仿佛一顶帽子被别人借戴了之后自己变成了光头。对于这样一个重要的关节，总要有一个称呼，于是就把"春节"这个称呼派给了正月初一。但是广大民众并不买账。说到"过年"，往往指的还是农历的新年。

非但如此，正月初一历来被我们认为是一元复始第一天，所以，又把它称为"元旦"。既然改历了，那么，"元旦"这个词也同样的被西历的1月1日占有，而农历的正月初一就再没有自己的名称了。说起元旦，大家所指的往往是公历的1月1日，而原来的正月初一被彻底剥夺了自己的名称，现在通常被大家称为"大年初一"，或者叫"正月初一"。

唯独年末的腊月三十这一天，因为在我们的传统的生活中，有非常多的事情要做，我们特地把这一天叫"除夕"。公历的12月31日，没有什么特殊的"故事"，于是"除夕"的名分还"硕果仅存"地仍然保留在农历的腊月三十这一天，这也算是不幸中的幸运吧。

春节作为民族传统节日，不管怎样还有相应的假期让我们享受这美好的节日。其他的民族传统节日虽然也相当重要，但却全然没有考虑放在国家的假日当中。于是，就出现了在清明节前后的那个周末休息日，所有城市都有广大民众到墓地扫墓祭奠，从而造成严重的交通堵塞情况。这当然是细枝末节，更重要的是这些节日逐渐被年轻一代淡忘，进而在文化心理上产生了两代人之间的某种隔膜。老年人感到缺失，从而引起怀旧的情绪，而年轻一代自然要寻找机会满足和展现他们的情感和心理需求。这当然都是无可厚非的事。这就向我们揭示了一个道理：我们的节日体系和我们的假日体系并不是一回事。

三

我们的节日体系如何在假日体系中得到体现，或者说，假日体系如何正确地、合理地把节日体系中的重要部分纳入假日体系当中，这对于整个社会生活是十分重要的。

不是所有的假日都具有节日的内涵。一年有五十二个星期，按照现在的规定，每周休息两天，这两天都是在我们的假日体系当中的，也就是说，一年有一百〇四天的休息日。此外，在过去的规定里有十个节日性的假日，这十个节日性的假日包括五一、十一、元旦和春节。

假日体系自然有它自己的功能，过去，在我们心目中，传统节日历来被我们特别地关注，在人们的长期历史生活中和现实生活中都占有非常重要的位置。尽管如此，正像刚才所提到的，好多节日都没有被纳入假日体系当中。

我们的节日体系有许多是政治性的，例如，过去一直作为假日遵守的五一国际劳动节和十一国庆节，此外，还有些涉及部分群体的，如儿童节、妇女节、青年节、八一建军节等。在这些节日里，部分的群体会或多或少地有一定的休息时间，但是在整个社会生活中，假日始终没有吸纳民族传统节日，这是一个很大的缺失。

这种缺失，在近十年来禁放鞭炮的这一件似乎与节假日无关的具体事项当中，体现得尤为明显。

当禁放鞭炮的办法下达后，北京有关部门动员了相当多的人力来查处那些违规放鞭炮的人。第一年或许还有效，第二年也仍然坚持着，过了几年之后，无论是行政当局还是具体执行禁令的人，都对此事有了些淡漠。感觉到，自己的乡亲、自己的邻居过年放放鞭炮，难道还要把他们送进派出所拘留起来？太煞风景了。于是，也就得过且过。禁放之后，大家感到年味淡了，一位老人曾说，听了几十年的鞭炮，突然静下来，心里感到极大的失落，过年的最后一个象征符号，也是一个很重要的象征符号，居然在一夜之间被禁用了！大家深切地感到一种缺失，这种缺失实际上是对传统的一种眷恋，说明大家关心过去的传统，热爱自己的传统，希望把这些美好的传统继承下来。

如何把节日体系和假日体系协调起来，这当然关乎大家的心理状态，关乎大家的情感，也关乎整个和谐社会的构建和民族情感的认同。这种有历史传统、有深厚文化积淀的民族传统节日没有在我们的假日体系中得到体现，大家都感到是一个必须解决的问题。

四

八年前，开始实行了所谓"黄金周"制度。这就是在五一和十一两个假日期间，集中休息，把前后的两个周末休息日集中起来使用，形成所谓的长假。我一直不喜欢"黄金周"这样一个称呼，我通常把它叫作春天的长假和秋天的长假。

这两次长假对于拉动内需、对于远离家乡的人回家探亲，都是十分可贵的，对商家来说，更是一个提高经济效益、提高营业额的大好时机。于是，在人们的需求和商家的推动下，一时间，所谓的黄金周成为整个社会关注的一个公共时间。这个公共时间被用来推动经济增长。于是，我们看到，假期作为整个社会的公共时间，可以是一种资源，一种可以产生效益的资源。

用行政命令的办法，把我们每个人的某些时间安排统汇在一起，做出统一规定，形成公共时间，形成国家的日历。对于行政部门来说，当然要使作为公共时间的法定假日成为人民群众充分休息、增进身心健康的时机，同时，也要把它作为一种资源来对待。过去，规定所谓黄金周，是把这两个长假当作资源来对待的。以往，假日像一条湿手巾，仿佛可以从中挤出水来。挤什么？挤消费，挤钱。

由此，我们就可以提出同样的问题，在我们所说的节日假日两个体系当中，没有作为法定假日的传统节日，是不是同样的也可以产生效益，这种效益不仅是经济的，也是文化的、精神的。我们国家日历当中，在一定意义上说，公共时间资源没有被充分利用，有丰富文化内涵的传统节日没有时间过；缺少文化内涵和历史积淀的长假，偏偏给了很多时间。

这个公共时间从文化角度看究竟意味着什么，大家并没有认真思考。

算好这笔账，对于个人来说，或许没有太大关系，但对于国家来说，是有意义的。国家应该从政治、经济、文化、民族心理各个角度统筹规划，合理安排法定假日体系。

<h2 style="text-align:center">五</h2>

构建和谐社会是当今社会生活中一个非常重要的主题。而传统节日对于我们整个社会的每一个成员来说，都具有非常重要的意义，这不仅仅是休息，它远比休息更加重要。在这些特殊时刻，人们会用一种非常态的心理对待自己的生活，对待周围的人，对待我们生活在其中的社会环境和自然环境。

如果说，有些民族的节日体系是以宗教纪念日作为核心的活，那么，我们的民族传统节日和其他某些民族的传统节日有很大的区别，我们民族传统节日的重要特征在于，这些节日是以协调我们和自然的关系为核心而建立的。不仅二十四节气是这样，我们的民族传统节日也大都是这样。

所谓和谐，首先要心情舒畅，在自己心理和谐的同时，也要和周围的人、和家庭、和自己所在的单位、和自然环境建立亲密的关系。只有这样，我们才能够说，生活在这样一个世界是快乐的，是幸福的，我们才有前进的内在力量。而民族传统节日一旦被纳入国家日历当中，作为公众的假日，它的意义就由隐性的变为显性的，为整个社会所关注，成为全社会的公共时间，而这个公共时间作为一种资源，是可以发挥很大效益的。

一切传统只有在对今天或者对未来具有重要意义的时候，它才获得了价值，我们才努力地去保护它，爱护它，传承它。

节日是什么？我曾经在一篇文章里说过，对于包括我们自己在内的所有人来说：

——节日是休闲，但比休闲更重要；

——节日是广大民众展示美好心灵和表现艺术才华的舞台；

——节日是提升美好情操和培育丰富情感的熔炉；

——节日是社会群体和谐团结的黏合剂；

——节日是历史与文化传统的积淀和再现；

——节日是民族性格、民族文化的集中展示；

——节日是文化认同、民族认同、国家认同的重要标志；

——节日是这一切以及其他的总和；

——节日是生活之树上的鲜艳夺目的花朵，节日是社会群体及其每一个成员心中永远唱不完的美妙的歌。

说到节日的具体含义，我们每个人都有切身的体会。

每到清明的时候，我们总会怀念故去的亲人。过去，清明是迎接春天的节日，人们走出户外，到大自然的怀抱中，去体验人和自然的亲密关系。踏青，成为清明鲜明的主题之一。当然，在清明时节，人们还要怀念故去的亲人，总要到亲友的墓地上去扫墓。中华民族提倡的是慎终追远，继承祖先的优良传统，享受民族先人所创造的一切文化成就，感念革命先烈为我们创造的美好生活。所有这一切都成为我们过清明的重要主题。

每到端午，我们总要到有水的地方去，有条件的还要划龙舟，进行龙舟竞渡、龙舟比赛；喝雄黄酒，佩戴香包，系五彩丝。这些优良的传统在新的历史条件下，获得了新的意义，它在人们的情感培育方面，在人际关系的和谐建构方面都发挥着特别重要的作用。

中国人对待月亮有极特殊的情感，这种情感是其他民族少有的。我曾经问过许多外国朋友，他们看到月亮的时候会有什么感受，有的摇摇头，说没有什么特别的感受；有的其或有这样的说法，他们说夜里往往是妖邪出没的时间，所以，月亮多少有些凶相的意味。我们不是看到在很多西方绘画里，半弯月亮停在天端，夜是黑的，在屋脊上一只黑猫轻轻地走过，这大约是一种不吉利的形象。然而，中国人对于月亮却怀着非常美好的情感。每当农历八月中秋，皓月当空，举头望月，人们情不自禁地要联想到自己的亲人，联想到家庭、家族，联想到自己的亲友，联想到家乡、故土、祖国。这种情感是那样的浓烈、那样的温馨。无论你走到天涯海角，每到这时都会有一种眷恋故土，眷恋亲人的美好情愫。这样的时刻，我们有了充裕的时间度过，有了闲暇的心情来欣赏圆月，来净化我们的心灵，来提升我们的境界，难道不是最好的办法吗？

和谐社会的构建是要从许多事情做起，从一点一滴的小事做起。我们的节日体系是那样的有情趣，内涵极为丰富，象征体系同样极为丰富。

我们的每一个节日不仅有相应的活动，而且它的象征物、象征符号也是多种多样的。大家现在印象深刻的往往是它的食物特征，但此外还有更多的象征符号。过年有过年的植物，南方人要买一盆橘树，象征着吉祥。许多人家要摆几枝蜡梅，在迎春开花了的地方，人们或许会欣赏迎春花的清丽和它的淡香。清明，在许多地方，人们会折几枝柳枝来纪念这个节日。端午，自然是艾蒿和菖蒲当令。到了中秋，桂花也就成了大家津津乐道的植物，连饮料也都使用桂花酒。重阳登高的时候自然要采几枝野菊花。至于衣物、配饰，每个节日也各有不同。当然，其他的象征也都是丰富多彩的。这样一个节日体系对于我们来说，实在是十分可贵的。我们感念我们的先人所给予我们的这份恩惠，这是一笔极为可贵的遗产。

六

中国民俗学会在促成民族传统节日纳入法定假日体系的这一过程中做

了许多工作。

改革开放以来，民俗学工作者在各种场合一再重申民族传统节日的重要意义，无论是在授课中，还是在为公众讲演的过程中，都对民族传统节日给予了极大的重视和充分的肯定。特别是在改革开放以后，大家一再感受到在我们的社会生活中传统节日的重要地位。在禁放鞭炮的时段，以至于在实行春秋两季长假的若干年里，民俗学工作者都痛感恢复民族传统节日应有地位这样一件事情的重要性。

最近几年，中国民俗学会连续一年一度召开国际学术研讨会，探讨以"国家日历：民族传统节日和国家法定假日"为主题的国际学术研讨会，邀请国内外的学者探讨民族传统节日对于一个民族的社会生活会发生怎样的影响、具有怎样的意义。此外，还组成课题组，在深入研究的基础上，为中央精神文明办和国务院有关部门完成关于传统节日法定化的课题，并提出相应建议，为节假日体系的改革建言并提出相应的方案。

中国民俗学会响应党中央号召，为社会主义新农村建设贡献自己的力量，完成了《中国民俗文化丛书》的撰写任务。在这套丛书里，特别辟出节日系列，对一系列民族传统节日分别做了相应的研究，写出了专著。此外，还参与了中央精神文明办、中宣部、国家广电总局、国家民委等单位联合摄制的"我们的节日"系列专题片的设计和制作，连续两年在中央电视台的几个频道播出。

中国民俗学会的各位学者通过各种媒体不断呼吁，要使我们的民族传统节日充分发挥它的巨大功能。

应该说，这一次国家日历改革最根本的中坚力量是广大民众对传统节日的关爱和对民族优秀文化传统的眷顾。正是广大民众的强烈愿望才催生了国家日历的重新制定。它的重大意义，在今天我们或许还难以说透。我想，在今后的若干年里，重新成为法定假日的四大传统节日以及其他一系列民族传统节日，会越来越显示出自己的无穷魅力和深远意义。

2007年12月28日

原文载于：刘魁立：《中国节典：四大传统节日》，合肥：安徽教育出版社，2008年1月版。

同时载于：董芍素：《我们的节日：中国民俗文化当代传承浙江论坛（嘉兴）论文选》，杭州：浙江人民出版社，2010年5月版。

传统节日与构建和谐社会

一

在此前近一百年的时间里，我们对于民族传统节日一直持有淡漠的，甚或是漠视的态度。

1912年1月，孙中山先生签发临时大总统历书令，确定从当年的1月1日起改历。过去，我们惯用的农历也就是夏历，虽然依旧有效，但国家日历改为以西历（或称公历）为主，把西历称为"新历"，把农历称为"旧历"，新旧历同时并存。

到了1928年5月7日，内务部又向国民政府呈送了一个要求废除旧历，用所谓"国历"也就是西历的一个呈文。当时有报道说，1929年的春节，在一些地方居然动用行政手段，查抄卖年货的商家。

1949年12月，新中国的政务院发布270号令，对于《全国年节和纪念日的放假办法》做出了新的规定。当时，放假的有五一、国庆、元旦。很幸运的是在传统节日当中，春节仍然给假。

总之，多年来，我们民族在长期历史中形成的传统节日，始终没有给予充裕的时间来度过。这样的状况到了2007年底才有了改变。2007年12月7日，《国务院关于修改<全国年节及纪念日放假办法>的决定》经由国务院第198次常务会议通过，从2008年1月1日起施行。办法规定，除春节长假之外，清明、端午、中秋增设为国家法定节假日，各放假1天。

所以说，这一次关于民族传统节日与国家法定假日的新规定具有划时代的意义，是一个了不起的举措，是我们的国家日历演变历史中的一个新的篇章。

二

回想起来，在这么长的时间里，我们不仅没有把民族的传统节日确定为国家的法定假日，就连给了假期的春节也有自己的坎坷的命运。

我们通常说"过年"，是指一个既往的时间周期结束，一个新的时间周期开始，这个过渡的关节，就称之为"年"。可是农历改为西历纪年的时候，新的一年要从1月1日算起，属于农历的"新年"的称谓被借用来称呼西历的1月1日，这样一来农历新年便没有了称呼，仿佛一顶帽子被别人借戴了之后自己变成了光头。对于这样一个重要的关节，总要有一个称呼，于是，就把"春节"这个称呼派给了正月初一，但是广大民众并不买账，说到"过年"，往往指的还是农历的新年。

正月初一历来被我们认为是一元复始第一天，所以，又称为"元旦"。既然改历了，那么，"元旦"这个词也同样被西历的1月1日占用，而农历的正月初一就再没有自己的名称了，现在，只好被大家称为"大年初一"，或者"正月初一"。唯独年末的腊月三十这一天，因为在传统生活中有非常多的事情要做，我们特地把这一天叫"除夕"。公历的12月31日，没有什么特殊的"故事"，于是"除夕"的名分总算"硕果仅存"地保留下来。

三

不管怎样，春节作为民族传统节日还有相应的假期，其他的民族传统节日就没有这么幸运了，虽然也相当重要，但却全然没有列入国家假日。

一些节日逐渐被年轻一代淡忘,进而在文化心理上产生了两代人之间的某种隔膜。老年人感到缺失,从而引起怀旧的情绪;年轻一代则要寻找其他机会满足和展现他们的情感与心理需求。

我们的节日体系如何在假日体系中得到体现,或者说,假日体系如何正确地、合理地把节日体系中的重要部分纳入,这对于整个社会生活是十分重要的。把节日体系和假日体系协调起来,关乎大家的心理状态,关乎大家的情感,也关乎整个和谐社会的构建和民族情感的认同。让有历史传统、有深厚文化积淀的民族传统节日在我们的假日体系中得到体现,这是大家都感到必须解决的一个问题。

四

构建和谐社会是当今社会生活中一个非常重要的主题。而传统节日对于我们整个社会的每一个成员来说,都具有非常重要的意义,这不仅仅是休息,它远比休息更加重要。在这些特殊时刻,人们会用一种非常态的心理对待自己的生活、对待周围的人、对待我们生活在其中的社会环境和自然环境。

与有些民族的节日体系是以宗教纪念日作为核心不同,我们民族传统节日的重要特征在于,这些节日是以协调我们和自然的关系为核心而建立的。不仅二十四节气是这样,我们的民族传统节日也大都是这样。

所谓和谐,首先要心情舒畅,在自己内心和谐的同时,也要和周围的人、和家庭、和自己所在的单位、和自然环境建立亲密的关系。只有这样,我们才能够说,生活在这样一个世界是快乐的、是幸福的,我们才有前进的内在力量。而民族传统节日一旦被纳入国家日历当中,作为公众的假日,它的意义就由隐性的变为显性的,被整个社会所关注,成为全社会的公共时间。而这个公共时间作为一种资源，可以发挥很大的效益。

一切传统只有在对今天或者对未来具有重要意义的时候，它才获得了价值，我们才努力地去保护它，爱护它，传承它。

五

说到节日的具体含义，我们每个人都有切身的体会。

每到清明的时候，我们总要怀念故去的亲人。过去，清明是迎接春天的节日，人们走到户外，到大自然的怀抱中，去体验人和自然的亲密关系。踏青、游乐成为清明鲜明的主题之一。当然，在清明时节，人们还要怀念故去的亲人，总要到亲友的墓地上去扫墓。中华民族提倡的是慎终追远，继承先人的优良传统，享受先人所创造的一切文化成就，感念革命先烈为我们创造的美好生活，所有这一切都成为我们过清明的重要主题。

每到端午，我们总要到有水的地方去，有条件的还要划龙舟，进行龙舟竞赛；还要喝雄黄酒，佩戴香包，系五彩丝。这些优良的传统在新的历史条件下，获得了新的意义，它在人们的情感培育方面，在人际关系的和谐建构方面，都发挥着特别重要的作用。

中国人对待月亮有极特殊的情感，这种情感是其他民族少有的。每当八月中秋，皓月当空，举头望月，人们情不自禁地要联想到自己的亲人，联想到家庭、家族，联想到自己的亲友，联想到家乡、故土、祖国。这种情感是那样的浓烈，那样的温馨。无论你走到天涯海角，每到这时，都会有一种眷恋故土、眷恋亲人的美好情愫。这样的节日，我们有了充裕的时间度过，有了闲适的心情来欣赏圆月，来净化我们的心灵，来提高我们的情操，难道不是很好的事情吗？

和谐社会的构建需要从许多事情做起，从一点一滴的小事做起。我们的节日正可以为此提供助力。我们民族的传统节日体系是那样的有情趣，内涵极为丰富，象征体系同样极为丰富。

我们的每一个节日不仅有相应的活动，而且它的象征物、象征符号也是多种多样的。大家现在印象深刻的是它的食物特征，但此外还有更多的象征符号。过年有过年的植物，南方人要买一盆橘树，象征着吉祥。许多人家要摆几枝蜡梅、几盆水仙，迎春开花了的地方或许会欣赏迎春花的清丽和它的淡香。清明，在许多地方，人们会折几枝柳枝来纪念这个节日。端午，自然是艾蒿和菖蒲当令。到了中秋，桂花也就成了大家津津乐道的植物，连饮料也都使用桂花酒。重阳登高的时候自然要采几枝野菊花。至于衣物、配饰，每个节日也各有不同。当然，其他的象征也都是丰富多彩的。这样一个节日体系对于我们来说，实在是十分可贵的。我们感念我们的先人所给予我们的这份恩惠，这是一笔极为可贵的遗产。

应该说，这一次国家日历改革，最根本的中坚力量是广大民众对传统节日的关爱和对民族优秀文化传统的眷顾。正是广大民众的强烈愿望才催生了国家日历的重新制定。它的重大意义，在今天我们或许还难以说透。我想，在今后的若干年里，重新成为法定假日的四大传统节日以及其他一系列民族传统节日，会越来越显示出自己的无穷魅力和深远意义。

原文载于:《领导之友》2008年第2期。

我们需要重建对自己节日的情感

"洋节"曾作为一种时尚被追逐

有一段时间，人们对"洋节"热衷，很多人也许未必对"洋节"有很清楚的了解，仿佛这是一种时尚，如果不这样做的话，就觉得是落后于潮流。出现这种情况是多种原因造成的。

曾几何时，我们的传统节日好像被遗忘了，甚至有一段时间遭到贬斥。这期间，外国文化引进，影响了人们的价值观，造成这些强势经济国家的文化也变成了强势。强势的文化，就会成为一种时尚，被许多人追逐，追逐久了，就会改变人们的价值观。

当然，在看待"洋节"时，我们也不是要贬斥"洋节"或者过"洋节"的人，而是强调我们要特别尊重自己的传统节日。在相当长的一段时间里，很多人都对我们自己传统节日的历史丰富内容和它悠久的渊源，以及相关的庆祝活动都不甚了解，更为可惜的是对这些节日的情感渐渐淡漠了。

实际上，我们的节日和"洋节"比起来有更丰富的内容和情趣，为了让这些节日发挥更重要的作用和更好的功能，需要我们以更虔敬的态度、更为真挚的情感来善待我们自己的传统节日，欢度这些节日。对待自己节日的虔敬，是需要我们重新恢复的，要重建这种情感。

我国传统节日文化的显著特点

我们的传统节日同其他一些国家以宗教纪念日为核心的节日体系有极

大的不同。这种历史积淀的群体性的庆祝活动，其核心功能在于认识自然，亲近自然，协调人与自然的关系，促进家庭和睦、民族团结、社会和谐，培育人们美好情操，发扬乐观向上的进取精神。

传统节日是民族认同的重要元素之一，同时，也是民族文化身份的标志。

传统节日，作为非物质文化遗产的一个重要组成部分，也和其他非物质文化表现形式一样，在整个人类社会进程中，具有共享性的特点。在今天的国际环境中，文化共享与文化主权问题之间存在着比较复杂的关系。

我们的传统节日体系是我们对世界文化多样性发展的有益贡献。在国际对话中，在人类文化多样性发展的问题上，并不都是持肯定和赞成的态度。然而，这显然是人类文化不断丰富、健康发展、持续前进的必由之路。

原文载于:《人民论坛》2008年第8期。

让咱们的春节红火起来

传统节日，是中国文化不可分割的重要组成部分。

千百年来，中华民族的传统节日体系在人民生活中占据着重要地位。其中，作为新旧两个时间周期过渡点、后来被改称为"春节"的新年，在人们的心目里尤显重要。

然而，过去相当一段时期，我们对传统节日并不重视，甚至还有些淡漠，在确定国家休假制度时，并没有注意把民族传统节日当作整个社会的公共时间资源加以充分利用。

这样做，从民众角度说，历史传统的文化情怀得不到正常的充分的抒发；从行政角度说，具有悠久历史的民族传统节日，没有在国家假日体系中受到应有的重视和给予恰当的安排。这种可以在多方面发挥重大社会效益和文化效益的公共时间资源被白白地浪费了，甚至在一定程度上影响到文化传承、情感认同、民族认同，从而成为广大民众心中的一个不大不小的郁结。

好在这一切都有了改变，有了一个好的开端。去年12月7日，《国务院关于修改<全国年节及纪念日放假办法>的决定》经由国务院第198次常务会议通过，已于2008年1月1日起施行。办法规定，除春节长假之外，清明、端午、中秋增设为国家法定节假日，各正式放假1天。

请不要小看这个举动！这个规定对于弘扬中国传统文化具有划时代意义，是一个了不起的历史性举措。传统节日作为广大民众极为重要的日常生活方式的组成部分，在家庭生活、人际关系、社会生活当中都能发挥巨大的作用和功能。所以，让春节这一最具代表性的传统节日红火起来，其好处起码有以下诸项：

其一，让春节红火起来，可以促进家庭内部和社会的和谐与团结。因为传统节日具有重人伦、重亲情、重礼仪、重和谐的特点，显著体现着中华民族优良的传统伦理和礼俗，有浓厚的人情味，几千年来，已经成为维系中国社会人际关系的重要情感纽带，可以在构建和谐社会的进程中发挥重要作用。

其二，让春节红火起来，能够显著体现民族文化特色。因为广大民众通过传统节日，同民族的历史进行着无声的对话和情感的沟通。传统节日可以增强民众对于民族文化传统的记忆，从而更加尊重和热爱自己的民族文化。

其三，让春节红火起来，所具有的丰富内涵和多姿多彩的表现形式以及节日的无穷魅力，不但可以增强我们的民族自豪感，同时，也能强烈地影响其他民族对中华民族特色文化的认识和关注。

其四，让春节红火起来，有助于道德和情操的培育。节日期间，人们处在非常态的心理状态下，这时候，在举止言行各方面进行自我约束，对于人们道德情操的提升会产生积极影响。而且，传统节日还是对现代快节奏生活的调剂，是有丰富文化内涵的休憩，像年节这样的"过渡"本身既是对昨天的总结，也是对明天美好生活的畅想、期盼和筹划。节日能够使民众产生对和谐社会和美好生活环境的热爱和依恋，使有情趣的生活和安居乐业的幸福感落到实处。

其五，让春节红火起来，是集中展示广大民众民族艺术才能的最好时机。人们在节日里彼此欣赏，互相竞赛，互相借鉴。通过节日活动，社群内部的组织协调和团结合作都能得到淋漓尽致的发挥。

以春节为代表的传统节日，作为一种载体和复合性的文化表现形式，居于非物质文化遗产框架的核心地位，很多非物质文化遗产的精粹都附丽在、展现在完整的节日活动之中。

我们的传统节日不仅具有这些极为重要的社会功能和文化功能，而且应该说，这些节日具有悠远的渊源和丰富的内涵，深入人心，长盛不衰，是民族历史的记忆，是民族情感的寄托，是人们无尽的欢乐和永恒的向往。

我们的传统节日同其他一些国家以宗教纪念日为核心的节日体系有极大的不同。这种历史积淀的群体性的庆祝活动，其核心功能在于认识自然，亲近自然，协调与自然的关系，促进家庭和睦、亲族团结、社会和谐，培育人们美好情操，发扬乐观向上的进取精神。

这些节日在一年的周期中具有严整的分布，循环往替，成为错落有致的体系，而且内涵丰富，多彩多姿。无论是在植物符号方面（春节的梅花、水仙，清明的柳枝，端午的菖蒲、艾蒿，中秋的丹桂，重阳的菊花）、食物符号方面（春节的饺子、年糕，上元的元宵，端午的粽子，中秋的月饼），以及居室装饰和衣物配饰符号等方面，都各具特色。在不同节日里，还伴随着各自特有的色彩纷呈的艺术表现形式和诸多竞技和游艺项目（旱船、秧歌、龙灯、高跷、拔河、赛龙舟）。严整的体系，丰富的内涵和无与伦比的多姿多彩，使具有悠久历史而延续至今的民族传统节日历久而弥新，装点着、美化着我们的生活。节日是生活之树上的鲜艳夺目的花朵，节日是社会群体及其每一个成员心中永远唱不完的美妙的歌。

好的，那就让我们的春节红火起来吧！

原文载于：《人民日报》(海外版)2008年2月18日第4版。

传统节日是民族文化身份的标志

我们的传统节日同其他一些国家以宗教纪念日为核心的节日体系有极大的不同。这种历史积淀的群体性的庆祝活动，其核心功能在于认识自然，亲近自然，协调人与自然的关系，促进家庭和睦、亲族团结、社会和谐，培育人们美好情操，发扬乐观向上的进取精神。

这些节日在一年的周期中具有严整的分布，循环往替，成为错落有致的体系，而且内涵丰富、多彩多姿。无论是在植物符号方面（春节的梅花、水仙，清明的柳枝，端午的菖蒲、艾蒿，中秋的丹桂，重阳的菊花）、食物符号方面（春节的饺子、年糕，上元的元宵，端午的粽子，中秋的月饼），以及居室装饰和衣物配饰符号等方面，都各具特色。在不同节日里，还伴随着各自特有的色彩纷呈的艺术表现形式和诸多竞技和游艺项目（旱船、秧歌、龙灯、高跷、拔河、赛龙舟）。严整的体系，丰富的内涵和无与伦比的多姿多彩，使具有悠久历史而延续至今的民族传统节日历久而弥新，装点着、美化着我们的生活，是广大民众心中一首永远唱不完的欢乐之歌。

出生在同一个地方，说同一种方言，我们就彼此认同为"同乡"，就多了一层亲近感。具有相同的民族成分、相同的国籍、相同的文化背景，我们彼此认同为"同胞"。特别是在异文化的环境中，同胞之间就会有强烈的亲近感，认同感。作为中华民族的子孙后代，我们在许多问题上还有共同的价值观。看见红颜色，我们想到喜庆；听到锣鼓声，我们就激昂振奋；中秋时节，举头望月，就会在内心里油然产生对亲人和故土的拳拳思念。

这些情感是其他民族的人们所没有的。这里包含着我们群体的价值观，这也是我们民族认同的标志，它具有一种内在的力量，使我们在情感上产生一种向心力。传统节日尤其具有这种强大的精神力量。

在其他民族看来，我们的传统节日也是我们民族文化身份的标志。在国外许多城市的唐人街，每逢佳节，海外侨胞都要举行庆祝活动，体现出我们的民族自尊心和自豪感。这时，通过这些仪式和活动，我们民族的文化身份就会鲜明地显现出来，作为重要的民族文化符号昭示于其他民众。

原文载于：《文汇报》2008年4月4日。

同时载于：《时代教育》2008年第11期。

追溯端午内涵及起源

在我国第一次将传统节日端午节作为法定假日首次来临之际，我们将怎样过好端午节？端午节列为国家节假日有何内涵寓意？中国民俗学会会长刘魁立今日做客人民网，以"成为法定假日的端午节"为题与网友进行交流。

在访谈中，有网友问道："大家都知道每年要过端午节，而能把端午节真正的传统意义说得出来的可能不是太多，特别是当国家把端午节等一些传统节日列为国家节假日，而这其中的内涵和意义凸显了什么？"

刘会长结合中华民族的传统节日，分析指出，我们在过我们自己传统节日的时候，会逐渐越来越多地来恢复我们对这些传统节日内涵的认识，这样我们过起我们自己的节日就更加有情趣，也更加有意义了。

端午节，也许我们大家第一个印象是纪念一位伟大的诗人，纪念一位爱国主义的典范，纪念屈原，这大概是多数人会立刻想到的，但是，如果就端午节的起源来说，我想这一点是不够的。

端午的午是中午、晌午的午，是天干地支中的十二地支的那个午，端午实际上是说中夏的时候，也就是农历的五月第一个午日，也就是五月五日，这个端午意味着什么，我们二十四节气当中有一个非常重要的节气就是夏至，夏至在阴阳学说里面意味着阳气发展到极点。从夏至开始阴气萌生，如果按时间的情况来看，夏至是这一天白天最长，晚上最短。到了冬至，就是夜最长，而白天最短。这是我们在安排、衡量我们一个时间周期，这一年当中两个很重要的标志，就是日影的标志，此时，根据阴阳学说来说，阳气特别旺盛，已经发展到极点，而阴气逐渐上升，我们要调整自己和自然的关系。因此，我们要做非常多准备、防范，防止阴气对我们造成各种危害，所以，我们要喝雄黄酒，要治五毒，保护我们的健康。

端午节除了其他意义之外，还有防毒保健这样一项功能。后来，为解释吃粽子、赛龙舟这些习俗，于是，就有了纪念屈原等学说。我们的节日传统是我们和自然关系调整中间的产物。这一点在端午节这个节日中体现得最强烈。在这个过程中，我们会逐渐增加许多节日的活动内容，这些节日活动的内容除了有祭祀性质之外，还有需要游弋性质的，如踏青、登高，使我们生活的幸福感能够落到实处了。另外，在这个节日中，人们彼此之间的问候，调整彼此之间的关系，也是这个节日可以发挥重要作用的时刻。

原文载于:人民网-文化频道 2008 年 6 月 6 日,原题为《并非只祭屈原 刘魁立追溯端午内涵及起源》。

从传统节日到法定假日——泛谈端午节

编者按：2008年6月6日10时，中国民俗学会会长刘魁立远程做客强国论坛，以从传统节日到法定假日——泛谈端午节为题与网友进行在线交流。

访谈摘要

在节日里，我们的情感是平和的，而且我们的道德是可以提升的，在这个时候，人和人之间的关系更加和谐，更加协调，彼此尊重。在这样的情况下，我觉得它是处于一种并非常态的一种状况，所以，人们的心情特别好，我们对于我们自己生活的那种幸福感也得到了体现，应该说，民俗传统节日对于我们来说十分重要。

饮食在节日当中是一个重要的内容，大概在整个世界所有民族的节日体系当中，饮食都占据着相当重要的地位，包括政事宗教节日也是占据相当重要的地位的。

我觉得过端午节一是要亲近自然，爱护自然，保重自己，爱护我们周围的人，爱护我们中华民族，这个时候，我们特别尊重文化，在各自岗位上做出我们可以做好的事情。

访谈全文

传统节日的地位越来越重要

【刘魁立】尊敬的人民网的各位网友，你们好！现在，马上就要到端午节了，我们会就端午节这个话题和大家进行一些交流，对我来说，这是非常荣幸的事。

【强国一派】感觉这几十年传统节日的气氛越来越淡，您觉得是什么原因？

【刘魁立】现在，大家似乎有这样一种感觉，仿佛在最近的这段时间里，我们对传统节日的感觉是越来越淡了，我个人以为这样一种感觉或许对于城市里面的青年人来说是可能的，但是在乡村的许多同胞们这种感觉未必这么强烈，因为这些年大家仍然保持着对传统节日非常坚定，同时富有情感的这样一种态度，而这样一种态度正说明大家对于传统节日是非常重视的，尽管在我们整个国家体系当中，并没有安排我们传统节日的位置。

现在，这个节日已经被纳入我们国家的法定假日体系当中了，我觉得这个是我们大家共同保持对于传统节日这种怀念和关注的一种结果。应该说，我们和自己的传统节日关系十分密切，但是在我们的国家政治生活里面，它始终没有占据它应该占据的地位。这个时间也相当久了，更早的时间是在1912年的时候，孙中山有一个临时大总统的历书令，规定引进了西方的纪元办法，这些使得我们长期使用的夏历，我们现在通常所说的农历就处在非常危急的地位，到了1928年的时候，甚至于明令禁止使用我们传统的节日。到了1929年过春节的时候，许多人卖年货都被查抄，以后，我们传统节日的地位就更加使我们所有的国人感觉到不满意。因为在整个的国家制定的假日体系当中，始终没有安排我们的民俗传统节日的位置。过去，在我们的传统节日当中，只有春节还有那么很短暂的假期。平时，我们很多的民俗传统节日都没有按照规定给予休假。所以，到现在，我们的党和政府应广大民众的要求，听取广大民众的呼声，在我们的国家法定假日当中纳入了我们民俗传统节日，给它相应的地位，我觉得这是改变历史的创举，它的意义非常非常重大。它在这样一个国际要求文化发展多样化的背景下，同时，也是我们在建设社会主义精神文明的过程中需要发挥传统文化可能发挥的重要作用的这样一个背景下，显然，我们的传统节日完全可以发挥应有的那种威力。

我们的传统节日应该说确实有非常重要的社会功能、道德教育功能、和谐社会建构的功能。在节日里，我们的情感是平和的，而且我们的道德是可以提升的，在这个时候，人和人之间的关系更加和谐，更加协调，彼此尊重，在这样的情况下，我觉得它是处于一种并非常态的一种状况，所以，人们的心情特别好，我们对于我们自己生活的那种幸福感也得到了体现，应该说，民俗传统节日对于我们来说十分重要。现在，党和政府应广大民众的呼声，确定了这样一种办法，在我们的整个国家的法定假日体系当中，纳入了民俗的传统节日，包括清明节，马上要到来的端午节和中秋节，这就使得我们的生活更加丰富多彩，使得我们中华民族的多民族的文化富有色彩的和非常多的情趣的文化得到一种发扬。这确实是一件值得高兴的事情。我想，它的意义也许今天我们未必能说得清楚，但是随着时间的推移，这些节日会发挥非常重要的作用。

饮食是传统节日的重要符号

【登泰山而知小鲁】在全球化的时代，如何继承与发展传统文化？

【刘魁立】全球化对我们来说的确是不可回避的现实，特别是经济一体化的这样一个趋势也是我们必不可免。但是文化如何发展，或许是另外一回事，什么标准化，什么趋同现象，对于文化的发展来说可能未必是很好的一种方向，文化发展一定要多样性才能使我们的世界变得丰富多彩，文化发展才能有动力，假定我们只是一个模式，这种强势的经济，强势的军事，同时创造一种强势文化，文化发展就会枯萎，整个世界就会变成灰色的，我不认为文化发展必须走一条只是强势文化，统领整个人类文化这样一条路。

【猫儿眼后的虎眼】为什么中国的传统节日都离不开吃？是不是和宗教信仰有关？

【刘魁立】饮食在节日当中当然是一个重要的内容，大概在整个世界所有民族的节日体系当中，饮食都占据着相当重要的地位。但是，我们的节日体系的许多符号，我们没有很好地把它挖掘出来，在我们的心目当中让它占据特别显赫的地位。比如说，我们的节日在植物方面的符号，这个体系也非常丰富，这是别的民族难以和我们相比的。比如说，春节的时候，在南方要养橘树，而这个习惯也流传到其他的国家和民族，比如说，日本同样在过年的时候也要吃橘子，养橘树。我们其他的节日植物也非常清楚，比如，端午这个时候有菖蒲、艾叶，比如，到重阳节大家也要采茱萸。在佩饰方面，我们也有很多的习惯，我们其他的佩饰符号也很清楚，这些符号和我们在饮食方面的符号是一样的，应该说，我们的符号体系，节日的符号体系是相当丰富的，不仅仅是饮食。

端午节最早出现在中国

【一天一地一广仔】对韩国人一直在争夺端午节，搞端午节世界文化遗产那一套怎么看？

【刘魁立】韩国人申报了江陵端午祭，它的内容和我们的端午节的节庆活动多少有些差异，韩国这些同行们，他们也很清楚，端午这个节日的来源最早还是出现在中国，我想文化本身有一个特点，就是非物质文化遗产有一个特点，就是它的共享性，这也像我们同胞，一些商家在过国外的其他民族的圣诞节的时候，也要做一些表示，把圣诞老人的形象摆在门前作为广告，我想，这种共享性的特点在我们身上也会体现出来。对于他们申报了非物质文化遗产，我个人感觉，他们实际上是把我们中华民族的这样一个传统，做了相应的民族的处理之后，他们也获得了这种中华民族所创造的文化的恩惠，这对于我们中华民族来说也是一种荣耀。

我想，还有一个特点，就是当另外一个民族吸收了我们的文化的时候，他们说明了来源，这也许对于我们来说可能会激起一种光荣感，我不认为我们因此而受到了某种屈辱。比如说，我们的佛教，实际上，我们对佛教所做出的贡献也是非常重大的，包括我们在汉民族地区所有的这种信仰，或者是像藏传佛教，有许多改造，但是它的起源并不在我们中国，我想，只有我们所有的民族都贡献出自己的民族文化创造之后，这个世界才变得丰富多彩。各美其美，美美与共，我们的世界才变得丰富多彩，才能够说我们人类文化是一个非常绚丽的百花园。

保护非物质文化遗产，这是我们世界各个民族都应该尽的责任，也是我们创造我们人类文化，使人类文化能够有一个多样性，这是一个关键，也是必由之路。我们每一个民族都应该做出自己重大的贡献，我想有他们这次申报，会加强我们对自己民族文化的尊重和保护的决心。我想，像我们的传统节日，这么丰富多彩，这么美好，而且这么有情趣、有价值、有意义，应该得到我们的保护，我想，像这样的许多项目都应该得到全世界的公认，而且应该成为世界整个人类的一种遗产，让大家共同来关注。

传统节日不会被人民遗忘

【中国的怒吼声】中国是多民族国家，如果把汉族的民俗节日定为法定假日，您认为其他民族同胞接受度如何？

【刘魁立】我们中华人民共和国是一个多民族的大家庭，各个民族友好相处，彼此尊重，我觉得在大多数民众庆祝自己的传统节日的时候，我们的许多少数民族的群体，我们这些手足兄弟，同样应该过自己的民族传统节日，比如说，许多民族过自己的三月三，这些在地方法规里面已经有了相应的规定，我觉得这些民族传统节日，同样应该受到尊重，也应该有相应的庆祝时间，这一点我相信在许多自治区、自治州、自治县都有相应的规定，我也希望大家能够关注我们少数民族兄弟同胞在这一方面的权利。

【登泰山而小鲁】你是远程访谈吧，跟非物质文化遗产有关吗？

【刘魁立】我现在应浙江大学的几位教授的邀请在浙江大学做一个关于非物质文化遗产的学术报告，但同时应临浦镇的邀请到临浦镇做田野考察，这里是西施的故里，大家对于这个非物质文化遗产特别关注，这里有西施的一些古迹群，当地的群众对西施也特别地喜欢，而且得到了很好的传承。

【潜水听】我觉得过节的时候许多民俗，甚至包括很多都很有意思，可是现在为什么越来越被人们忘记了呢？

【刘魁立】民俗是一个传统，在整个社会不断前进的过程中，我们会有非常重要的一些传统，但有些传统也可能由于各种原因，其中，包括比如人为的原因、自然的原因，它会被我们遗忘。但是到了一定的时候，它也会召唤人们回忆起这种传统给我们的益处，使我们能够重新恢复这些传统，让这些传统在我们建设新生活的道路上发挥它可以发挥的作用。正像传统节日这样，被遗忘了，或者是被冷落了一百年之后，现在，我们的党和国家又特别地关注我们人民群众的这种节日体系，使它能够在我们整个的社会生活中仍然占据重要的地位，我想这样一件事情说明，只要对我们有益处的，对未来建设有帮助的这些传统，一定会得到我们尊重的。我想，民族文化的复兴也许指日可待。

我们在节日中调整我们和自然的关系

【村夫遥星】能否理解中华民族的传统节日为中华文明的基础？

【刘魁立】我想，把它说成是基础的一部分，或者是组成部分之一，也许并无大错，但是说是中华文明的基础，这个或许言过了。节日体系是我们整个生活，叫作日历当中的重要组成部分，因为我们除了工作，除了我们要创造之外，同时，还要提高自己的情操，还要有情趣，还要在我们的劳作之余体现我们自己的价值，这当然都会借助于节日体系的，同时，节日体系也调整我们和自然的关系，应该说，我们自己的传统节日体系和国外许多民族的传统节日体系不一样，就是我们一个特点是我们在节日当中调整我们和自然的关系，我们的这个节日体系创造，都是反映人和自然关系的，这一点其他国家是很难和我们中国相比的。我们的这些节日，无论是清明也好，端午也好，中秋也好，春节也好，都是构建在这样一个非常好的基础上。国外的许多民族，他们是以宗教纪念日作为核心的，这个就很难和我们比了。所以，把它说成是节日，我们的节日体系是我们中华民族整个文化，或者叫基础文化中的一个组成部分，我觉得这个话并不错。

传统节日会更加有情趣有意义

【海阔任我游】大家都知道每年要过端午节，而能把端午节真正的传统意义说得出来的可能不是太多，特别是当国家把端午节等一些传统节日列为国家节假日，而这其中的含义和意义凸显了什么？请刘会长结合中华民族的传统节日，做些分析和回答。谢谢！

【刘魁立】这个问题问得很好，我想，今后我们在过我们自己传统节日的时候，会逐渐越来越多地来恢复我们对这些传统节日内涵的认识，这样我们过我们自己的节日就更加有情趣，也更加有意义了。说起端午节，也许我们大家第一个印象是我们在纪念一个伟大的诗人，纪念一个爱国主义的典范，纪念屈原，这大概是多数人会立刻想到的。或许这种感觉不错，但是，如果就端午节的起源来说，我想这一点是不够的。因为我们都知道，端午的午是中午、晌午的午，是我们地支中的那个午，端午实际上是说中夏的时候，也就是农历的五月第一个午日，也就是五月五日，这个端午意味着什么，我们知道在我们二十四节气当中有一个非常重要的节气就是夏至，夏至在阴阳学说里面意味着阳气发展到极点。从夏至开始阴气萌生，如果按时间的情况来看，夏至是这一天白天最长，晚上最短。到了冬至，就是夜最长，而白天最短。这是我们在安排、衡量我们一个时间周期，这一年当中两个很重要的标志，就是日影的标志，这个时候根据阴阳学说就是阳气特别的旺盛，已经发展到极点，在这个时候阴气逐渐上升，在这个时候，人们要调整我们自己和自然的关系，因此，我们要做非常多的准备，非常多的防范，在这个时候，我们要防止阴气对我们造成各种危害，所以，我们要喝雄黄酒，所以要治五毒，所谓五毒过去以为壁虎、蛤蟆等等是有很大毒的一些动物，实际上，它们的毒也许并不大，但是，当时我们的先祖们是这样认识的，这也是对于那些节气的一种代表而已，在这个时候，我们采取各种防范的措施，实际上是保护我们的健康。应该说，端午节除了其他意义之外，还有防毒保健这样一项功能。后来，比如说在吃粽子、赛龙舟这个过程中间，我们需要找到非常合理的、非常有趣的，而且简明的说法来解释我们这些习俗，于是，就有了纪念屈原等这样一些学说。刚才，我讲了我们的节日传统是我们和自然关系调整中间的产物，这一点在端午节这个节日当中体现得最强烈。在这个过程中，我们会逐渐增加许多节日的活动内容，这些节日活动的内容除了有祭祀性质之外，还有需要游弋性质的，现在，我们踏青，登高，除了保健之外，还有一种游弋的性质，我们让生活的幸福感能够落到实处了。

另外，在这个节日当中，人们彼此问候，调整彼此的关系，也是节日可以发挥重要作用的时刻。

原文载于:强国论坛-嘉宾访谈2008年6月6日。

非物质文化遗产保护在行动：
从传统节日到法定假日

非物质文化遗产，曾经在相当长的一段时间内是被冷落的，是一个边缘话题，很少作为一个主流话题或者作为一个热门话题被大家关注。那么，我想，从传统节日成为法定假日这样一个很具体的题目说起，讲我们现在所从事的非物质文化遗产保护的整体性工作。

关于时间制度

关于时间制度。大概在每一个人的一生当中，都有自己的日历，比如，我们都会记住自己父亲母亲的生日，在这个时候，我们会想用一个比较特殊的办法来度过这一天。对一个家庭、一个村庄来说，也是如此。同样，对一个民族，或者对于一个国家来说，也有这样的日历安排。在这样的情况下，我们来分析作为一个中国人怎样来安排自己的时间制度。

在辛亥革命以前非常长的一个历史阶段里，国家不必特别安排农耕社会的休息假日。假日体系在相当的程度上是由老百姓自己来决定的。可是社会发展到一定时期之后，就出现了另外一种情况，国家明令来安排许多全民必须共同遵守的时间制度，形成了一个国家的法定假日体系。

传统节日被冷落

国家对传统节日实行的政策，使得我们整个假日体系和节日体系完全不能相合。这表明，在过去比较长的一段历史时期里，我们的传统节日被冷落了。

回溯到一百年前，在辛亥革命推翻帝制之后第一个所谓没有皇帝的日子里，孙中山发布了《临时大总统历书令》，引进公元纪年的办法，对国家时间制度做出了新的规定。引进来之后的阳历和过去我们所使用的夏历，出现了彼此不相合的情况。

1928年，在国民党执政过程中，内务部给国民政府递了一个呈文，这个呈文要求废止过去的夏历，采用国历。1929年，许多地方查抄卖年货，绝对不许百姓过年。百姓毕竟有对于传统的深厚眷顾，根本不理睬这个办法，照样过自己的年，所以，这个所谓废除旧历的呈文实际上也变成了一纸空文。这个情况一直延续很久，直到新中国成立的时候，1949年12月，新中国的政务院也发布了一个命令，规定了国家的假日制度。当时的假日制度，放假除了"十一""五一"再加上元旦之外，还有一个假日就是春节。"文化大革命"时期，国务院发布了一个命令，叫作应革命群众的要求和革命形势的需要，春节不再放假，过一个革命的春节，所谓革命就是不放假了。即便是在特殊的情况下，大家仍然还是按照自己的传统来度过自己的节日，尽管在假日体系里没有位置。

这件事情，在很长一段时间，没有一个下文。"文化大革命"结束之后，没有任何一个明令要撤销原来国务院的通知，后来就自然而然地恢复到"文化大革命"前春节要放假的安排了。

传统节日的价值与功能

在所有这些假日体系当中，居然没有传统节日的位置，也没有人特别的顾及这个民族传统节日对于我们究竟意味着什么？要是回顾一下整个节日体系的话，我们就知道它们在我们民族文化建设的整个长期的历程当中发挥着非常重要的作用。

在节日中，人处在一个比较特殊的心态中。在这个时候，人们都会特别关注自己的精神面貌，特别关注人与人之间的关系，特别关注自己整个生活的进程。

过年或者过节的时候，我们的智慧体现得特别明显。比如，到灯节的时候，要扎灯笼。比如，过年了，要准备窗花，要做面食，要做出很多很精细的面食，特别像北方，如山西、陕西蒸出非常漂亮的花馍，将花馍做出像老鼠、刺猬、龙等形状。在这个时候，还有许多的表演，人们的才艺表现得特别突出，人与人之间的关系也会变得非常和谐。这些都说明节日对于我们来说意义特别重大，它实际上是一个民族凝聚的黏合剂。

比如，除夕这一天，我们要把祖先请回来，要拜民族的先祖，还要给我们的父母亲磕头。实际上，我们是把天、地、人间所有的力量都集合起来，来度过这个非常的转变。同时，也期望我们在新的一个时间周期里能够非常顺利，收获非常多的成果。所以，我们的传统节日，对于我们整个人生、整个家庭，都是非常重要的。

对传统文化的重新定位

在这样的情况下，我们再看过去冷淡了这么多年的节日体系，到今天为止才正式纳入我们的假日体系当中。这种转变，如果要非常认真分析的话，是一个非常重要的转变，这种转变意味着我们对于传统文化的一个重新定位。

过去，也许我们并没有特别关注传统节日体系的来源和它们特殊的性质。一旦我们把自己的节日体系和国外许多民族的节日体系相比较，我们就会发现自己的节日体系的特有价值和特有性质。在国外，特别是在基督教体系当中，他们是以耶稣基督的诞辰及其信仰体系当中的关键性时刻，作为他们节日体系当中的一个核心。但是，我们的节日体系则不然，它是以我们和自然界的关系来确定的。这个决定性因素，使得我们的节日体系变得特别的珍贵。天人合一的思想，不仅仅是一个思想，它体现在一切非常具体的事件当中。

比如，端午节。端午在某种意义上似乎不像清明那样特别的明显，但是，端午也同样是我们和我们的生存条件，和自然关系所产生的一个节日。夏至这一天，日最长，阳气发展到最极端，阴气开始逐渐萌生，而且变得越来越强大，于是，阳气越来越弱。这个时候就出现了一个问题，我们必须防范阴气对阳气的侵害。所以，有了所谓五毒来防范这些东西，用艾蒿和菖蒲作为药来防范这些侵害，包括喝雄黄酒、戴荷包。所有这些，都是针对我们和自然的关系引发出来的。而且那个时候，夏至和端午挨得非常近，正像清明和上巳节、寒食节非常近一样，它们逐渐地合二为一。端午节就变成了这样一个保健、防毒、搞卫生的节日。

同样，其他节日也带有我们和自然关系的这种性质。因此，我们的节日体系，完全有权利成为我们假日体系的重要组成部分，因为这对于整个民族来说，不仅是一种历史的记录，同时，对于民族的成长也是非常重要的。

非物质文化遗产保护热潮的兴起

我们的节日体系，实际上是非物质文化遗产一个非常重要的组成部分。非物质文化遗产的保护绝非是出于个人意愿，它是历史的必然，是新的历史时代的一种特殊需求。在这个时候，如果我们不这样做，实际上，我们就没有应时代召唤，完成这样一个必不可少的社会任务。

今天，非物质文化遗产保护变成热潮。然而，现在出现了一些新的情况，而这些新的情况让我们做出许多新的思考。这些情况是什么呢？整个世界的变化让我们处在一个非常困难的文化发展环境里。没有一种文化自觉，那种强势文化就会把我们逐渐吞噬掉。

国内也有这样的一种情况。比如，城镇化，城镇化发展趋势非常快，不仅它的硬件，而且它文化内涵的变化也非常迅速。这些情况对于非物质文化遗产的保护有非常大的冲击。我们面临这样一个难以继续下去的特殊历史时代，非物质文化遗产的保护工作，实际上处在一个两难的情况下。一方面，我们要把自己民族文化传统延续下去，要让传统文化仍然在社会主义精神文明建设中很好地发挥作用。另一方面，我们又不知道怎样发挥它的作用。所有这些问题都摆在非物质文化遗产保护工作者的面前。各位将来有机会参与这项工作的话，一定贡献自己的才智，让非物质文化遗产保护的工作能够健康发展，在我们整个社会主义精神文明建设中发挥更加重要的作用。

原文载于：《浙江大学报》2008年10月10日第4版，本文系作者2008年4月25日在"浙大东方论坛"的演讲稿，由倪迪飞、唐媛根据录音整理，有删节。

孟门年俗文化感言

尊敬的主席，各位先生，柳林县及孟门镇的各位领导：

刚才，李润林书记说"跑遍千山万水，唯有柳林最美"。我想加上一句，叫作"过了一年又一年，孟门过年心最甜"。为什么这样说？因为在这两天的孟门考察中与乡亲们共同过元宵节，感受特别的深。

在柳林县孟门镇刘家圪达村考察的过程中，我了解了一些情况。他们从1986年开始到2005年，仅仅20年，变化很大。这个村40户人家，共180口人，其中农户人口130人，在1986年，人均有10株树，到去年，枣树、果树、木材树加在一起，人均150株。过去人均收入非常少，可现在人均每年4000元，这里边包括造树的、出外务工的，出外务工大概有2000元。他们在经济条件、历史条件，甚至文化环境完全变了之后，仍然保持着这样一种传统的年俗，我就觉得值得特别的珍爱和尊重。过去是什么情况呢？用当地的顺口溜说："地下没挖的，地上没抓的，来人没夸的，出门没花的。"所以，就下定决心，改变自己的环境，叫作"钱多办大事，钱少办小事，没钱栽枣树"。于是，就有了这样一个比较大的转变。而这个转变，实际上并没有妨碍他们对于自己的文化传统的继承。刚才，柳林文化研究会常务副会长王还成先生在这里做介绍的时候谈到一句话，叫作"谁家来客不留餐"。过去，刘家圪达的群众也有一句"来人不敢留，留下就发愁，喝水还要自己挑"。可是现在呢？现在是"来客都敢留，留下不发愁，有酒有饭有纸烟，想住几天住几天"。住下好了，我这里还有黄河宾馆。所以，我就想，在这样一个变化当中，能够像我们看到的，保持了那么一个丰厚的民俗、年俗，保持了那么好的传统，我就觉得这里的乡亲有非常值得可敬的地方，非常值得钦佩的地方。

我自己感觉到，在我们这个人类知识的体系里边，应该看到，不仅仅是我们通常所说的正规教育的那一部分。正规教育成果当然应该被我们吸收，被我们称赞，这是人类智慧的结晶，我们通常把它叫作正规教育。但是，如果设想一下的话，一个孩子从生下来就让他学习什么物理、化学，包括现在的电子科学等等，他活得好吗？我们人类知识体系可分为两个大的部分：一个大的部分就是学校教育，就是书本教育；另外一部分就是口传心授，代代相承的这样一部分教育，我们把他叫作民俗文化也好，民间文化也好，总之，不是用文字作为载体的这样一部分知识。我们平常吃饭、穿衣、种田，我们平常的生活几乎都是这个知识的积累，这个知识的结晶。非常奇怪的是，过去我们填表的时候，我们要填一项叫作"文化程度"，那里边填的是"大学、中学、小学"，那么，连小学没上的叫作没文化。昨天，我们去看孟门村剪纸的老人宋桂英，她如果填表的话填没文化，可是我们吃的、用的，甚至于我们对美学的感受都是从这些人来的。那些所谓有文化的人是靠这些没文化的人来抚养的、来培育的，如果这样来看，究竟是谁没文化？所以，我觉得在我们人类知识体系里有两个大的部分，这一个大的部分就是靠口传心授这样一种方式来继承的，那么，这些知识对我们来说就是非常非常的重要，所以，为什么现在无论是国家、知识界都大声疾呼，要保护非物质文化遗产，我觉得这是一个非常重要的决策，或者说对我们民族来说是一个非常非常关键的问题。

我从我们这两天的"走马观花"中有这样的体会，我们的年俗或者扩大一点，在我们的节日体系里，我就说，我们中华民族的日历有非常深厚的文化内涵。假定国外的节日，它的宗教色彩、宗教性质已经成为它的核心价值的话，那么，我们的节日体系，我们的日历，它是我们与自然打交道的过程中的一个结晶，它是自然节律的一个反映。究竟这一年从哪儿断开，这是两个周期。我们从那儿把它划定，时间是一个渐进的发展，从一头到另一头是直线的，而且是不回头的，从那里把它切断。这样一种循环，我们从哪儿开始呢？所谓一元复始，万象更新，哪里是一元之始呢？这是咱们祖先的结晶，确定在腊月三十，就是除夕和大年的初一。我们节日的反映和以宗教为核心价值的节日完全不同，我们的节日反映的是我们自己在生活中间的那种需求，我们和自然界打交道的那种需求。

如果再看一看他的社会功能的话，那情况就更加有意义了。假定说外国人的节日有时候还会吸引我们青年人的话，那主要靠的是什么？靠的是个性的展现。有的时候，我说借别人的酒杯浇自己的块垒。圣诞节也罢，情人节也罢，或者感恩节，他们并不关心那一个实质、那一个内容，他们关心的是"噢，这一天我和我的朋友可以去聚会，可以去交友，可以展现我自己的内容、情感"。但是，看看我们节日的核心，初一这一天要吃团圆饭，初二开始我们要走亲戚，到初四、初五我们就要拜朋友，从家庭到亲属、到社会，到闹元宵的时候，我们几乎就变成一个和谐社会的展现。我们过去常常说我们的价值观不同，比如说，月亮，外国人看月亮只说"噢，我看见月亮了"。中国人看到月亮，无论走到哪里，总会想到自己的家，想到自己的亲人，想到自己的故土、家乡，总会想到自己的祖国，这就是我们和外国人的不同。我想，我们在过年的时候，这一种深沉的文化内涵和我们整个价值观，就是我们如何看价值，我们如何看故土，我们如何看祖国，和这个非常相关，它的底蕴是非常深厚的。

另外，在我们过年的时候，实际上也是我们针对现实生活来谈点预祝的这样一种国度，非常重要。别的民族我不知道，有几个民族我是比较熟悉一点的。他们没有像中国一样，我们是过两个年，不是我们所说的新年和旧年，而是由小年到大年。我们为什么把正月初一叫大年？为什么把腊月二十三叫小年？实际上，在某种意义上我们过两个年，而这两个年，我们如果盘算一下的话，从进入腊月开始，我们就总结过去的一年，这个总结的过程是漫长的。昨天在开幕式的时候，吕梁市成锡锋副市长讲道，年是一个时段，一下把过年的本质抓住了。年它不是具体的一个点，而是一个段。在这一段里，我们做点分析的话，它就是由忙年到过年，到闹元宵这样一个非常有层次的结构组成。

刚才说到"腊月汉子比马快"，但是，也说到腊月的"婆姨六月的汉"。六月大概收庄稼，比如，割麦子，那简直是最辛苦的时候。那么，"腊月的汉子比马快"是什么意思呢？除其他意思外，还有一个意思可能是躲债。我们说是总结、盘点，当然要债的人就像黄世仁派穆仁智也是来要钱的。要钱过去有个规定，我坐在这里坐等，等到什么时候？等到交子，即使我不赶你，对不起，你也得走，再不能要了，就是说从大年初一开始，已经是另外一个周期了。而这新的周期，它的主要内容就是对未来幸福的这样一种祈求。所以，我们要分析一下的话，我们的年除了信仰之外，他的本质还在于现实，而这里的所谓信仰的层面，我觉得就是避害趋利。

有的时候，人们会这样想，这都是迷信，为什么自己不想什么灶王而天天下地呢！那是"文化大革命"的事情，叫"过一个革命化的年"，什么庆祝都不要。我记得，我曾经在一个维修水利的地方，和乡亲们建造一个小水库。那时候也很有意思，为了让大家高兴，每人发半斤肉，人们管你革命不革命，拿了半斤肉回家过年去了。那么，实际上，我们想一想，究竟什么是信仰？是不是信仰就很糟糕。有的时候很奇怪的，就是我们一些行政部门的工作者，可能会感觉到，如果有了信仰，对我们的行政工作不关心了、冷淡了，但实际上未必如此。

我们自己感觉到，什么是信仰呢？我慢慢地有一点感受，就是信仰和我们做的实际的事情和我们的理想没有本质的区别。为什么这样说？我们所面临的现实，一个就是我们昨天经历的和现在正在经历的，这是现实。我在这里汇报自己的感受，各位呢，有同意的，有不同意的，这就是我们的现实。比如说，今天早上，我们大家吃过早饭，这是现实，但同时我们还有比这一个更深远的叫作理想。今天晚上可能还有篝火，我们都想去看，突然，我们感冒了，那么理想就不能实现了，当然，也还是现实的延伸。可是还有一种，就是我们的愿望，而且愿望可能建立在一种虚妄基础上的，这就是一种幻想了。那么，幻想以及所有的人，我们的乡亲过上非常美好的日子，我们这种幻想不是一下子能达到的，我们就想，是不是会有一种特殊的力量会帮助我们实现这个幻想。我们就想，可能是老天爷或者像我们的很多人，比如，北京的司机们都在自己的车前挂上一个毛主席像，说毛主席保佑我，我就永远没有交通事故，那是信仰，也是我们面对现实的另外一种状态。

另外一个情况，我说对待我们习俗中的信仰时，可能要十分小心，不要轻易地加上一个封建迷信的帽子。在非物质文化遗产代表作名录评审当中，就把关于信仰的这一部分去掉了不少，我对这些有些看法，希望今后有一个专题来讨论民间信仰。幸好国家宗教局过去的两个司现在变成四个司，其中第四个司专门负责民间信仰的问题。我觉得在这一方面，今后在大家的促进之下能够有一定的转变。这是我说的我们对孟门年俗中"拦门棍也好""把门炭"也好的一种感受。我觉得在孟门保持的这么好，而且呢，大家也非常尊重。如果再仔细看的话，孟门后冯家沟村在进到门前的时候，有两位老人拿着掸子给各位掸土，除了掸掉我们身上的灰尘之外，还要掸了晦气，掸掉一切邪恶，这就是信仰与现实非常有机的结合。

所以，讲到这里，我就想到民间文化的特点问题。它是一种浑圆的、它不可能从一种我们所说的认识对象那里抽出来，把它孤立起来，做不到的。比如说，孟门的剪纸，比如说，孟门的伞头秧歌，我们把歌词单独拿出来当作音乐去研究，我们把秧歌当作舞蹈去研究，把剪纸当作民间美术去研究。我们把其中剪的比如"福""寿"当作信仰研究。我们把这样一个活生生的事物分解开来，是等于把它扼杀了。我们怎么能把一个整体的浑圆的东西切开来对待呢？而我们这里保持得好，就在于这个浑圆性没被破坏。

另外，它也是共生的。我们都知道，许多现实的问题，比如说，昨天我们大家都看了孟门后冯家沟村的碾子和磨摆在那里，它肯定不是随便放的。如果仔细看的话，它上面写"青龙大吉""白虎大吉"，左青龙，右白虎，碾子是龙，磨是虎，所有的这些都是共生的一个事物，在一个文化空间当中，想到这些，我就觉得我们中华民族文化底蕴非常深厚。昨天，我们在孟门古街道转了九曲，我在那里特别地请教了我们的专家，横19根棍，竖19根棍，19×19＝361，象征着一年360天，这361里还有24个节气在里边标示着，实际上是把转九曲和我们度过的一年时间联系在一块，而这种期望是和我们整个年俗放在一块，是一个共生的现象，它是一个体系，是一个完整的结构，所以，从这样一些地方分析，我们孟门或者扩大一点到柳林、吕梁的年俗的话，味道就特别厚重。

另外，我自己感觉到单纯的要把年俗从我们整个节日体系里边、整个的劳作空间、整个生活方式中间拿出来的话，也可能认识得不够准确，也可能不够完整。那就应该在这样一个大的背景下，在一个时间空间，在这样一个整体的环境当中，甚至于在我们一年的劳作和一年的节日当中分开再来看年俗，也许我们看的就更加明白了。

对于年俗的关爱，对于它的记录，对于它的研究，是我们做民俗工作的人的责无旁贷的任务。向孟门、柳林的乡亲们学习，向柳林文化研究会的同志们学习，向柳林人民政府学习，学习他们关爱民俗文化的精神，把我们中华民族的优秀传统文化继承下去，这将是我们民族的希望。

本文系作者2006年2月11日上午，即农历正月十四日，在"中国首届黄河黄土高原柳林·孟门年俗文化节"期间举办的"中国传统年俗文化保护与发展"专家论坛上的发言，由柳林文化研究会会员、柳林县政协文史资料委员会副主任刘晋生根据录音整理，未经作者本人审阅。

原文载于：曹大斌：《中国首届黄河黄土高原柳林·孟门年俗文化节纪实》，山西省柳林县柳林文化研究会，2007年2月版。

同时载于：陈竟：《民心雕龙：黄河黄土高原年俗文化研究》，南京：江苏美术出版社，2009年12月版。

中国人的时间制度和传统节日体系

摘要：中国节日体系体现出中国人特有的时间观念，以协调人和自然的关系为核心而建立，由此形成的时间制度将不同的参照体系汇集在一起，互相补充，形成一幅纵横交错、多元混成的指示时间的线路图。中国人的时间制度和节日体系，蓄积着异常丰富的人生哲理和诗意内涵，对内促进和谐，增强认同，对外成为民族身份的标志，并曾在历史上对亚洲的一些民族国家产生过重大影响，显示出强大的生命力和文化影响力。

关键词：时间制度；传统节日；体系

中国人的节日体系是和中国人特有的繁复而有致的时间制度分不开的。中国的传统节日不仅坐落在时间坐标上，而且体现出中国人特有的时间观念，以及人与时间的密切关系。

什么是时间？哲学家说，时间和空间一样，是物质存在的形式，没有物质也就无所谓时间。而在我们一般人看来，时间是一个过程。物质的存在和运动，就体现在时间的过程中。我们在日常生活中所谈的时间具有两种含义：一是事件发生的时间点；二是事件发生历程的时间间隔。

时间仿佛是线性的运行历程，不断前进，不会稍停，也不会返回。时间总是需要参照物来表现，这是我们能够把握它的客观标志。然而，以时间的许多参照物而言，它又有像螺旋旋转一样的圆周式的周期性。人类要想从千变万化的自然界中找寻到发展规律，最先利用的参照物是太阳和月亮。从一次日出到下一次日出，我们称这一周期为"一日"；从一次月圆到下一次月圆，我们称之为"一月"。更长的时间周期，并不容易找到可以作为标志的参照物。我们的远古先人，看到谷物成熟在时间长度方面的相对固定的周期性，于是就称它为"年"，而这一周期又与季节变换的周期相吻合。最初"年"的写法，正是谷物成熟的象形。

为了使社会群体能有共同语言，能够互相交流和协同动作，人们从很早以前就开始探索制定共同的时间计算办法。历法的制定从来都是国家行政的大事。我们这里所说的时间制度，其核心部分正是就历法而言的（这里，我们单说夏历和公元纪年的所谓公历）。但它不止包括历法，还包括我们广泛使用的其他时间计算办法。历法之所以被称为"法"，时间制度之所以被称为"制度"，是因为大家都必须把它当作一种成规，加以遵守。

那么，我们现代中国人的时间制度是怎样的呢？我觉得，可以把它比喻成一个网络。在这个"网络"里，不同的参照体系汇集在一起，互相补充，形成一幅纵横交错、多元混成的指示时间的线路图。

先来说夏历。为什么叫"夏历"呢？是因为这一历法从4000多年前的夏代就被确定下来了，当时即以十二月的最后一天（晦日）和正月初一（朔日）为两个时间周期的交接点。汉代太初元年（前104年），汉武帝定太初历，沿用夏历，以正月为岁首。

然而，我们的先人发现，如果单纯以朔望月为参照单位制定历法有缺陷：平年12月，6个大月各30天，6个小月各29天，共354天。而一寒一暑的往来，谷物成熟的周期，所谓"太阳年"，大约是365又1/4天。两者相差11天多。于是就产生了置闰的办法。凡是闰年就多1个月，闰年13个月，过年仍在岁末的晦日，而新的一年仍然会从春季开始。在19年当中，设7次闰年。

这样说来，我们所遵循的夏历实际上是阴阳合历，是既参照了对月亮的观察，又参照了对太阳的观察而制定的历法。

其次，我们看一下干支纪年、纪月、纪日、纪时的方法。干支纪时方法一般认为始自两汉时代，十天干、十二地支依次交错组合，成为60个时间单元，通常称之"六十甲子"。这虽然不是我们今天现实通用的历法，但在实际生活中依旧有很多的应用，比如说，"子夜"（半夜12点）、"点卯"（早上6点）、"甲午海战"（1894年）、"戊戌变法"（1898年）、"庚子赔款"（1900年）、"辛亥革命"（1911年）等。

由此派生了一个变相的关于人生旅程的计时办法。十二地支以动物形象化，在地支纪年的基础上，地支某年所生的人就有了该年的属相。每过12年，对每个人来说，都会有一个所谓"本命年"。60岁则称为"花甲之年"。

为了准确反映一个对从事农业生产极为重要同时又准确标志寒暑往来规律的二十四节气的计时办法，人们又将一年365天平分为24等分，分别给予一个名称，如立春、雨水、惊蛰、春分等。古人很早就掌握了两分、两至这两个最重要的节气：春分、秋分（昼夜长短相等）、夏至（白天最长）、冬至（白天最短）。起初，名称与今不同，但在刘安的著作《淮南子》（公元前141年）中，就明确有二十四节气名称的记载了。各个节气（包括节气、中气）都以有明显的"物候"作为标志，即所谓二十四节气、七十二物候（一节气三候）。

我们的古代先人发明节气，把自然界的变化、动植物呈现的状态，以及我们人体内部功能的状态和变化都反映出来，而且相当准确：雨水，草木萌动；霜降，草木黄落；立秋，凉风至等。这些都是从人们对自然界的细腻感觉出发而形成的，体现出对于客观规律的准确认知，相当科学。

在时、日、月、年、二十属相、二十四节气等计时方法之外，还有刻、周、旬的时间制度。

北京故宫太和殿前的日晷，是利用一个表针所显示的日影的方向和长度来测定时间。古人还利用"漏壶"和"箭刻"，将一日切分为12等分，以地支（子丑寅卯……）名之，每个时辰又分"初"和"正"（例如，"子初"相当于现在所说的23时，"子正"相当于24时即0时）。也就是说，我们很早以前就将一日切分为24个时间单元了。

一周七日。金木水火土五星加上日、月等于"七曜"：月曜日（周一）、火曜日（周二）、水曜日（周三）、木曜日（周四）、金曜日（周五）、土曜日（周六）、日曜日（周日）。如今，韩国、日本仍如此称之。

我们看到，上面计时方法除掉参照系的不同之外，进位方法也有不同：30进位（月），7进位（曜日），12进位（地支、属相），24进位（节气），60进位（干支、甲子），当然，也还有10进位（旬）。

辛亥革命之后，孙中山先生发布《临时大总统历书令》，宣布自辛亥革命后第二年（1912年）始改历，按公元的计时方法来标志日月的进程，年号称"民国"。所谓"国历"也就是阳历、公历，把一年周期的开始放到阳历的1月1日，而且把原有大年初一的"元旦"的名称也强制地交给了1月1日。这种改历办法，以公历计时，早有先例，如日本明治维新的第二年也曾改历，实行公历。这种现今大多数国家通用的历法，即我们所谓的"阳历"，最早是由罗马儒略·恺撒大帝在公元前46年开始推行的，到了16世纪末由罗马教皇格利高里十三世加以改进而实行至今。现在，我们所说的阳历、公历，就是格利高里历。这种历法的实行，为我们与世界各国的对话交流提供了很大的方便。

以上体现在我们中国人身上的数种时间制度，各有其科学依据、计算方法和历史发展进程。表面上看来似乎是互不关联、彼此相悖的几种时间制度，在我们中国人的生活中是并行不悖、交错使用、互为补充的，形成了协调并用、多元而统一的时间计算体系。这个多元而统一的时间制度的网络就是我们中国人节日体系的背景。

传统的过年以及错落展现于一年周期中的诸多节日，如元宵节、清明节、端午节、中元节、中秋节、重阳节，以及一百年来已经为我们逐渐认知的1月1日的新年元旦、五一国际劳动节、十一国庆节等，排列有序，功能各异，宛如繁星闪烁于苍穹，放射出奇异的光芒，将我们的生活点缀得色彩斑斓、意趣盎然，体现着我们的自然观、社会观、道德观和价值观。而我们民族大家庭当中，各个兄弟民族更有自己丰富多彩的民族传统节日。在多元共生、和谐统一的时间制度背景下展现的民族传统节日，使我们对未来充满着美好的期望和为之奋斗的乐观向上的力量。

中国人是幸运的，有公历和夏历，于是，可以过两次年（新年和春节）、过两次生日。从这个意义上说，作为中国人，我们生命的旅程是充满情趣、充满诗意的。

中国人的传统节日体系与其他某些民族的传统节日有很大的不同。如果说有些节日体系是以宗教纪念日作为核心（当然，在设置这些宗教节日时，也不得不考虑要"挂靠"历史存在的民族传统文化），而我们民族传统节日的则主要是以协调人和自然的关系为核心而建立的。

比如，我们中国人和月亮有着特别亲密的情感关系，我们的一些节日和月亮的圆缺现象有关，这在西方文化中是很少见的。上元、中秋、除夕乃至七月七、腊八、腊月二十三，我们都会联系到月亮的状态。

我们的节日设置的深层寓意和功能，在于调整我们人类群体同自然的关系。这里我想说说清明节和端午节。

在二十四节气当中，清明节这一节气成为人们广泛开展的民族传统节日。清明在春分后的第十五天，是其后的第一个节气。阳春三月，万物萌生，天气清净而明洁，一切生物（植物、动物、也包括人），萌发出强烈旺盛的生命力，所以，有"少女游春"等说法。踏青、春游，同时祭扫，是相当普遍的节俗。直到今天，国内许多民族尚存有三月三歌墟和男女交谊之类的活动。而如果没有了夏历，把这个节日改放在阳历的3月3日，就会使它完全丧失了与大自然之间的亲和呼应关系。

四、五、六三个月为夏季，五月是仲夏之月。寅月为岁首（正月），卯为二月，辰为三月，巳为四月，五月即午月。午月午日，故曰"重午""重五"。午月午日午时（12时），日在中天，所以，端午节又有"中天节"之称。是时阳气盛极，阴气初生，故又称"恶月"。在这危机潜伏的重要关节，当然要小心过渡，平顺过渡。邪气萌动，当须避之。人们通过各种方式，如沐浴兰草汤、登高、采药、戴香包、系五彩线、龙船竞渡等，借助于艾、菖蒲、艾人、艾虎、艾旗、蒲剑、雄黄酒、朱砂等，以防五毒，以送瘟神。同样，如果没有了夏历，把这个节日改放在阳历的5月5日，也会使它完全丧失与大自然的密切关联。

中国人的时间制度和节日体系，曾经在历史上对亚洲的一些民族国家产生过重大影响，显示出强大的生命力和文化影响力。在此暂不展开论述，仅对这一时间制度和节日体系做如下几点概括：

（1）当孙中山先生废除夏历，称之为"废历"，同时，取消了一切传统节日的时候，似乎产生了这样一种错觉，即把西方—东方、现代—传统对立起来，同时，又与先进—落后联系起来，于是，"落后的"东方传统就必然要遭到被废弃的厄运。抛弃以阴阳合历为基础的传统节日体系，把传统节日改移到阳历，就使具有丰富文化内涵并且相当科学的节日体系"躯壳化"了。应该说，这是一段值得我们十分惋惜并且应该引以为戒的历史。

（2）从价值判断的角度，似乎可以将文化分为消费的文化和情感的文化。我们的节日体系深刻地体现着我们民族的共同情感。

（3）我们的节日体系是我们民族历史的积淀，蓄积着异常丰富的人生哲理和诗意内涵。

（4）我们的节日体系对内促进和谐，增强认同，对外成为民族身份的标志。

（5）我们的节日体系是中华文化对人类文化的重大贡献，它使我们更加亲近自然、保护自然。在提倡善待我们的地球的今天，这种贡献尤为可贵。

原文载于:《节日研究》2010年第1期。

提升民族传统节日的文化自觉
——访刘魁立教授

历经千年演变的中华民族传统节日蕴涵着极高的文化和精神价值，深入挖掘其丰富的内涵，不仅可以提高民族的凝聚力，还可以促进社会经济的发展和繁荣。然而，一个严峻的现实是，我国很多民族传统节日的气氛越来越淡，有些甚至已经名存实亡。本报记者就此专门采访了中国民俗学会会长、国家非物质文化遗产保护工作专家委员会副主任、"民族传统节日与国家法定假日"课题组组长刘魁立教授。

记者： 尊敬的刘教授，您好！请您谈一谈我国民族传统节日与国家法定假日演变的历史过程。

刘魁立： 在此前近一百年的时间里，我们对于民族传统节日一直持有淡漠的甚或是漠视的态度。1912年1月，孙中山先生签发临时大总统历书令，确定从当年的1月1日起改历。过去，我们惯用的农历也就是夏历，虽然依旧有效，但国家日历改为以西历（或称公历）为主，把西历称为"新历"，把农历称为"旧历"，新旧历同时并存。到了1928年5月7日，内务部又向国民政府呈送了一个要求废除旧历，采用所谓"国历"也就是西历的呈文。当时，有报道说，1929年的春节，一些地方政府居然动用行政手段，查抄卖年货的商家。

1949年12月，新中国的政务院发布270号令，对于《全国年节和纪念日的放假办法》做出了新的规定。当时，放假的节日有五一、国庆、元旦。很幸运的是在传统节日当中，春节仍然给假。总之，多年来，对于我们民族在历史中形成的传统节日，始终没有给予充裕的时间来度过。这样的状况到了2007年底才有了改变：2007年12月7日，《国务院关于修改<全国年节及纪念日放假办法>的决定》经由国务院第198次常务会议通过，从2008年1月1日起施行。办法规定，除春节长假之外，清明、端午、中秋增设为国家法定节假日，各放假1天。所以说，这一次的关于民族传统节日与国家法定假日的新规定具有划时代的意义，是一个了不起的举措，是我们国家日历演变历史中的一个新篇章。

记者：构建和谐社会是当今社会生活中一个非常重要的主题，而民族传统节日对于我们整个社会的每一个成员来说，都具有非常重要的意义，这不仅仅是休息，它远比休息更加重要。民族传统节日一旦被纳入国家日历当中，作为公众的假日，其社会意义是什么？

刘魁立：在某些特殊时刻，人们会用一种非常态的心理对待自己的生活，对待周围的人，对待我们的社会环境以及自然环境。与有些民族的节日体系是以宗教纪念日作为核心不同，我们民族传统节日的重要特征在于，这些节日是以协调我们和自然的关系为核心而建立的。不仅二十四节气是这样，我们的民族传统节日也大都是这样。

所谓和谐，首先要心情舒畅，在自己内心和谐的同时，也要和周围的人、和家庭、和自己所在的单位、和自然环境建立亲密的关系。只有这样，我们才能够说生活在这样一个世界是快乐的、幸福的，我们才有前进的内在力量。而民族传统节日一旦被纳入国家日历当中，作为公众的假日，它的意义就由隐性的变为显性的，被整个社会所关注，成为全社会的公共时间。而这个公共时间作为一种资源，可以发挥很大的效益。一切传统只有在对今天或者对未来具有重要意义的时候，它才获得了价值，我们才努力地去保护它、爱护它、传承它。

原文载于：《中国社会科学报》2010年2月9日第3版：春节特刊，本文由潘启雯整理报道。

春节是生活之树上迎春的花朵

到了腊月的最后一周，任何人都会听到新年迫近的脚步声，任何人都会为此而心动，大家都为准备新年愉快地忙碌着，在忙碌中体验着愉快。事有凑巧，今年大年初一正赶上西洋的情人节，有人问我有什么看法。我以为，把不同民族的传统节日拿来进行比较是非常危险的事，因为它们都是各自民族情感的充分表达，是不能分出上下高低的。

我们的民族传统节日体系像一首完美的乐章，它的组成严整而和谐，是一个经我们民族先人祖祖辈辈设计得井井有条的系统：清明是春夏交替的关节；端午在仲夏之月，阳气盛极，阴气萌生；中秋则是一个丰收的黄金节；而过年正好在冬春之交，是两个时间周期交替的最重要关节。这样的设置，难道不真的像是一首完美和谐的乐章吗？

在节日里，我们不仅积蓄着内在的精神力量，调整着心态，期盼着未来，而且还会和家庭、和社会协调着关系，友善相待，携手奋进，更不要说我们还通过节日与自然相亲善、相协调，在节日中，我们把自己、把自己的情感和行为同家庭、同社会、同自然联系成为一个整体，这该是多么宏阔而深邃的设计啊！

有些民族的传统节日体系，往往是以宗教纪念日作为基础和核心而设置的。情人节最初是为纪念圣瓦伦丁神父而设立。这位神父不顾朝廷的禁令，在教堂替有情人主持婚礼。今天，我们的年轻人关注情人节，是因为可以找到一个由头，去和自己的朋友或心爱的人相会交谈、表达情感。这当然无可厚非。当此时刻，在我看来，把已经化为中国魂的一部分，既显示我们民族情感也标志我们文化身份的大年初一同外来的情人节相提并论，是不合适的。

在我们节日的大系统中，年俗本身又成为一个独立的严整体系。俗话说，"进了腊月便是年"，喝腊八粥的习俗在相当多的地方仍然很好地传承着，它奏响了迎接新年的第一声。现在，随着城市化的进程加快，越来越多的人成了上班族，人们已不能再像农耕社会那样按照自己意愿安排时间。即使在农村，生活节奏也变得比过去疾速，同样，也不能像过去那样慢条斯理地"忙年"了。可是，到了腊月的最后一周，任何人都会听到新年迫近的脚步声，任何人都会为此而心动，大家都为准备新年愉快地忙碌着，在忙碌中体验着愉快。

促进家庭和谐、社会和谐作为过年的重要功能之一依然存在，人们无论离家多远、身居何处，总要千方百计在除夕之前，赶回家里和家人团聚。过去，腊月二十三要送灶王爷上天，如今很多人家里，已经不再供灶王了。这一习俗渐渐淡出了多数人的生活，但是在人们的观念里，祭灶还被当作意味深长的历史记忆保存着，有的人还会买上几块灶糖尝尝鲜，以满足那种怀旧的情感。写对联、蒸馒头、杀猪、杀鸡、糊墙、糊棚、理发、洗浴，以及做新衣等诸多忙年的事项，都不再需要排进我们的日程表了，然而，我们却要为另外一些新事操心：买贺年片，写新年贺词，发给亲朋好友。家里还不免要准备些糖果，选购一些送给亲友的拜年礼物，甚至还要添些新衣服、新器皿、新家具等等。

有几件事要比平时做得更加仔细和特别认真，那就是整理和美化居家环境，准备新年食品，换言之，依然还是要以一个新的人、新的家、新的心情，来迎接新的时间周期的到来。过年的这一本质性内核依然存在，促进家庭和谐、社会和谐作为过年的重要功能之一依然存在。所以，人们无论离家多远，身居何处，总要千方百计在除夕之前，赶回家里和家人团聚。

我们的节日体系，特别关注时间交替的关节点。除夕交子时刻，就是一个极其重要的关节点。这一刻既不是昨天，也不是明天。它意味着旧的时间周期的结束和新的时间周期的开始。用民俗学的术语说，就是"阈限"，它像一个门槛，既不是门里，也不是门外。迈门槛儿需加小心，不然会摔跟头。在交子时刻度过年的关节，也需要多加小心。在过去，我们要请神，要祭祖，把各方面的力量都动员起来，平顺地度过"年关"，迎接新的一轮时间，期盼更大的收获，期盼来年的幸福吉祥。现在，迎神活动已经渐渐淡出，祭祖仪式也变得简单，但是吃年夜饭、除夕守夜，仍不可免，依然奉行如仪。

节日是文化认同、民族认同、国家认同的重要标志，是生活之树上鲜艳夺目的花朵，是社会群体及其每一个成员心中永远唱不完的美妙的歌。大年初一以后，到亲友家去拜年，似乎不像过去那样事必躬亲了。但是，至亲和挚友还是要到家里去看望的。有些象征例如像压岁钱，渐渐少了些象征含义，多了些实际意味。可是有些象征，依然还被人们保留着，其中，也许增添了现代的谐趣：交子之前，垃圾是向外扫的；过了交子，垃圾要向屋里扫，说是"财不外流"，过了"破五"，垃圾才又恢复自己的身份，可以被扫出屋外了。可见习惯的势力是顽强的。

"正月十五闹元宵"体现着年俗由家庭转向社会。灯节无论在过去还是在今天，都是社会的大联欢。人们用吃元宵来迎接新的时间周期的第一个圆月。顺便说一句，节庆时期的相关食品也都有重要的象征意义。平时，我们也都吃饺子、吃元宵、吃粽子、吃月饼，然而，除夕的饺子，正月十五的元宵、端午的粽子和八月中秋的月饼，和平时同样的食品意味是全然不一样的。节日食品承载着人们另样的情感。有的人说，现在年味儿节味儿淡了，仅仅剩下了吃。于是，称端午节、中秋节为粽子节、月饼节，这当然是一种误解。正月十五闹元宵，祖国各地办灯会，北方烧旺火，南方表演"秋色"，许多地方舞龙、舞狮，踩高跷、扭秧歌，办各种花会，全社会积极参与，共庆佳节，充分体现着人们美好的祈愿和生活的欢乐。

节日是什么？节日是休闲，但比休闲更重要；节日是广大民众展示美好心灵和表现艺术才华的舞台；节日是提升美好情操和培育丰富情感的熔炉；节日是社会群体和谐团结的黏合剂；节日是历史和文化传统的积淀和再现；节日是民族性格、民族文化的集中展示；节日是文化认同、民族认同、国家认同的重要标志；节日是这一切以及其他的总和；节日是生活之树上的鲜艳夺目的花朵；节日是社会群体及其每一个成员心中永远唱不完的美妙的歌。

原文载于：《光明日报》2010年2月12日第9版：文化遗产。

我们的节日，我们的歌

  大家都知道一首歌，叫作《月亮代表我的心》，我想，这样的歌词大概只有中国人才唱得出。外国人（比如欧美人）对它所表达的感觉也许比较陌生。在我们中国人的观念中，随处都体现着我们同自然的紧密关系。比如，我们在指示方位时，往往说"东、西、南、北"，而较少用"左"和"右"。从节日体系看，欧美一些民族在观念中似乎也离自然界远了一些。我们的节日体系和其他民族有一个非常本质、非常鲜明的区别，我们的节日体系总是以我们和自然的关系作为基础。伊斯兰教、基督教的节日体系，都是把宗教人物（也许是神，也许是人）的纪念日作为节日体系的主干。

  我们的节日像一首乐章，协调和丰富了我们每个人以及整个社会的时间制度。在这个时间制度当中，我们的节日是那么得体、那么协调、那么有节奏，让我们感觉到我们的生命是那么丰富多彩，我们的社会是那么和谐，我们和自然界一年四季的变化进程步调合拍，自然界也变得熟悉而亲切。我想这样一个特点可能只有中国人才有。

  我曾经问过很多外国人：你们看到月亮会是什么感觉？他们说好像没什么感觉，有的时候也许有感觉，可能会感到有一点晦气或恐怖。大家设想一下这样的情景："一个似黑不黑的夜晚，一弯冷月挂在天边，在黑夜背景下的一个屋脊上，一只黑猫走过去。"这大概就是他们对月亮的感受，多少会让人有一些凶险或邪恶的联想。中国人则不然，中国人看到月亮，特别是看到中秋的圆月，都会联想到自己的家乡、自己的亲人，联想到自己的故土，联想到自己的童年。所有这些都说明我们和自然有另外一层充满深情的关系。我们的节日大都是这样一种情况。

比如，"拦街福"，大家在一段时间里，一条街一条街地举行祭祀性活动，既是各家各户的祈愿，也是对外的展示和祝福。我以为这是我们本地的乡亲在二月初一（新年过后的第一个朔日），面对生活中可能会出现的各种问题和不测所做出的主动反应。在这个时候，无论是在自然界或者社会生活中，或许会有天灾人祸。在这种情况下，人们不免要向大自然打招呼，向大自然表示我们的一种祈愿。当然，这同时也会把自己的精神力量激励出来、动员起来。

我想，在许多情况下，其他一些地域性的节日安排，性质也是如此，也是表达我们同自然界、同社会群体的协调关系。有人会提出问题：是不是这种信仰会妨碍我们对现实生活的积极态度？我想未必。因为人们表示自己心愿的同时，也会非常认真地在现实生活中做出自己的努力。比如，母亲因为孩子有病到庙里去烧香，但回来同样要到医院。人们不是简单地"听天由命"，对外界屈服，而是在祈愿的同时，也在做着非常现实的积极努力。此外，还有精神力量的动员。

在一次意见征询会上，有位官员说我们现在保护非物质文化遗产还要取其精华、去除糟粕。针对我们的传统文化，也许这个提法本身没错，但它的含义总会让我们有点心冷，总会联想到曾经在那场民族文化劫难中的境况，我们都知道这句话语被利用来彻底否定我们民族宝贵而丰富的传统文化，我们都知道它曾经起到过怎样的恶劣影响。现在，在探讨非物质文化遗产保护的时候，当然是指传统文化中优秀的核心。在会上，我们当中的一位学者站起来说，当把文化遗产保护工作当作主要议题的时候，我不大明白为什么还要强调"精华"和"糟粕"。其实，这就像"武松打虎"，昨天武松打死老虎，他会披红挂彩骑着高头大马游街，人们都说他是英雄；今天你打一只老虎试试，肯定把你抓到拘留所。昨天看来是精华的，今天也许是糟粕；昨天看来是糟粕的，今天也许是精华，认为它仍然有存在和可能发展的空间和余地。我们现在看到的像祈福这样的事情，我们天天都在做。比如，我们说"祝各位身体健康"，难道不是祈福吗？过去，我们习惯喊"万寿无疆"、喊"万岁"，难道不是祈福吗？

过去，我们有许多个体性的节日庆祝活动，比如，在家里的祭灶，还有祭祖、请神等，都是个体性的，通常是家族内部的活动。现在，像"拦街福"这样的活动一下子拿到了另外的场合，变成社会性活动，我觉得这实际上是整个社会动员起来去面对他们可能遇到的许多问题。这一活动由来已久，在今天这样的历史条件下得到恢复和提倡，更是适应时代发展之需。

"传承与创新"这个问题仿佛是一个悖论。当我们说创新的时候，我们就很难讲完整意义上的传承保护；当我们说传承保护的时候，我们就会对创新产生一种怀疑。究竟我们是保护还是要改革、创新呢？在悖论面前，仿佛让人无所适从。当我们说保护的时候，实际上，我们总是希望它在某一个时间节点上的状态能够呈现在今天，而且保持永远。当我们说发展、创新时，我们实际上是面向未来，在这个情况下，要问究竟我们保护的是什么？我们怎么样才能比如说对一个节日进行保护？在这个悖论中，我们怎么才能走出怪圈呢？我希望和大家共同在脑子里画一个图，姑且把一个节日说成是一条直线发展的。我们知道，它实际上并不是一条线，它有一个面积，由于内部的原因，这条线可能这里粗些、那里细些。在发展过程中，可能不是均衡的，它或细或粗，在不同时代，它会出现这样那样的问题，会有这样那样的发展、变异、削弱。比如，清明节最初是一种换火种的活动。我们的先祖在认识自然、适应自然的过程中，发明了火。火的宝贵性大家都知道，在有些部族习俗记载中，一个家族的火种都是由一位最重要的老祖母负责保护的，火种的旺盛意味着家族的兴旺。在这种情况下，火种像生命一样也需要更新，每年都要更新。这样的观念一直到宋代还存在着。宋代诗人有诗云："无花无酒过清明，兴味萧然似野僧，昨日邻家乞新火，晓窗分与读书灯。"在发展过程中，清明节后来又加上了绵山介子推的传说。这是节日自己的变化，是内部变化。我们也看到还有外部影响，是社会历史等客观因素对节日的影响。比如说，辛亥革命是一个影响。诸如此类的问题都属于节日本身以外的客观因素，它们对非物质文化遗产都有一定的影响。这样，就在刚才我们画的那条粗细不等的直线两侧，在左边和右边又出现了一些代表强力历史影响因素的箭头。于是，我们看到这条直线受左右箭头的制约，变成了一条曲线。

我们再来看要保护什么？就节日而言，我们姑且把它比作一个图形，是正方形或者其他几何图形。有些人在谈非遗保护时，喜欢用一个词，叫"原生态"，认为要保护文化遗产的"原生态"。我理解的原生态可能有三种情况：第一种理解，在某一非物质文化遗产事象发生时的状态；第二种理解，现在我们能够恢复记忆或者重新建构的某个时间的状态，有可能是我们认为它比较丰满的那种状态；第三种理解是，在当今社会历史条件下，依然现实存在着的自然状态。到底哪一种才算是原生态呢？真的很难说。我们继续来画图。比方说，认为某个项目的原生态是正方形的。前面所说的三种理解，无论哪一种都无所谓，都可以把它比作是正方形的。实际上，在它发展的过程中是不是永远是正方形呢？其实，它在历史上发生了很多变化，每一个时代都在变化。如果以一个民俗史的过程来认识这个项目的形态的话，它时时在变，由正方形渐次演变，比如说，变成平行四边形，而后变成菱形、椭圆形或者其他的各种各样的形状，今天它已经变成圆形了。今天的圆形是从其他形状变化来的。对这个变化的过程，如果用保护"原生态"的说法，我们要保护这个节日，究竟要保护它的哪一个阶段才算是真正的保护呢？是原来的正方形还是椭圆形？这样看来，问题变得复杂了。究竟保护和发展、传承和创新是什么关系？说保护原生态就无所适从，不知该怎么做了。但是我们还是要对它进行保护，于是，就产生了一个问题：保护什么？

每一个文化遗产项目都有一个最根本的、最基质性的东西存在。这就是这一事项的基本性质、基本结构、基本形态、基本功能和人们对它的基本价值判断。这些基本的东西制约着这一事项的发展变化。到今天它虽然已经变成圆形了，但它依然和原来的正方形保持着最本质的关联。这样看的话，我们把上述五个基本另外定名，叫作"本真性"。以我个人的理解，文化遗产保护实际上是保护文化遗产的本真性。

我们必须考虑到事物是发展的，如果切断了发展，把它限制在某一个时间节点上，那么，我们的保护就不再是科学意义上的保护，因为那样保护的仅仅是某一个时代的形态，而事实上发展的因素始终贯彻在每一个非物质遗产事项上。因而，我们就要特别关注事项自身的发展。现在，我们遇到的是另外的问题：我们中国经历了一个为期不算短的、对文化发展而言不算很正常的历史阶段，使我们部分地丧失了关于传统文化的记忆，造成了非常多的难题。比方说，"拦街福"，现在把它恢复起来，社会条件改变了，人们不愿也不可能原样搬来，这当然和它自然发展下来有很大不同。我举个例子，北京过年的风俗中有一个重要的项目是逛庙会，重要的标志性庙会之一是厂甸庙会。有一个关于厂甸庙会的漫画最有表现力，突出庙会上大长串的冰糖葫芦，还有风车。今年政府下令，说是由于安全、交通等方面的原因，干脆把它挪到一个公园里去。我到琉璃厂去看，完全没有人，非常冷清。我感觉到不像其他人所说的搬家了，迁移到公园去了，实际上是原来公园就有，现在规模弄大了一些，这等于取消了厂甸庙会。取消了厂甸庙会，北京上上下下无论是有关官员还是普通百姓，都感到非常失望。以我个人愚钝的看法，迁移庙会的理由当中或许还有经济方面的考量。庙会的摊位费是竞拍的，一个小小的羊肉串摊位大概两米宽的地方竟然拍到十几万。门票涨了，两块钱的羊肉串在节日期间卖二十块，据说拍到十五万的今年有很多的盈利。有一句我们大家都熟悉的名言："一个幽灵在欧洲徘徊。"这里我想改用一下，取反面的、否定的意思来说："一个幽灵在地球周围徘徊，那就是钱。"有时，经济的考量也在一定程度上改变着我们传统节日的本真性，使它不能健康地传承。

通过大家的共同努力，通过广大民众对于现实生活的幸福的追求，中华民族的优秀文化传统一定能够健康地延续下去，成为整个人类共同的宝贵文化财富。

原文载于：温州大学学报（社会科学版）2010年第6期。

端午将近聊聊佳节

"我们的生活和其他的国家比较起来，更加有情趣，更加有诗意。哪个国家一年当中过两次年？过阳历，又过阴历？"6日上午，中国社会科学院荣誉学部委员、中国民俗学会理事长刘魁立教授做客市民文化大讲堂，畅谈"当代中国人的时间与节日"，在端午节前让市民提前感受到了节日的气氛。

刘魁立说："中国人的节日安排得那么错落有致，真的就好似一曲乐章。我们的节日核心是人类和自然的关系。时间制度的计算有几千年的历史，尽管它非常复杂，但是在我们看来特别容易把握，比如说，午前、中后、子夜时分，这些我们已经习惯到不必再特别地注意，还有阴历、阳历的计算方法，我们不必那么费心，我们已经得心应手，非常有意思。体现着我们中国人对于人类的一种文化贡献。"

关于节日对人类的意味，刘魁立认为无论从身体还是精神上都非常重要，他举例说，清明是春天的节日，叫作暮春三月，也是阳春三月，就是春天已经发展到一个非常繁盛的时期，在这个时候，庄稼该种的已经种了，正是一切生命最旺盛的时候，人也是如此，人的身体的各方面也发展得最好，人的情绪也最好，慢慢地这个节气成了一个假日。此外，中国还有其他几个节日也都在这个时候，比如，三月三，许多兄弟少数民族那里都还过三月三，这是大家交朋友、谈恋爱、唱歌、游春、郊游最好的时刻。节日的气氛随着今后我们生活的前进会逐渐变化，内涵也会不断丰富起来。

人们不断在每个节日中加上新元素，丰富节日，使得我们的节日有了自己的信念，忠、孝的含义等。而这些东西对于培育情感、树立道德标准都非常重要。

该怎么看中国端午节和外国端午节的关系？刘魁立说："端午节是我们全民的节日，几千年来，我们端午节的基本性质、形态、观念、价值没有变，基本上和最初的内涵一致。但是在韩国不然，他们的端午节和水没关系，和龙舟赛没关系，和伍子胥、屈原没关系，和自然没关系，他们变成了一个演义，实际上，和我们的端午节已经完全不是一回事。但是，别的国家也过端午节，我们也不必有太多的想法。当我们把一个民族的节日国际化，变成整个人类的财富的时候，因为我们的文化被别人接受，正像我们许多年轻人也过情人节、圣诞节，我想，这对于推进整个人类文化的发展是一件好事。"

原文载于：《深圳商报》2010年6月7日第C01版：文化广场，本文由《深圳商报》记者王光明整理报道。

中国人的时间制度与传统节日体系

编者按：今年的中秋及国庆放假安排颁布后，人们已经纷纷开始憧憬并安排这段假期。从年初到年底，我们每年都会随着时间的推移经历不同的节日，给生活增添了许多色彩。中国人的节日，在一年四季里安排得那么错落有致，好像一曲美妙乐章。在中国，节日体系和时间制度有着密切的关系。自节假日改革后，很多传统节日成为国家法定假日，对我们的节假日产生了深远影响，节日体系的变化，成为我们认识传统的一个新契机。

阅读提示

我们的节日核心是我们自己和自然的关系，通过人与自然的关系做系统的时间安排。

我们是不是可以提出另外一个问题？换一个方式来思考公共时间。假日作为一种资源，不仅可以在经济上取得效益，也会在文化、社会、生活等各个层面上收到效益。

我们的节日有很多健康的，鼓励着我们向前走，充实我们的生活，使我们拥有幸福感的因素。我们因为有了这些节日，因为有了这些节日里面非常有意义的仪式性活动，生活才变得特别有情趣，我们的幸福感才变得特别实在，我们人和人之间的关系才变得特别和谐。

节假日改革——时间制度的转变

中国的节日自古以来就和时间制度联系在一起。我们作为中国人非常幸运，我们的生活和其他的国家、其他的民族比较起来，更加有情趣、更加有诗意。哪一个国家会在一年当中过两次年？哪一个民族会像中国人这样一年过两回生日？正因为有这样一些非常有意思的安排，所以，我们的生活变得特别有诗意，我们整个生活的旅程也显得特别快乐。如果与外国人的节日比较，我们会发现，国外的节日大部分是以宗教人士的纪念日作为核心的，随意性就比较强。而我们对节日的安排，不是以个人的纪念日作为核心，我们的节日核心是我们自己和自然的关系，通过人与自然的关系做系统的时间安排。

三年前，关于节假日的改革，实际上是一百年来我们时间制度的一次极其重要的转变。原来我们所实行的历法通常叫作"夏历"，是肇始于夏代的，以12个月为一个周期，正月作为新时间周期的开始。到了商代，按统治者的规定，周期提前了一个月。到了周代，起始点又提前了一个月，就是以11月的初一，作为一年之始。到了汉代恢复夏历，特别是到了唐宋时期，这种历法逐渐成为全国性共同奉行的时间制度。过去，我们也称夏历为"农历"，或者又叫"旧历"。

1912年，也就是辛亥革命的第二年，孙中山先生颁布《临时大总统历书令》，规定废止通行了数千年的"夏历"，实行中华民国"国历"，就是通常所说的"西历"或"公历""阳历"。国号变了，年号也变了，叫作"民国"多少多少年。这种变化和过去历代皇帝改历几乎是一样的。从此，按新历法，一年是从1月1日开始的，这之后的一段时间曾经"新历"和"旧历"并存。在新旧并存的时间里，春节等一些传统节日已经不放假了。到了1928年、1929年，为了实行新历法，有的地方居然动用行政手段在一些地方查抄卖年货的商家。这个办法实行之后，民族传统节日在整个假日体系当中就逐渐失去了地位。到1949年新中国成立以后，我们当时的政务院

（现在叫国务院），也颁布了一个制定假日的办法，里面只规定了春节假期，而其他的民族传统节日仍然被忽略了。

"文化大革命"时期又发布了一个正式命令，说为了适应革命形势的发展，为了满足广大革命群众的要求，春节以后不再放假。于是，大家都抓革命、促生产，在这个时候叫过"革命的春节"，不许放假。"文革"结束后，大家又照样去过自己的春节了。

春节很幸运，在我们的国家假日体系里面仍然存在，但其他的节日就没有这么幸运了，差不多一百年来几乎没有给清明、端午、中秋这些非常重要的节日一个真正的法定假日，民众也很少过这些自己非常钟爱的传统节日。

说起来很有意思，包括春节在内的很多假日，虽然给了假期，但也存在一些问题。大家都知道，原来的所谓新年就是指我们的正月初一，"正月"就是新一年的开始，新的一个时间周期到来。可是后来，"新年"这个名字挪到了所谓公历的，或者我们通常叫作阳历的1月1日去了。春节没有了名字之后，我们就几乎没有办法去称谓它。于是，想了一个办法，春节变成了"二等公民"，好像"节"就比"年"要小一个等份。此外，连"元旦"这个词也被挪到1月1日去了，原来我们叫作"大正"或"正日"，又叫作"正月初一"，还叫作"元旦"，因为是一元复始，第一个早晨，所以就把它叫作"元旦"。元旦被挪到1月1日之后，正月初一已经再没有了名称，唯独留下的就是除夕。当我们说除夕的时候，大家都非常明白指的是腊月三十晚上，腊月的最后一天，绝对不会放在12月31号去说这是除夕。因为对于阳历来说，这一年的最后一天没有什么"故事"，没有事情要做，但在我们的传统节日中就有那么多事情要做。从腊月初八开始，我们就几乎已经进入到"年"的准备阶段，整个腊月全在忙年，忙着结束头一年的时间周期，迎接新的时间周期。在这个时候要准备衣服，要准备吃食，要准备调整人和人之间的关系等等，我们要做非常多的事情。而且到了过年的时候，还要把我们的祖先请回来，还要把福佑我们自己生活的诸多神仙力量汇集在一起，把他们也请回来，使我们新的时间周期能够平安而且有成效地度过。所以，腊月三十这一天晚上的称谓仍然叫"除夕"。

只有在2007年12月7日《国务院关于修改<全国年节及纪念日放假办法>的决定》之后，才能说一百年来传统节日的命运发生了改变。如果要是从1912年《临时大总统历书令》颁布算起至今将近一百年，如果从1928年彻底废除旧历算起也有八十多年了。在这将近一百年的过程中，我们中华民族的普通百姓钟爱自己的传统节日，一直努力地保持着习俗传统，这是假日体系改革最根本的原动力。如果没有全国人民对于传统节日的钟爱、关注和将之传承继续下去的强烈愿望，国家法定节假日制度的调整是不可能的。此次改革实际上是一种跨时代的举措，有着重要的历史意义。改革相比过去增加了一天的假日，也就是由原来的10天节日休假变成了现在的11天，我们全年的休假日就是52个周末加上这11天，一共是115天。当然，在此之外还有一些不属于全民节假日的特殊日子，例如，各少数民族同胞的传统节日等等。

"国家日历"的重新定位

我们把整个节假日体系叫作一个国家的"国家日历"。我们国家日历的"节日体系"，包括民族传统节日和我们共和国的新的节日。一个国家会以怎样的办法来安排自己的国家日历呢？以"黄金周"为例，它被看作是一种资源，我们姑且叫作"公共时间资源"。这种资源能够创造什么效益呢？有的人认为可以促进消费。公共时间资源就像湿手帕一样可以拧出水来。

有人拧的是消费，拧的是金钱。大家都知道节日经济，它会刺激消费，拉动内需，在这个时候，我们就创造出了所谓"黄金周"这样的字眼。

同时，我们是不是可以提出另外一个问题？换一个方式来思考公共时间。假日作为一种资源，不仅可以在经济上取得效益，也会在文化、社会、生活等各个层面上收到效益，在这个问题上，我们是否过于重视经济层面的收益，而忽视了这些假日在社会、文化等方面可能创造的效益。我觉得，我们的公共时间资源没有被充分利用，一部分资源被浪费了。那么，百姓在公共时间资源里又收获了什么呢？可以收获家庭团结，可以改善人际关系，可以创造和谐，可以提升民族自豪感，可以更清晰鲜明地将民族身份的标识印刻在我们心里。

在这个问题上，要让我们的社会能够有一个可持续发展的机制，能够有一个以人为本、建构和谐社会的诉求。在这样一个大背景下才出现了对于传统节日的一种再认识。对我个人来说，这样一个决定实际上意味着文化的重新定位。也就是说，过去我们往往把传统当作一个沉重的包袱，以为过去的这些传统在我们的前进道路上是紧紧把我们往后拽，而实际上它能够发挥前进助力的作用。文化大约是这样一个特殊的领域，这个领域本身是传承的，它是一个历史发展的过程，我们不可能没有昨天，一下子进入到今天。所以，在一片空白的平地上，我们创造一个新文化的设想是不切实际的。

为什么我们非要把这些传统节日变成我们国家的法定假日呢？一百年都没有改变的这个历史，现在又回归到原来的情况，那么，到底有没有必要这样做呢？现在，我们来看一看这些节日究竟对我们意味着什么。

对于中国民俗来说，现在重新有一个所谓复兴的苗头，这并不是说我们要复旧，而是要把传统中的优秀部分拿来为文化建设服务。假定一个传统不能为今天和明天的发展贡献力量，那么，它对我们就是毫无价值了。同样，什么是历史？历史就是对今天和明天有意义的关于昨天的回忆，所以，我们今天常常也会是这样来看待我们自己的传统节日。传统节日意味着什么？首先，意味着是我们和自己的历史来对话，我们是一个有历史传统的民族，而这个历史传统对于我们来说是珍贵的财富，民族传统节日同时又是调整我们互相之间关系的时刻。

大家都知道过年，特别是在南方，有的在初二，有的在腊月三十，这样的日子要到亲人的墓前扫墓。当然，我们也有另外的一些习俗，比如，清明去扫墓。为什么要在正月里去扫墓呢？就是在一个新的时间周期到来时，要请祖先一道回来同我们度过阈限（就是一个时间和另外一个时间的交接处）。因为在这个时间的交割过程中，最容易被邪恶势力所侵染。在民俗学领域里，这个关口是非常重要的时刻。比如说，一个孩子从孕育到诞生这段时间特别重要，过去这个时候是不许外人进产房的，产房门前都要挂上一个红布条，表示对他危害的严重性，所以，在这个时候有很多禁忌。另外，再比如说，成年礼，或者一个人由生到死的过程也是一种转折，由他在现实世界的存在一直到他进入另外一个世界，中间也有一些非常重要的仪式性活动来完成这个过渡。其中，特别重要的就是婚礼，婚礼是由一个普通的单人组成一个新的家庭，组成一个新的社会基层单位，在这个组成过程中将会产生很多问题，所以，在这个时候，婚礼的仪式就变得特别重要，这里有对邪恶势力的一种防范，有对新事物的一种追求和期盼。

此外，传统节日对于我们来说是一种民族认同和身份认同。在国外的许多唐人街，每逢过年，连外国的总统们也都要到华人区拜年。我们这些华侨们就要特意地表现我们自己民族传统的表现形式，比如，舞狮、扭秧歌、踩高跷或者跑旱船，为什么？因为在这个时候，它有一种特殊的民族认同，同时，对于外人来说也是一种民族身份的认知。所以，在这个时候，我们就觉得自己内部的和谐和对外民族身份的显示都表现得特别清楚，同时，我们在这个时候也会有一种民族的自豪感，觉得我们有一个内部标识，我们有一些内部的、彼此认同的仪式性的东西来联系着我们。

另外，如果从文化艺术的角度来看，这是我们表现自己才智最集中的时刻，我们许多艺术表现形式几乎都是在这个时候显示出来的。基于以上这些节日的功能，我们为什么不通过法定假日的方式让它能够由隐性变为显性，在社会生活中间发挥效益呢？过去，我们一直压抑着这种民族情感的展示，除了在我们的内部造成了缺失之外，对于整个国家生活来说也是一种遗憾，所以，节假日改革是一次非常重要的、划时代的改革，它将会在我们的社会生活、民众生活中发挥重要的作用。

"前进"的传统

我们可能会提出这样的问题，在最近这一段时间里，非物质文化遗产的许多代表作被政府作为一种重要的文化遗产公布出来，大家十分关注，提出了用各种各样的措施进行保护，为什么这件事情会引起整个社会的极大关注呢？这种关注的必要性在哪里？刚才说到民族传统节日的时候，其实，在某种意义上也回答了类似的问题，我们的民族传统是我们向世界做出文化贡献的重要方面。过去我们往往会认为，文化遗产是我们历史前进的包袱，这个包袱越来越沉重，以至于使整个民族都很难继续向前走。到了今天，我们会提出另外一个问题，这些传统里面有没有可以帮助我们继续前进的优秀因素和成分呢？胡锦涛总书记在党的十七大报告中强调指出，要"加强对各民族文化的挖掘和保护，重视文物和非物质文化遗产保护。"温家宝总理也指出："非物质文化遗产是民族文化的精华，是民族智慧的象征，是民族精神的结晶。"

在我们讲到节日体系时，感到其中有很多所谓信仰的东西。人类在前进过程中会不断遇到很多未知领域，而当真知的阳光还没有照到这些晦暗角落的时候，它们对于我们来说是一种意识当中可怖的存在。比如，过年时为了驱鬼，要放鞭炮，要贴对联，对联是什么呢？过去叫桃符，桃木被理解为是有"驱鬼"效能的，我们要贴门神，门神如果是一个，有可能画的是钟馗，如果是两个，有可能画的是"神荼、郁垒"，是"秦叔宝"和"尉迟敬德"等。为什么要这样贴？就是因为有一种想象中的特殊存在，而这种特殊存在会加害我们，这就要提出一个防范的办法来。如今，我们仍然还在贴对联和门神。但在多数人的观念里，主要强调的是喜庆的含义。再比如说，清明节。清明节最早起源于对火的崇拜，它实际上是将三个节日并在一起了，清明、寒食节、上巳节。我们的先辈就把一年切割成二十四个节气，比如，有"两分两至"：春分、秋分，冬至、夏至，清明就是其中的节气之一，后来演化为清明节。

大家都知道，中秋节和嫦娥奔月神话有关。据战国时期的文献《归藏》记载，"昔嫦娥以西王母不死之药服之，遂奔月为月精"。西汉时期的著作《淮南子》也说：射日的大英雄后羿"请不死之药于西王母，弈妻姮娥窃之，奔月……托身于月，是为蟾蜍，而为月精"。

然而，记怀这瑰丽的神话并非中秋节的唯一文化内涵。多义性是中华民族传统节日有别于现代节日的重要特点之一。

对月的崇拜是我们民族先祖敬畏自然、亲近自然、把人类社会的活动和自然界及其运行紧密联系在一起的具体表现。

春天播种，秋季收获，这是大自然的规律，也是大自然的"恩赐"。所以，有祭拜土地之神的活动，所谓"社祭"，所谓"春祈、秋报"。这种在中秋佳节喜庆丰收、对大自然感恩的活动，即使到了今天也还是对我们关爱自然、保护我们的生存环境有一定警醒意义的。

中秋节的多义性还表现在月亮的圆满而引申到人事的团圆上。从一定意义上说，这种具有社会含义的人事团圆，包括家庭团圆、亲友团圆、社群团圆、民族团圆，乃至社会和谐、世界和平在内的人事团圆，在今天仿佛已经上升成为中秋节的核心内涵了。

通过中秋节的实例，我们还看到，有关节日的"解说"和内涵并非一日生成完备，而是在长期历史过程中，逐渐积累、逐渐演化、逐渐丰富而呈现为今日的状态，今后也还会不断发展。20世纪出土的汉代帛画上，月亮当中还绘有"蟾蜍"的形象。唐宋以来再说月亮，则常常以"玉兔"代之。玉兔作为掌管长寿和仙药的大神西王母的侍从，以不断"捣药"的形象出现，当在"常理"之中。它出现在月宫当中，以及吴刚之现身于月宫等等，似乎有些语焉不详，而且彼此间似无联系，谁知道是不是有一天会被民众的智慧和口碑编纂成为一个体系性的故事呢？当我们把中秋节放在整个民族传统节日的体系当中来深入思考和细细品味它的意义和价值、来体验它给予我们的欢愉的心绪和快乐的情感时，我们不是会深切地感到生活是幸福的，世界是美好的吗？我们不是会增添创造和奋进的激情和力量吗？

在我们的节日中有很多健康的，鼓励着我们向前走，充实我们的生活，使我们拥有幸福感的因素。我们因为有了这些节日，因为有了这些节日里面非常有意义的仪式性活动，生活就变得特别有情趣，我们的幸福感就变得特别实在，我们人和人之间的关系就变得特别和谐，这对于整个社会生活来说是有好处的。像这样的一些传统节日和像这样的一些在节日传统之间所实行的仪式，应该传承下来，让它在我们的社会生活中发挥重要作用。

所以，从这个意义上，这次我们将传统节日制定为法定假日实际上有非常重要的意义，是我们重新认识传统的一个新契机。我个人觉得这件事是一个代表性的标识，说明我们今后会在社会建设当中发挥传统所特有的作用。

　　在这个过程中，我觉得有两点要特别关注：一点是，这些优秀的传统可以成为我们建设新文化的助力。还有一个很重要的观点，这是我们接受外来文化所取得的新认识，就是当我们做这些事情的时候，我们不仅仅是为了张扬民族文化，不仅仅是来增加民族前进的动力，我们更会有一种自豪感和自信心。我们在保护文化遗产的时候，实际上也是在为人类文化多样性的发展做出自己的贡献。

　　当世界已经变成地球村的时候，我们任何一个民族所做出的任何一件有益的事情都变成了对人类的一种贡献。无论任何一个民族，当它伤害了自己文化，实际上也是对人类文化的一个伤害。大家都知道，在巴米扬大佛被摧毁的时候，全人类都感到惋惜，因为那是人类的一项杰出的艺术创造。所以，当我们在保护自己的文化遗产时，实际上也是在为人类文化的多样性发展做贡献。过去，有一位很了不起的思想家、哲学家，就是大家都知道的马克思，他的女儿问他最喜欢的格言是什么，他说："为人类而工作。"我觉得这句话或许在今天有特别重要的意义。

　　前些时候，中国民俗学会接待美国民俗学会的会长，他同时也做过克林顿的文化顾问。这个文化顾问可不像现在我们所谓的文化顾问，美国因为没有文化部，所以，他一个人就等于是美国文化部。我问他，美国为什么没有参加《非物质文化遗产保护公约》？他回答说："美国特别容易把许多它喜欢的事情夸得天花乱坠，对它不喜欢的事情往往会妖魔化、魔鬼化，把它说得一无是处。"我认为，一个政治、经济、军事强势的国家常常会带来强势的文化，而在强势文化不断地向世界推行的同时，就会形成一种时尚，时尚被大家追逐，时间久了，就会影响甚至完全改变我们的价值观。所以，我们在进行非物质文化遗产保护工作过程中，在发扬我们自己的优秀文化传统的时候，都是实实在在地在为人类文化多样性的发展做着相应的贡献。

我想回过头来说这样一句话，我们这一代人有我们自己必须完成的历史使命和必须肩负的历史承担，我们应该把祖先留给我们的优良传统从我们这一代人的手上传递给我们的后代，让我们在建设新文化的过程中有更多的贡献，有更多的精彩表现。

原文载于：《人民政协报》2010年8月23日第11版：讲坛。

中秋节的多层文化内涵与现实意义

我曾经问过很多外国人：你们看到月亮会是什么感觉？他们说好像没什么感觉，有的时候也许会有一点晦气或恐怖的感觉。设想一下："一弯冷月，一个似黑不黑的夜晚，在黑夜背景下的一个屋脊上，一只黑猫走过去……"这大概就是他们对月亮的感受，多少有一些凶险或邪恶的联想。

中国人则不然。大家都知道一首歌叫《月亮代表我的心》，我想这样的歌词大概只有中国人才唱得出。它所表达的情感对外国人比如欧美人来说，也许比较陌生，因为从节日体系看，基督教、伊斯兰教的节日体系都是把宗教人物（也许是神，也许是人）的纪念日作为节日体系的主干。他们离自然界似乎远了一些。我们的节日体系总是以我们和自然的关系作为基础，和其他民族有一个非常本质、非常鲜明的区别。

中国人看到圆月，会联想到自己的家、自己的亲人，会联想到自己的故土，联想到自己的童年，尤其是在中秋月圆的时刻。所有这些都说明我们和自然有另外一层非常充满感情的关系。

中秋节与嫦娥奔月神话有关，据战国时期的文献《归藏》记载，"昔嫦娥以西王母不死之药服之，遂奔月为月精"。西汉时期的著作《淮南子》也说：射日的大英雄后羿"请不死之药于西王母，弈妻姐娥窃之，奔月……托身于月，是为蟾蜍，而为月精"。

然而，记怀这瑰丽的神话并非中秋节的唯一文化内涵。多义性是中华民族传统节日有别于现代节日的重要特点之一。对月的崇拜是我们民族先祖敬畏自然、亲近自然、把人类社会的活动和自然界及其运行紧密联系在一起的具体表现。

春华秋实，这是大自然的规律，也是大自然的"恩赐"。所以，人有祭拜土地之神的活动，在中国古代即所谓"社祭"，所谓"春祈、秋报"。即使到了今天，这种在中秋佳节之际喜庆丰收、感恩大自然的活动，对于我们关爱自然、保护生存环境仍然有一定的警醒意义。

中秋节的多义性还表现在月亮的圆满会引申到人事的团圆上。从一定意义上说，这种具有社会含义的人事团圆，包括家庭团圆、亲友团圆、社群团圆、民族团圆，乃至社会和谐、世界和平在内，在今天仿佛已经上升成为中秋节的核心内涵了。

通过中秋节这一实例，我们还看到，有关节日的"解说"和内涵并非一日生成完备，而是在长期历史过程中，逐渐积累、逐渐演化、逐渐丰富而呈现为今日的状态，今后也还会不断发展。

20世纪出土的汉代帛画上，月亮当中还绘有"蟾蜍"的形象，而在唐宋以后再说到月亮的时候，就常常以"玉兔"代之。玉兔作为掌管长寿和仙药的大神西王母的侍从，以不断"捣药"的形象出现，当在"常理"之中。它之出现在月宫当中，以及吴刚之现身于月宫等等，在传说中似乎有些语焉不详，而且彼此间似乎也无联系。谁知道将来是不是有一天会被民众的智慧和口碑编纂为一个体系的故事呢？

当我们把中秋节放在整个民族传统节日的体系当中来深入思考和细细品味它的意义和价值、来体验它给予我们的欢愉的心绪和快乐的情感时，我们不是会深切地感到生活是幸福的，世界是美好的吗？我们不是会增添创造和奋进的激情和力量吗？

在最近大约一百年的时间里，我们对于传统节日一直持有淡漠的、甚或是漠视的态度。

这个历史，到了2007年12月7日才有了改变，《国务院关于修改〈全国年节及纪念日放假办法〉的决定》经由国务院第198次常务会议通过，已从2008年1月1日起施行。办法规定除春节长假之外，清明、端午、中秋增设为国家法定节假日，各放假一天。

这一次的《全国年节及纪念日放假办法》，关于民族传统节日与国家法定假日的新规定具有划时代的意义，是一个了不起的举措。

构建和谐社会是当今社会生活中一个非常重要的主题。而传统节日对于我们整个社会的每一个成员来说，都具有非常重要的意义，它不仅仅意味着可以得到休息，而且远有更加重要的层面。在这些特殊时刻，人们会用一种非常态的心理对待自己的生活，对待周围的人，对待我们生活在其中的社会环境以及自然环境。

一切传统只有在对今天或者对未来具有重要意义时，它才获得了价值，我们才努力地去保护它，爱护它，传承它。

这些优秀的传统可以成为我们建设新文化的助力。发扬民族文化，更会使我们有一种自豪感和自信心。同时，我们也关注人类文化的多样性发展，因为这是人类文化不断丰富、健康发展，能够可持续前进的一个必由之路。当世界已经变成地球村的时候，我们过好自己的民族传统节日，悉心保护这些珍贵的非物质文化遗产，实际上，也正是在为人类文化的多样性发展做出自己重要的、有益的贡献。

原文载于:《文明》2010年第9期。同时,以"中秋的文化内涵与现实意义"为题,载于《江淮晨报》2011年9月9日第T05版:花好月圆中秋特刊。

传统节日的百年变迁

中国的节日自古以来就和时间制度联系在一起。如果与外国人的节日比较，我们会发现，国外的节日大部分是以宗教人士的纪念日作为核心的，随意性就比较强。而我们对节日的安排，不是以个人的纪念日作为核心，我们的节日核心是我们自己和自然的关系，通过人与自然的关系做系统的时间安排。

若干年前关于节假日的改革，实际上是一百年来我们时间制度的一次极其重要的转变。原来我们所实行的历法通常叫作"夏历"，是肇始于夏代的，以12个月为一个周期，正月作为新时间周期的开始。到了商代，按统治者的规定，周期提前了一个月。到了周代，起始点又提前了一个月，就是以11月的初一，作为一年之始。到了汉代恢复夏历，特别是到了唐宋时期，这种历法逐渐成为全国共同奉行的时间制度。过去，我们也称夏历为"农历"，或者又叫"旧历"。

1912年，也就是辛亥革命的第二年，孙中山先生颁布《临时大总统历书令》，规定废止通行了数千年的"夏历"，实行中华民国"国历"，就是通常所说的"西历"或"公历""阳历"。国号变了，年号也变了，叫作"民国"多少多少年。这种变化和过去历代皇帝改历几乎是一样的。从此，按新历法，一年是从1月1日开始的，这之后的一段时间曾经"新历"和"旧历"并存。在新旧并存的时间里，春节等一些传统节日已经不放假了。到了1928年、1929年，为了实行新历法，有的地方居然动用行政手段在一些地方查抄卖年货的商家。这个办法实行之后，民族传统节日在整个假日体系当中就逐渐失去了地位。到1949年新中国成立以后，我们当时的政务院（现在叫国务院），也颁布了一个制定假日的办法，里面只规定了春节假期，而其他的民族传统节日仍然被忽略了。

"文化大革命"时期又发布了一个正式命令，即为了适应革命形势的发展，为了满足广大革命群众的要求，春节以后不再放假。于是，大家都抓革命，促生产，在这个时候，过"革命的春节"，不许放假。十年动乱结束后，大家又照样去过自己的春节了。

春节很幸运，在我们的国家假日体系里面仍然存在。但其他的节日就没有这么幸运，差不多一百年来几乎没有给清明、端午、中秋这些非常重要的节日一个真正的法定假日，民众也很少能安详地度过这些自己非常钟爱的传统节日。

说起来很有意思，包括春节在内的很多节日，虽然给了假期，但也存在一些问题。大家都知道，原来所谓的新年就是指我们的正月初一，"正月"就是新一年的开始，新的一个时间周期到来。可是后来，"新年"这个名字挪到了所谓公历的，或者我们通常叫作阳历的1月1日去了。春节没有了名字之后，我们就几乎没有办法去称谓它。于是，想了一个办法，春节变成了"二等公民"，好像"节"就比"年"要小一个等份。此外，连"元旦"这个词也被挪到1月1日去了，原来我们叫作"大正"或"正日"，又叫作"正月初一"，还叫作"元旦"，因为是一元复始，第一个早晨，所以就把它叫作"元旦"。元旦被挪到1月1日之后，正月初一已经没有了名称，唯独留下的就是除夕。当我们说除夕的时候，大家都非常明白指的是腊月三十晚上，腊月的最后一天的名称，绝对不会放在12月31号去说这是除夕。因为对于阳历来说，这一年的最后一天没有什么"故事"，没有事情要做，但在我们的传统节日中就有那么多事情要做。从腊月初八开始，我们就几乎已经进入到"年"的准备阶段，整个腊月全在忙年，忙着结束头一年的时间周期，迎接新的时间周期。在这个时候要准备衣服，要准备吃食，要准备调整人和人之间的关系等，我们要做非常多的事情。而且到了过年的时候，还要把我们的祖先请回来，还要把福佑我们自己生活的诸多神仙力量汇集在一起，使我们新的时间周期能够平安且有成效地度过。所以，腊月三十这一天晚上的称谓仍然叫"除夕"。

只有在2007年12月7日《国务院关于修改<全国年节及纪念日放假办法>的决定》之后，才能说一百年来传统节日的命运发生了改变。如果要是从1912年《临时大总统历书令》颁布算起至今将近一百年，如果从1928年彻底废除旧历算起也有八十多年了。在这将近一百年的过程中，我们中华民族的普通百姓钟爱自己的传统节日，一直努力地保持着习俗传统，这是假日体系改革最根本的原动力。如果没有全国人民对于传统节日的钟爱、关注和将之传承继续下去的强烈愿望，国家法定节假日制度的调整是不可能的。此次改革实际上是一种划时代的举措，有着重要的历史意义。改革相比过去增加了一天的假日，也就是由原来的10天节日休假变成了现在的11天，我们全年的休假日就是52个周末加上这11天，一共是115天。当然，在此之外还有一些不属于全民节假日的特殊日子，例如，各少数民族同胞的传统节日，等等。

我们把整个节假日体系叫作一个国家的"国家日历"。我们国家日历的"节日体系"，包括民族传统节日和我们共和国的新的节日。一个国家会以怎样的办法来安排自己的国家日历呢？以"黄金周"为例，它被看作是一种资源，我们姑且叫作"公共时间资源"。这种资源能够创造什么效益呢？有的人认为可以促进消费，拉动内需。同时，我们是不是可以换一个方式来思考公共时间。假日作为一种资源，不仅可以在经济上取得效益，也会在文化、社会、生活等各个层面上收到效益。百姓在公共时间资源里可以收获家庭团聚，可以改善人际关系，可以创造和谐，可以提升民族自豪感，可以更清晰鲜明地将民族身份的标识印刻在我们心里。

大家都知道过年，特别是在南方，有的在初二，有的在腊月三十，这样的日子要到亲人的墓前扫墓。当然，我们也有另外的一些习俗，比如，清明去扫墓。为什么要在正月里去扫墓呢？就是在一个新的时间周期到来时，要请祖先一道回来同我们度过阈限（就是一个时间和另外一个时间的交接处）。因为在这个时间的交割过程中，最容易被邪恶势力所侵染。在民俗学领域里，这个关口是非常重要的时刻。比如说，一个孩子从孕育到诞生这段时间特别重要，过去，这个时候是不许外人进产房的，产房门前都要挂上一个红布条，在这个时候有很多禁忌。特别重要的就是婚礼，婚礼是由一个普通的单人组成一个新的家庭，组成一个新的社会基层单位，在这个过程中将会产生很多问题，所以，在这个时候，婚礼的仪式就变得特别重要，这里有对邪恶势力的一种防范，有对新事物的一种追求和期盼。

此外，传统节日对于我们来说是一种民族认同和身份认同。在国外的许多唐人街，每逢过年，连外国的总统们也都要到华人区拜年。我们这些华侨们就要特意地表现我们自己民族的传统，比如，舞狮、扭秧歌、踩高跷或者跑旱船，为什么？因为在这个时候，它有一种特殊的民族认同，同时，对于外人来说，也是一种民族身份的认知。所以，在这个时候，我们就觉得自己内部的和谐和对外民族身份的显示都表现得特别清楚，同时，我们在这个时候也会有一种民族的自豪感，觉得我们有一个内部标识，有一些内部的、彼此认同的仪式性的东西来联系着我们。

另外，如果从文化艺术的角度来看，这是我们表现自己才智最集中的时刻，我们许多艺术表现形式几乎都是在这个时候显示出来的。基于以上这些节日的功能，我们为什么不通过法定假日的方式让它能够由隐性变为显性，在社会生活中间发挥效益呢？过去，我们一直压抑着这种民族情感的展示，实际上，除了在我们的内部造成了缺失之外，对于整个国家生活来说也是一种遗憾，所以，节假日改革是一次非常重要的、划时代的改革，它将会在我们的社会生活、民众生活中发挥重要的作用。

原文载于:《紫光阁》2011年第4期。

我们中国人自己的传统节日体系

摘要： 中国人有着悠久的节日传统，一年四季中国人会经历不同的节日。这些节日和时间制度紧密联合在一起。传统节日经过改革成为国家法定假日，不仅对我们的传统节日体系产生了重大影响，对于我们重新认识和继承传统也具有重要意义。

关键词： 中国节日体系；传统文化；节假日改革

每一年，从年初到年末，随着时间的推移，我们都会经历不同的节日。中国人的节日，在一年四季里安排得那么错落有致，给生活增添了许多色彩。每一个节日都像一曲喜悦欢畅的歌，连缀在一起，构成一个严整的系统，那是一部精妙瑰丽、意蕴磅礴的宏伟乐章。

在中国，节日体系和时间制度有着密切的关系。自节假日改革后，很多传统节日成为国家法定假日，对我们的节假日产生了深远影响，节假日体系的新变化，成为我们认识和继承传统的一个新契机。

一

中国的节日自古以来就和时间制度联系在一起。作为中国人我们非常幸运，我们的生活和其他的国家、其他的民族比较起来，更加有情趣，更加有诗意。哪一个国家会在一年当中过两次年？哪一个民族会像中国人这样一年过两回生日？正因为有这样一些非常有意思的安排，所以，我们的生活变得特别有诗意，我们整个生活的旅程也显得特别快乐。如果与外国人的节日比较，我们会发现，国外的节日大部分是以宗教人士的纪念日作为核心的，随意性就比较强。而我们对节日的安排，不是以个人的纪念日作为核心，我们的节日核心是我们自己和自然的关系，通过人与自然的关系做系统的时间安排。

三年前，关于节假日的改革，实际上是一百年来我们时间制度的一次极其重要的转变。原来我们所实行的历法通常叫作"夏历"，是肇始于夏代的，以12个月为一个周期，正月作为新时间周期的开始。到了商代，按统治者的规定，周期提前了一个月。到了周代，起始点又提前了一个月，就是以11月的初一，作为一年之始。到了汉代恢复夏历，特别是到了唐宋时期，这种历法逐渐成为全国性共同奉行的时间制度。过去，我们也称夏历为"农历"，或者又叫"旧历"。严格说起来，这两种说法都不合适，还是应该恢复原称的"夏历"。

1912年，也就是辛亥革命的第二年，孙中山颁布《临时大总统历书令》，规定废止通行了数千年的"夏历"，实行中华民国"国历"，就是通常所说的"西历"或"公历""阳历"。国号变了，年号也变了，叫作"民国"多少多少年。从此，按新历法，一年从1月1日开始，这之后的一段时间曾经"新历"和"旧历"并存。在新旧并存的时间里，春节等一些传统节日已经不放假了。到了1928年、1929年，为了实行新历法，有的地方居然动用行政手段在一些地方查抄卖年货的商家。这个办法实行之后，民族传统节日在整个假日体系当中就逐渐失去了地位。到1949年新中国成立以后，我们当时的政务院（现在叫国务院），也颁布了一个制定假日的办法，里面只规定了春节假期，而其他的民族传统节日仍然被忽略了。

"文化大革命"时期又发布了一个正式命令，即为了"适应革命形势的发展，满足广大革命群众的要求"，春节不再放假。于是，大家都抓革命，促生产，在这个时候叫过"革命的春节"，不许放假。十年动乱结束后，大家又照样去过自己的春节了。

春节很幸运，在我们的国家假日体系里面仍然存在，但其他的节日就没有这么幸运了，差不多一百年来几乎没有给清明、端午、中秋这些非常重要的节日一个真正的法定假日，民众也很少能过这些自己非常钟爱的传统节日。

说起来很有意思，包括春节在内的很多假日，虽然给了假期，但也存在一些问题。大家都知道，原来的所谓新年就是指我们的正月初一，"正月"就是新一年的开始，新的一个时间周期到来。可是后来，"新年"这个名字挪到了所谓公历的，或者我们通常叫作阳历的1月1号去了。春节没有名字之后，我们就几乎没有办法去称谓它。于是，想了一个办法，春节变成了"二等公民"，好像"节"就比"年"要小一个等份。此外，连"元旦"这个词也被挪到1月1号去了，原来我们叫作"大正"或"正日"，又叫作"正月初一"，还叫作"元旦"，因为是一元复始，第一个早晨，所以就把它叫作"元旦"。元旦被挪到1月1日之后，正月初一也再没有了自己的名称。仔细想一想，这样轻率地对待自己的历史文化传统，使我们在今天陷入了相当尴尬的境地。是否可以在大家认同的情况下，让这个特别重要的日子，恢复它原有的一个正式的名称呢？比如说，"正日"。因为，我们不是称夏历的第一个月为"正月"吗？这样，既满足了现实的需求，也重建和恢复了关于历史传统的记忆。

在1912年改历过程中，唯独留下了除夕。当我们说除夕的时候，大家都非常明白指的是腊月三十晚上，腊月的最后一天，绝对不会放在12月31日，说这是除夕。因为对于阳历来说，这一年的最后一天没有什么"故事"，没有事情要做，但在我们的传统节日中就有那么多事情要做。从腊月初八开始，我们就几乎已经进入到"年"的准备阶段，整个腊月全在忙年，忙着结束头一年的时间周期，迎接新的时间周期。在这个时候，要准备衣服，要准备吃食，要准备调整人和人之间的关系等，我们要做非常多的事情。而且到了过年的时候，还要把我们的祖先请回来，还要把福佑我们自己生活的诸多神仙力量汇集在一起，把它们也请回来，使我们新的时间周期能够平安且有成效地度过。所以，腊月三十这一天晚上的称谓仍然叫"除夕"。

只有在2007年12月7日国家颁布了《国务院关于修改〈全国年节及纪念日放假办法〉的决定》之后，才能说一百年来传统节日的命运发生了改变。如果从1912年《临时大总统历书令》颁布算起至今将近一百年，如果从1928年彻底废除旧历算起也有八十多年了。在这将近一百年的过程中，我们中华民族的普通百姓钟爱自己的传统节日，一直努力地保持着习俗传统，这是假日体系改革最根本的原动力。如果没有全国人民对于传统节日的钟爱、关注和将之继续传承下去的强烈愿望，国家法定节假日制度的调整是不可能的。此次改革实际上是一种跨时代的举措，有着重要的历史意义。改革后相比过去增加了一天的假日，也就是由原来的10天节日休假变成了现在的11天，全年的休假日就是52个周末加上这11天，一共是115天。当然，在此之外还有一些不属于全民节假日的特殊日子，例如，各少数民族同胞的传统节日等。

二

我们把整个节假日体系叫作一个国家的"国家日历"。我们国家日历的"节日体系"，包括民族传统节日和我们共和国的新的节日。一个国家会以怎样的办法来安排自己的国家日历呢？以"黄金周"为例，它被看成一种资源，我们姑且叫作"公共时间资源"。这种资源能够创造什么效益呢？有的人认为可以促进消费，拉动经济。公共时间资源就像湿手帕一样可以拧出水来。有人拧的是消费，有人拧的是金钱。大家都知道所谓节日经济，节日活动会刺激消费，拉动内需，在这个时候，我们就创造出了一个所谓"黄金周"的字眼。

同时，我们是不是可以提出另外一个问题？换一个方式来思考公共时间。假日作为一种资源，不仅可以在经济上取得效益，也会在文化、社会、生活等各个层面上收到效益，在这个问题上，我们是否过于重视经济层面的收益，而忽视了这些假日在社会、文化等方面可能创造的效益？我觉得，我们的公共时间资源没有被充分利用，一部分资源被浪费了。那么，百姓在公共时间资源里又收获了什么呢？可以收获家庭团结，可以改善人际关系，可以创造和谐，可以提升民族自豪感，可以更清晰鲜明地将民族身份的标志印刻在我们心里。

在这个问题上，要让我们的社会能够有一个可持续发展的机制，能够有一个以人为本、建构和谐社会的诉求。在这样一个大背景下才出现了对于传统节日的一种再认识。对我个人来说，这样一个决定实际上意味着文化的重新定位。也就是说，过去我们往往把传统当作一个沉重的包袱，以为过去的这些传统在我们的前进道路上是紧紧把我们往后拽。而实际上它能够发挥前进助力的作用。文化大约是这样一个特殊的领域，这个领域本身是传承的，它是一个历史发展的过程，我们不可能没有昨天，一下子进入到今天。所以，在一片空白的平地上，我们创造一个新文化的设想是不切实际的。

为什么我们非要把这些传统节日变成我们国家的法定假日呢？一百年

都没有改变的这个历史，现在又回归到原来的情况，那么，到底有没有必要这样做呢？现在我们来看一看这些节日究竟对我们意味着什么。

对于中国民俗来说，现在重新有一个所谓复兴的苗头，这并不是说我们要复旧，而是要把传统中的优秀部分拿来为文化建设服务。假定一个传统不能为今天和明天的发展贡献力量，那么，它对我们就是毫无价值了。同样，什么是历史？历史就是对今天和明天有意义的关于昨天的回忆，所以，我们今天常常也会这样来看待我们自己的传统节日。传统节日意味着什么？首先，意味着我们和自己的历史来对话，我们是一个有历史传统的民族，而这个历史传统对于我们来说是珍贵的财富，民族传统节日同时又是调整我们互相之间关系的时刻。

大家都知道过年，特别是在南方，有的在初二，有的在腊月三十，这样的日子要到亲人的墓前扫墓。当然，我们也有另外的一些习俗，比如，清明去扫墓。为什么要在正月里去扫墓呢？就是在一个新的时间周期到来时，请祖先回来同我们一道度过阈限（就是一个时间和另外一个时间的交接处）。因为在这个时间的交割过程中，最容易被邪恶势力所侵染。在民俗学领域里，这个关口是非常重要的时刻。比如说，一个孩子从孕育到诞生这段时间特别重要，过去，这个时候是不许外人进产房的，产房门前都要挂上一个红布条，表示对他危害的严重性，所以，在这个时候有很多禁忌。另外，再比如说成年礼，或者一个人由生到死的过程也是一种转折，由他在现实世界的存在一直到他进入另外一个世界，中间也有一些非常重要的仪式性活动来完成这个过渡。其中，特别重要的就是婚礼，婚礼是由一个普通的单人组成一个新的家庭，组成一个新的社会基层单位，在这个过程中将会产生很多问题，所以，在这个时候，婚礼的仪式就变得特别重要，这里有对邪恶势力的一种防范，有对新事物的一种追求和期盼。

此外，传统节日对于我们来说是一种民族认同和身份认同。在国外的许多唐人街，每逢过年，连外国的总统们也都要到华人区拜年。我们这些华侨们就要特意地表现我们自己民族传统的表现形式，比如，舞狮、扭秧歌、踩高跷或者跑旱船，为什么？因为在这个时候，它有一种特殊的民族认同，同时，对于外人来说，也是一种民族身份的认知。所以，在这个时候，我们就觉得自己内部的和谐和对外民族身份的显示都表现得特别清楚，同时我们在这个时候也会有一种民族的自豪感，觉得我们有一个内部标志，有一些内部的、彼此认同的仪式性的东西来联系着我们。

　　另外，如果从文化艺术的角度来看，这是我们表现自己才智最集中的时刻，我们许多艺术表现形式几乎都是在这个时候显示出来的。基于以上这些节日的功能，我们为什么不通过法定假日的方式让它由隐性变为显性，在社会生活中间发挥效益呢？过去，我们一直压抑着这种民族情感的展示，实际上，除了在我们的内部造成缺失之外，对于整个国家生活来说也是一种遗憾，所以，节假日改革是一次非常重要的、划时代的改革，它将会在我们的社会生活、民众生活中发挥重要的作用。

三

　　我们可能会提出这样的问题，在最近这一段时间里，非物质文化遗产的许多代表作被政府作为一种重要的文化遗产公布出来，大家十分关注，提出了各种各样的措施加以保护，为什么这件事情会引起整个社会的极大关注呢？这种关注的必要性在哪里？刚才说到民族传统节日的时候，其实在某种意义上也回答了类似的问题，我们的民族传统是我们向世界做出文化贡献的重要方面。过去，我们往往会认为，文化遗产是我们历史前进的包袱，这个包袱越来越沉重，以至于使整个民族都很难继续向前走。到了今天我们会提出另外一个问题，这些传统里面有没有可以帮助我们继续前进的优秀因素和成分呢？胡锦涛总书记在党的十七大报告中强调指出，要"加强对各民族文化的挖掘和保护，重视文物和非物质文化遗产保护"。温家宝总理也指出："非物质文化遗产是民族文化的精华，是民族智慧的象征，是民族精神的结晶。"

我们在讲到节日体系时，感到其中有很多所谓信仰的东西。人类在前进过程中会不断遇到很多未知领域，而当真知的阳光还没有照到这些晦暗角落的时候，它们对于我们来说是一种意识当中可怖的存在。比如，过年时为了驱鬼要放鞭炮，要贴对联，对联是什么呢？过去叫桃符，桃木被理解为是有"驱鬼"效能的，我们要贴门神，门神如果是一个，有可能画的是钟馗，如果是两个，有可能画的是"神荼、郁垒"，或是"秦叔宝"和"尉迟敬德"等。为什么要这样贴？就是因为有一种想象中的特殊存在，而这种特殊存在会加害我们，这就要提出一个防范的办法来。如今，我们仍然还在贴对联和门神，但在多数人的观念里，主要强调的是喜庆的含义。再比如说清明节。清明节最早起源于对火的崇拜，它实际上是将三个节日并在一起了，清明、寒食节、上巳节。我们的先辈把一年切割成二十四个节气，比如，有两分两至：春分、秋分，夏至、冬至，清明就是其中的节气之一，后来演化为清明节。

大家都知道，中秋节和嫦娥奔月神话有关。据战国时期的文献《归藏》记载，"昔嫦娥以西王母不死之药服之，遂奔月为月精"。西汉时期的著作《淮南子》也说：射日的大英雄后羿"请不死之药于西王母，弈妻姮娥窃之，奔月——托身于月，是为蟾蜍，而为月精"。

然而，记怀这瑰丽的神话并非中秋节的唯一文化内涵。多义性是中华民族传统节日有别于现代节日的重要特点之一。

对月的崇拜是我们民族先祖敬畏自然、亲近自然、把人类社会的活动和自然界及其运行紧密联系在一起的具体表现。

春天播种，秋季收获，这是大自然的规律，也是大自然的"恩赐"。所以，有祭拜土地之神的活动，所谓"社祭"，所谓"春祈、秋报"。这种在中秋佳节喜庆丰收、对大自然感恩的活动，即使到了今天也还是对我们关爱自然、保护我们的生存环境有一定警醒意义的。

中秋节的多义性还表现在由月亮的圆满而引申到人事的团圆上。从一定意义上说，这种具有社会含义的人事团圆，包括家庭团圆、亲友团圆、社群团圆、民族团圆，乃至社会和谐、世界和平在内的人事团圆，在今天仿佛已经上升为中秋节的核心内涵了。

通过中秋节的实例，我们还看到，有关节日的"解说"和内涵并非一日生成完备，而是在长期历史过程中，逐渐积累、逐渐演化、逐渐丰富而呈现为今日的状态，今后也还会不断发展。20世纪出土的汉代帛画上，月亮当中还绘有"蟾蜍"的形象。唐宋以来再说月亮，则常常以"玉兔"代之。玉兔作为掌管长寿和不死仙药的大神西王母的侍从，以不断"捣药"的形象出现，当在"常理"之中。它之出现在月宫当中，以及吴刚之现身于月宫等，似乎有些语焉不详，而且彼此间似无联系，谁知道会不会有一天被民众的智慧和口碑编纂成为一个体系性的故事呢？当我们把中秋节放在整个民族传统节日的体系当中来深入思考和细细品味它的意义和价值、来体验它给予我们的欢愉的心绪和快乐的情感时，我们不是会深切地感到生活是幸福的，世界是美好的吗？我们不是会增添创造和奋进的激情和力量吗？

我们的节日有很多健康的，鼓励我们向前走，充实我们的生活，使我们拥有幸福感的因素。我们因为有了这些节日，因为有了这些节日里面非常有意义的仪式性活动，生活才变得特别有情趣，我们的幸福感才变得特别实在，我们人和人之间的关系才变得特别和谐，这对于整个社会生活来说是有好处的。像这样的一些传统节日和像这样的一些在节日传统之间所实行的仪式，应该传承下来，让它们在我们的社会生活中发挥重要作用。所以，从这个意义上，这次我们将传统节日制定为法定假日实际上有非常重要的意义，是我们重新认识传统的一个新契机。我个人觉得这件事是一个代表性的标志，说明我们今后会在社会建设当中发挥传统所特有的作用。

在这个过程中间，我觉得有两点要特别关注：一点是，这些优秀的传统可以成为我们建设新文化的助力。还有一个很重要的观点，这是我们接受外来文化所取得的新认识，就是当我们做这些事情的时候，我们不仅仅是为了弘扬民族文化，不仅仅是来增加民族前进的动力，我们更会有一种自豪感和自信心。我们在保护文化遗产的时候，实际上，也是在为人类文化多样性的发展做出自己的贡献。

当世界已经变成地球村的时候，我们任何一个民族所做的任何一件有益的事情都变成了对人类的一种贡献。无论任何一个民族，当它伤害了自己的文化，实际上，也是对人类文化的一种伤害。大家都知道，在巴米扬大佛被摧毁的时候，全人类都感到惋惜，因为那是人类的一项杰出的艺术创造。所以，当我们在保护自己的文化遗产时，实际上，也是在为人类文化的多样性发展做贡献。过去一位伟大的思想家、哲学家、革命家，就是大家都知道的马克思，他的女儿问他最喜欢的格言是什么，他说："为人类而工作。"我觉得这句话或许在今天有特别重要的意义。

前些时候，中国民俗学会接待美国民俗学会的会长，他同时也曾担任过克林顿的文化顾问。这个文化顾问可不像我们现在理解的文化顾问，因为美国政府没有文化部，所以，他一个人就等于是文化部。我问他，美国为什么没有参加《非物质文化遗产保护公约》？他回答说："美国特别容易把许多它喜欢的事情夸得天花乱坠，把它不喜欢的事情往往妖魔化、魔鬼化，把它说得一无是处。"

我认为，一个政治、经济、军事强势的国家常常会带来强势的文化，而在强势文化不断地向世界推行的同时，就会形成一种时尚，时尚被大家追逐，时间久了就会影响甚至完全改变我们的价值观。所以，在我们进行非物质文化遗产保护工作过程中，在发扬我们自己的优秀文化传统的时候，都是实实在在地在为人类文化多样性的发展做着相应的贡献。

我想回过头来说这样一句话，我们这一代人有我们自己必须完成的历史使命和必须肩负的历史承担，我们应该把祖先留给我们的优良传统从我们这一代人的手上传递给我们的后代，让他们在进行民族文化建设的过程中，有更多的精彩表现，有更多的贡献。

原文载于:《江西社会科学》2011年第5期。

怎样留下我们的年味儿?

放鞭炮、贴春联、挂灯笼、办年货、祭灶王、拜祖先、吃团圆饭、守岁、逛庙会、舞龙舞狮、玩社火、看社戏、穿红戴绿、发压岁钱……

从遥远的农耕时代走来,一直到今天的商业文明,春节都是中国人最隆重的节日。每到此时,汹涌的回乡大潮、琳琅的商品货物,宾朋满座、觥筹交错,屋里的欢声笑语、屋外的鞭炮起伏……组成了这一片大地上独有的风景,绵延千年。

然而,不知何时,越来越多的人开始觉得"年味儿"淡了,不论年轻年老,不论是男是女,似乎都觉得过年不再那么让人兴奋和激动了。

"年味儿"究竟是什么?究竟是"年味儿"淡了,还是人们的感觉变了?又如何让"年味儿"重回人间,重回到中国人的心里?

你怀念儿时过年吗?

感叹年味儿越来越淡的年轻人,开始在网上晒"小时候的年",诸如,"如今的你还记得儿时怎么过年的吗?"之类的问题,总是能引起许多共鸣。

有网友写道:"小时候过年,最喜欢的就是放鞭炮,一大串一下子放完了,还觉得不过瘾,偷偷把没放的鞭炮拆成一个一个的,装一口袋,点根香,能放到半夜。"在物资相对匮乏的年代,压岁钱是最让孩子们兴奋的,一网友表示:"那时候压岁钱很少,两三块钱就让我们很高兴了,不知道该买什么,也舍不得买,最后往往把攒皱的钱小心翼翼地放在保密处。"当然，值得回忆的还有年夜饭。"全家人一起包饺子，我就在旁边捣乱。现在年夜饭大家很少在家吃了，都提前在饭店、酒店订年夜饭，虽然在外面吃年夜饭省去了做饭洗碗的麻烦，但感觉没有小时候全家人挤在家里，一边看央视春晚一边包饺子热闹了！"一位70后网友感叹道。

年轻人在怀念，年老的也在怀念。一位年近古稀的老人发帖说："我们那个时代困难，一年到头，连白面都吃不上几回，更不用说吃肉了。新衣服也只能过年穿，家里孩子多的，也就老大做一件，换下来给老二，然后以此类推。即便这样当时的小孩们也很高兴。现在人们天天能吃到鸡鸭鱼肉等各种好东西，随时可以买新衣服，哪里还有过去过年的兴奋劲儿呢？"

年味儿的时间哲学

"年味儿"变淡了，然而究竟什么是"年味儿"，又为什么让人如此怀念，如此难以忘记？

著名民俗学家、中国民俗学会荣誉会长刘魁立说："说到'年味儿'，首先要说到一个关于时间的问题。时间本来是物质存在的形式，没有物质存在，也就无所谓时间。但是对人来说，有着特殊的意义。人生百年，说长不短，说短不长，在这么一段生命中，在物质的发展中，总得有一个参照物，以便于我们计算时间的变化。其实，人类有一个共同的参照物，太阳。太阳周而复始，有它自己的周期，这个周期是圆形的，或者螺旋形的，那么，这个圆形从哪里开始呢？在时间发展的长链里，在哪里找一个头儿呢？所以，人们把子夜12点，规定为一天的开始，春节的这一天，规定为一年的开始，正是一元复始，万象更新。在这个开始的时候，人们怀着对未来的期望，积蓄力量，在新的时间段里推进自己的人生和事业。所以，它非常重要，正是这种重要，让人们感到庄严、郑重，也就有特别的情绪和记忆。这就是'年味儿'。当然，还有其他诸如信仰、情感之类的内容让它更加充实，更加被人重视，加深它的'年味儿'。"

年味儿的仪式哲学

连接着两岁的交替，关系着过去的总结和未来的筹划，因此，也就有了许多特殊的仪式，来让年变得更加庄重和神圣，这些仪式就叫作风俗习惯。

刘魁立说："比如，家庭，家庭是中国传统社会中最重要的一环，因此，总结和调整家庭关系，让家庭在未来更趋和谐，是过年最重要的内容之一。比如，怀念祖先，把他们的贡献用特殊的意识重现，以此继承他们的精神，激励现在的人们要更热爱家庭。再比如，向老人行礼，既是一种感恩，也是对他们奉献的一种继承。而给孩子压岁钱，有鼓舞年轻人、给予某种寄托的意味。所有这一切，使得家庭能够在这个时候做一个过渡性的调整，并且处在一个特殊的氛围之中，身在其中的人感到与平常完全不同的感受，这也就是'年味儿'了。"

非独家庭关系，生活的各个方面都是如此。刘魁立说："过去有一整套完备的体系，从腊月开始筹备，扫房子、剃头、洗澡、穿新衣服、迎神等，一直到年后，所有这些让人从内到外，身心举止，都深切地感受到，新年开始了，这样'年味儿'自然浓了。"

年味儿其实是感觉

所以，"年味儿"的本质，其实是一种感觉。所有外在的仪式、风俗、习惯等，都只是让这种感觉更加明显，更加深刻。

刘魁立说："人们说过年缺'年味儿'，首先要问自己，感觉变了没，有没有把它当作一个特殊的时刻，有没有给自己的过去做一个总结，给未来做诸多筹划，有没有辞旧迎新的心态？"

当然，外在的影响，也确实存在。刘魁立说："社会环境、时代的变化，很多原本可以加强感觉的东西没有了。比如，迎神、祭祖，现代人特别是城市人已经很少进行了。再如，漫长的休闲，农业时代是没有周末的，也就是在冬闲的时候有这么一段休息的时间，如今许多条件改变了，特别是大年夜，人们对着电视机里的画面以及无法交流的演员，看别人表达情感，自然'年味儿'就淡了。"

港台乃至海外华人的传统年味儿浓

许多人认为传统年节的风俗习惯，往往在港台乃至海外华人中会更多地保留下来，似乎在他们那里更能感受到过年的气氛。

他们为何能保留更多的中国传统文化？

刘魁立说："一种文化处在被强势的异文化包围或者和异文化并存的环境中，文化间的界限会变得异常清晰，人们保护自身文化的意识会变得更强烈。不同的文化之间有交流也有碰撞，这种环境中特别需要把自己的文化身份强调出来。特别是海外华人，他们可能在国籍上已经变了，但是在血统上、文化上，依旧沿袭着旧的传统，以此来表现出他们自身固有的、和异文化不同的内涵。我想，正是这样一个原因，使他们反而能保留更多的传统风俗。而在内地，这种文化共存的现象相对要弱，有些传统随着时间的变迁而发生改变。"

让"年味儿"回归

即便是抱怨"年味儿"淡了，但无数的中国人依旧踏上回乡之旅，依旧将春节视为最重要的节日。所以，现在的问题是，怎样才能让"年味儿"回来，回到人们的心中。

刘魁立说："首先要在内心里调整自己，意识到这不仅仅是个假期，而是辞旧迎新的一个节点，要对自己的过去加以总结，对未来妥善规划，这样才会有过年的感觉。"

当然，外在的环境也同样需要，刘魁立说："传统节日在今天，应当有一些恰当的，和现代生活息息相关的形式，让人确实感到时间周期的转换，新旧的交替。"

然而，这并不容易，刘魁立表示："这不是一日之功。百年以来，自我们的夏历被取消之后，也就意味着我们原来的元旦没有了，不叫'年'了。过年似乎变得名不正言不顺。西历新年的'元旦'更像一种社会政治性的节日，和我们的历史传统没有什么关系。但在另一方面，百年以来，传统的年在中国人的心中并没有被抹去，人们仍旧以夏历年为'年'，仍旧是情感所系。就我个人的感觉，这两年来，我国法定节假日改革之后，'年'的气氛其实在逐渐浓厚，当然，相对于几十年前，乃至百年前的那种'年味儿'，依旧还淡，但总算是在变好，是一条上行的曲线。所以，我觉得现在可以算是一个过渡阶段。在未来，过年会越来越有内容，也会越来越有'年味儿'。"

原文载于:《北京晨报》2012年1月26日A13版:人文观察，本文由《北京晨报》记者周怀宗整理报道。

中国传统节日文化的传承和保护

编者按：4月2日14时，著名民俗专家，中国社科院荣誉学部委员，中国民俗学会荣誉会长刘魁立做客人民网强国论坛，以"中国传统节日文化的传承和保护"为题与网友进行在线交流，欢迎参与。

摘要：我们的传统节日，是调节我们和自己的关系，调节人和人之间的关系，也调节自己内心的世界。在这三个方面努力创造和谐关系，这是我们的节日体系的核心，也就是说它的精神主旨就在这里。节日体系对于我们整个的民族文化的发展，对于整个社会的发展会起到非常好的促进作用。

中国传统节日和宗教的关系较疏远，而西方主流节日大多和宗教密切相关

【网友：面具佬】中国传统节日和西方国家主流的节日，总体来看，有何性质差异？

【刘魁立】我觉得中国的传统节日和我们通常所说的宗教的关系比较疏远，而西方的主流节日，在很大程度上都是和宗教有密切关系。当然，在他们的节日体系当中，并非绝对和民间生活及他们自己的传统生活方式无关，但是这些节日就是因为基督教最后成了大家主要的信仰，而且在他们整个社会生活当中，在普通人的生活方式当中，起到了主导作用，所以，

在他们节日体系当中就有非常强力的这样一种情况出现。在之前的许多民间性的节日体系，逐渐被替代、被排除。而我们的节日，在这一点上就和他们有很大的不同，如果要看的话，我们首先和自然的关系在节日当中体现得很清楚，其次和时间的进展有很大的关系，就是一年四季的变化在我们这里也体现得特别明显。最后就是人际关系，创造一种社会和谐关系。再有就是自身的调节。我觉得这几方面都是非常好地体现在我们的节日体系当中，这和纪念宗教性的伟人们，以他们的生活作为我们自己节日的主干，可能有非常非常大的区别。

【网友：他以为】中国传统节日的精神主旨是什么？对于民族文化、社会发展有怎样的意义？

【刘魁立】我们的传统节日，是调节我们和自己的关系，调节人和人之间的关系，也调节自己内心的世界。在这三个方面努力创造和谐关系，这是我们的节日体系的核心，也就是说它的精神主旨就在这里。比如说，我们的春节，除了是时间的一个节点之外，也是我们完成了头一个周期的所有活动，开始第二周期活动的一个节点，在这个节点上，当然我们有总结，有预示，做非常多的准备，大家要特别关注我们自己和周围人的关系，我们自己和我们祖先、后代的关系，我们自己的心灵。像这样的内涵，可以说是我们中华文化的非常好的凝结，体现了我们传统文化中间的最基本的观念。我想，节日体系当然对于我们整个的民族文化的发展，对于整个社会的发展会起到非常好的促进作用，如果说所有的节日的基本精神在于和谐的话，在于调整关系的话，那么，我想，它对于我们文化的发展，对于整个社会的发展，当然有很大的促进作用。总不可以我们在建设一个社会的过程当中，不断地强化差异，而不更多地寻求认同，我觉得这一点具有非常重要的意义。

节日的关注度和其重要程度有关

【网友：他以为】调查结果显示，春节和中秋节是人们最喜欢的节日，七夕节和腊八节相对比较受冷落，排在关注度的最后两位，这个调查结果，和嘉宾平时的相关研究或者掌握到的研究数据，是否相符呢？嘉宾有何看法？

【刘魁立】我觉得咱们人民网在这些方面所做的调查也很有意思。网上问卷也是能反映实际情况的程度。春节和中秋节在我们节日体系当中是非常重要的节日，大家对它有更多的关注，这是当然的。因为春节就像我刚才所说的，我们有一个比较长的准备阶段，实际上，我们从腊八就开始准备了。因此，在某种意义上，腊八应该纳入春节的整个体系当中去，因为它已经预示着一个重大节日的来临，实际上是为这个重大节日做准备的一个前奏，是一个序曲。在这样的情况下，我们再看春节的价值和意义，在我们的准备过程当中，我记得很清楚在我小的时候，在腊月的时候一定要剃头，无论你在这之前是很久没有剪头，还是说剪了一段时间，似乎可剪可不剪，都是要剪的，而且要换上新衣服，要沐浴。过去因为条件很差，并不是所有人随时都可以洗澡了。但是无论如何，你在过节之前要洗澡。理发这件事情非常有意思的，如果你们看一下的话，正月所有的理发店基本上是关门的，因为没有人在二月二之前理发的，都在年前理发了，这说明我们是从内到外彻底变成了一个新人。家庭也要做这种准备，过去在北京也好，在其他地方也好，要糊棚，要糊墙，要重新布置家庭。当然，过去没有玻璃的时候，是要糊窗纸的。这个时候，我们要请神，又要请我们的祖先，等于说动员一切力量来把这个关节，从一个周期到另外一个周期的关节，很快地度过。那个时候，我们知道，也要防备很多不祥的，我们要迎接最美好的可以帮助我们创造未来的力量，这个节日当然特别特别重要。

中秋节也是差不多这样的含义的，对于中国人来说，家庭是我们关注的一个非常重要的核心，一个焦点，所以，要家庭和谐。人在社会当中，自然他的基础是在家，同时他也需要有很多亲朋好友，有一个自己精神力量的源泉。所以，中秋在月圆的时候，他要寻求这种力量的整合，或者说寻求认同。我想，这个节日当然也特别特别重要。所以，人们关注这两个节日是必然的。至于刚才说的腊八，我想，可以把它放在整个过新年的体系当中去。所以，它的意义并非一定要特别突出自己，强调自己。

再有，就是七夕。刚才说到家庭，因为七夕实际上是家庭的一种非常美好的和谐关系的期望，也不希望受到其他外力的干预和破坏，追求一种美好的男女的关系。我想，在这样一种情况下，七夕节就变得特别被大家所关注。但是它比较起来，像我们刚才所说的两个节日，当然要略差一些。我想大家的关注度也和节日的重要程度有关的。

【网友：大清新】从调查结果来看，大部分人都认为传统节日味道淡了，同时又急切呼吁采取有效手段保护传统节日文化，这种对节日的期待感降低、感觉节日味道变淡，与呼吁保护传统文化的强烈意愿之间所形成反差，反映了怎样的一种社会心理？

【刘魁立】我想，一方面当然反映了现实的情况，但另一方面，我个人感觉到可能在我们的认识上也有一点偏差。偏差在于，当你走出城镇，迈步到了乡村，置身于乡村的时候，你就会感觉到节日的那种气氛是非常非常浓，所以，就形成了这样一种情况，在城市里面，大家在节日当中并非有一种特别异样的心理、特别异样的感觉，而在乡村，这种情况就不尽然。所以，当我们说节日味道变淡的时候，或许也有这样的情况，城市和农村之间仍然还有一些差异。所以，到过年的时候，在北京的大街上也许看到人变少了，或者偶尔有鞭炮声，大家也和善了。但是到农村不尽然，特别是到元宵节的时候，那种热闹的情形是让人特别特别羡慕的。所以，在提出这个问题的时候，就有这样一个情况，不尽然一定是淡了，但是从总体来说，节日的味道是变淡了，就包括农村的热闹程度也不及以前了。但是这件事情的原因何在呢？我想，如果分析一下的话，也许叫冰冻三尺非一日之寒。从1912年开始，当时行政当局就要改历，就要由过去所实行的夏历改成所谓"国历"，就是用纪元新历，也就是现在通行的欧洲的阳历。这个情况对于我们的节日来说是一个很大的伤害，因为我们的节日体系如果仔细看的话，无论是二十四节气也好，无论是什么，都是在过去的时间体系当中存在的。所以，这样的情况下，对于节日的伤害就比较大。更有以后经过很长的战争的年代，无论是抗日战争也好、国内战争也好，在战争期间，大家的心思主要不在这里，所以，对于节日本身的影响也是很大的。至于后来我们由于建设的需要，还由于各种我们都知道的历史情况，对节日的消解或者节日在人们心目当中的地位实际上是减弱了。在这样的情况下，当我们现在特别强调要过好节日的时候，感觉到我们失去了很多，所以，这个"淡"可能在二十年前大家不会说，因为那个时候大家不能很好地过节的。当我们现在有强烈的要求时，就感觉到现在节日的味道不浓了。这两个不是一种反差，并不是矛盾，他们彼此之间有一种相互的关系。

另外，我自己还有一种感觉，我们要看到，大家感觉到"淡"的时候，实际上，他是强烈地希望有一个非常热闹的、符合我们现在心理需求的那样一种节日的过法。正因为有这样一种强烈的需求，所以，他就感觉到现在我们离着那个时间比较远。

再有一种情况，当我们感觉到淡的时候，实际上，我们参与的积极程度也不够。一面喊着淡，一面又没有特别强烈的，无论在自己的心理上还是在行动上，也没有特别关注这个节日的健康的发展。我觉得，当我们说淡的时候，也许我们自身在我们的心灵里就缺少了那样一种热情。在这样的一个过程中，我们会呼唤这个节日，我们会参与这个节日的建构，会让这个节日在整个社会生活当中发挥更大的作用，给我们带来更加美好的一种感觉，我们把它叫作幸福感也好，叫作我们对于生活的热爱也好。总而言之，我觉得这个是可以期待的。

西方节日不会与中国传统节日分庭抗礼

【网友：琴江对语】中国人自己创造的"光棍节"近年来很流行，一些电子商务企业还借此大做文章，进行所谓的"双11"促销活动，虽然商业化倾向很明显，但是不少"光棍"们似乎也能乐在其中，是不是因为人们感觉传统节日味道越来越淡，太无聊了，所以就创造一些"光棍节"之类几近于恶搞的娱乐化节日？嘉宾对"自创"节日有何看法？对这种"自创"的社会心理能否进行一些分析？

【刘魁立】我有这样一种感觉，当我们的劳动强度越来越减弱的时候，当我们的闲暇时间相对变得多一些的时候，生活的水平已经有了相当的提高的时候，也许我们的余暇愿意从事我们自己喜欢的这样一些活动就有更多的空间。在这样的情况下，大家都在寻求一种释放自己，有一种比较好的时间度过需求。比如说，在地铁里，甚至于包括中年人，或者中年以上的人，特别是青年人，几乎人手都有一个手机，实际上，真正做事的极少，绝大部分都是在看消息、玩游戏等等。这样一种打发时间，平时即使不在地铁里，在别处也仍然是这样的。在这样一种情况下，人们对于节日会有另外一些需求，我觉得这是显而易见的，这种需求不仅体现在对于"洋节"，也体现在我们会找到若干可以引为理由的那样一些时间来为自己做一些相应的娱乐性活动。"光棍节"在某种意义上也是一种由头，实际上，"光棍节"不会单独一个人过的，他一定是要找几位朋友，大家在一起，这个朋友有可能也同样是光棍，也有可能男光棍，甚至于一些女士们，未婚或者比较大龄的，大家找一个机会，找一个由头，大家共同度过。你要说他是无聊也未必，因为它是因为无聊引起的，是希望有聊的，所以，像这样一些节日，包括一些"洋节"，考虑到他本身的理由和原因，我们就不会轻易地说这个不好，或者那个应该怎么怎么样。我想，像这样一些情况，应该受到大家的一种同情，但是不一定就要贬斥。当然，我也并不认为这样一个节日会变成一个认同。我自己感觉到，在这样一些节日里，会有一个问题，就是它本身并非我们认同文化的一种反映。像我们的春节，大家是认同的，这种认同是凝聚我们自己的人心的，连孩子都知道，在春节的时候不能哭、不能闹，所有的人彼此之间都有一个非常和谐的对待，互相之间的关系变得比平时要亲热，而且对于过去有过节的，也会在节日过程中间得到某种缓和，从此有所改善。我想，这些都说明，这些节日是凝聚人心的，是一种认同的文化。像"光棍节"这样的，不过是找了由头，让大家能够聚在一起喝点酒，唱唱歌，高兴一下，释放一下，所以，它带有某种消遣的、释放的，甚至于可以把它叫作一种消费的文化现象。对于这样一种自创，你把它叫作节日恐怕多少还有一点牵强吧。

【网友：我对烟草很了解】西方节日在中国比较流行，尤其圣诞节、情人节，基本是老少皆知，虽然调查显示人们总体上还是更喜欢传统节日，但是随着时代的变迁，会不会有一天西方节日与中国传统节日分庭抗礼？会对传统节日有什么影响？进而对中国社会造成什么影响？

【刘魁立】是不是会有影响，我个人感觉到不可能全然漠视它的影响。

比如说，现在的基督教在很大程度上被一些人所信仰，复活节也好，圣诞节也好，不能说不会对于他们心理造成什么影响，当然会造成影响，这是显而易见的，所以说，是会有影响的，包括对我们自己的节日体系也会产生一定的影响。但是如果把他们的能量高估，认为他们在某种意义上会分庭抗礼，我相信大概不会的。因为什么？我的理由在这里，我们始终没有把这些节日看成是我们自己的节日。为什么这样说？因为大家对于这些节日如何过法，它的原因、它的理由、它的来源、它的意义，全然不顾，等于说我们就找一个机会来彼此之间进行某种联系。比如说，圣诞节，在西方，圣诞节是在家里过的，这个节日体系，在某种意义上，无论是中国也好、外国也好，一定程度上都和家庭有关的，圣诞节也是和家庭有关的，可是我们这里的年轻人，在过圣诞节的时候绝不会在家里过，绝不会和自己的父亲母亲过，而仅仅是找自己的一个朋友、对象、爱人，或者是自己的女友来度过，而且仅仅是一种机会，找到了这个机会，我们利用了这样一个由头，大家能够在一起欢聚。所以，这和非常具有认同意义的节日是完全不同的，那个是化在我们血液当中，是存留在我们自己心里面的，应该说自从我们降生以后，就会与生俱来的这样一种情感，它是不一样的。所以说，他们分庭抗礼的节日大概不会到来。

中西方节日文化的共荣是比较难的

【网友：开着奔驰上强坛】调查中，有的受访者认为中西方节日文化应该互相借鉴共融，中西方节日文化有差异，这种共融的可能性是否存在？这种建议反映了人们内心怎样的期待？

【刘魁立】我认为这种共融的说法，多多少少是把两种不同性质的东西弄在一起，而这个又不同于我们吃饭吃菜。比如说，我们可以吃一个牛排，同时也可以吃饺子，在进餐的时候，也可以最后喝一杯咖啡，前面来一个鸡蛋汤。节日体系可不是这样，节日体系本身是有非常悠久的文化内涵，非常悠久的历史传统。在这样一种完全不相融的历史传统底下，让他们有一种思想共融，还是比较难的。我举一个例子，就说情人节，在欧洲、在日本，我也看了咱们的调查，日本的情人节不仅仅是像我们翻译的这样是一个男士和一个女士之间的活动，实际上是所有的男士对所有的女士表示一种亲近，表示一种敬爱，表示一种情感的普遍性的活动，比如说，在一个单位里有三个男士，有五个女士，这三个男士就要准备一些礼物分别给这些女士，并没有专门要对于哪一位表示所谓的爱慕之情，不是这样的。所以，与其说是情人之间的关系的节日，还不如说是整个不同性别之间互相尊重的节日。可是我们现在把它翻译成"情人节"之后，就出现了这样一个情况，这是情人之间的节日，至于它的来历，就更有点荒唐了，无论是在西欧也好，还是在其他地方也好，它是一个特殊的活动，宗教性的，带有若干宗教色彩的活动，可是我们现在有时候把它完全世俗化，按照我们理解，根本不去管这些。所以是我刚才说的那句话，他是需要找一个时间，找一个空间，要把自己的情感能够得以释放。应该说，过去我们的节日里，以家庭为核心的节日，关于个人情感的关注也许并不够，这就是和过去的社会形态相关联。所以，在这个时候，人们有这种需求，也是无可厚非的，是不应受到责备的。但是，将来这些节日和我们的节日里面怎样产生一种共融，我觉得大概不会。也许我们会找到一些非常巧妙的办法，我们大家共同在整个历史进程中逐渐形成或者逐渐创造满足个人情感表达的这样一些机会。

【网友：58.68.145】为什么南方地区更看重清明节，北方地区更看重腊八节？

【刘魁立】我们在南方看到非常非常多的祠堂，对于家族的传统特别的关注。北方在这方面可能是由于各种历史原因，各种迁徙的过程，也许这方面的关注不是特别够，所以，大家更加关注清明，和我们和家庭的关系，祭祖什么的有关系的。当然，北方也有开始进行续家谱等活动，但是这还不是他们要按时举行一些祭祀性的活动，这和南方很不一样。南方的祠堂，大概每个村庄里都有，到今天为止，许多百姓还仍然有很好的祠堂，也有相应的一些活动，我想这是一个原因，在南方更加看重清明。当然，看重清明有两个方面：一个是在行动上的表现，再有一个是心理上的。如果要说在心理上的，也许他们的差异不像在行动上表现得那么明显，因为在北方也同样很关注如何把传承的链条接续起来。比如说，在北京，这样完全的新兴大城市，一到清明的时候，居然有几条路根本走不动，这个也说明一些问题。我想，在现在这样一个非常安定的社会环境里面，大家对于传统会越来越关注，正像关注孩子的教育一样，我们同时也关注我们的前辈。

至于腊八，就像我刚才所说的，由于现在我们有非常多的方便，在节日的准备方面已经不需要有那么多的活动要做了，有那么多的事情要做了，所以，我想，可能由于这样一个原因，腊八节实际上逐渐会丧失了它节日的味道。

寻求新的形式，让老百姓对节日产生更多的认同感

【网友：看热闹不怕事大】喜欢西方节日的人不少，但是调查显示即便是这些喜欢的人，也并不了解西方节日文化？这算不算"崇洋"、盲目跟风呢？嘉宾怎么看。

【刘魁立】跟风我倒觉得是跟风，但是不一定是"崇洋"。在这些人当中，他们同样的也有一颗中国心，所以，我不觉得他们就是由于用这样一

个节日来表示自己的"崇洋"。实际上，这些人很关注时尚，很追求新奇，在这个时候，我觉得他并非一定有那样一种心理，说外国的一切都好，大概不是这样。比如，现在有的人去吃麦当劳，并不是因为这是外国的，所以我喜欢它，而是因为这里有许多的方便，它的设备、标准化等等诸如此类的，另外，味道的新奇。假定我们同样能够创造出来这样一些，大家同样会喜欢。所以，一定要说这些人有"崇洋"的表现，我自己不这么看。

【网友：气泡红酒】随着年龄的增长，更多的人选择在传统节日时与家人团聚，而探亲访友和参加节庆活动的比例逐渐下降，为何？

【刘魁立】在社会生活当中，比如，我们从事的职业，我们劳动方式的变化、劳动环境的变化、职业性质的变化，已经使我们不再像过去那样，过去在农村里面，虽然是住在一个村子，但是当我们个体劳动，也很难天天去走亲访友，所以，在农闲的时间，当然会有非常多的时间探亲访友，就显得这个时候比较频繁。可是到了城市里面，设想一下，我有三个朋友，一个在城东，一个在城西，一个在城南，我自己在城北，当然，现在偶尔可能通一个电话，如果把过去的走亲访友看作现在的打一个电话或者发一个短信的话，我们现在探亲访友的机会要比过去多得多了。所以，在这样一个特殊的方式中间，生活变化的过程中，我们有很多问题需要重新来看。我自己感觉到，在城镇化的过程中，对于节日体系来说，当然是一种挑战，尽管现在我们大家一再提倡"要保护自己的传统节日，要过好我们自己的传统节日"，由于上下有这样一种一致的共同的认识，我想，这当然是一个很好的机遇。但同时面临着一个非常重要的危机，我们把它说得稍微淡一点，这是一种挑战。为什么说这是一种挑战，因为现在已经很难再继续用过去的方式过了，现在条件有非常多的变化，有非常多新的条件，使得过去的那种过法不行了。再有，我们对于过去的许多观念性的东西，也逐渐丧失了。比如说，我们在信仰方面有了一些变化，比如说，在祭祖的过程中间，比如说，迎神的活动会越来越淡，比如，过去在门上要贴挂签，贴对联，现在我们连对联都很少贴，过去腊月二十三的时候要祭灶，我们现在使用微波炉的时候，使用电磁炉的时候，上哪里去贴这个灶王爷呢？所以，这样一些观念都逐渐逐渐淡了，条件也变了，所以，我觉得，实际上是面临着一个挑战，我们一定要寻求一些新的方式，创造老百姓会共同来建设这个节日的新的形式、新的过法，同样让它发挥那种认同的作用。

【网友小萝卜头】我们不能数典忘宗，不能忘掉中华民族的传统节日文化，其中也有许多精彩的文化内容。它对提高人们的文化素质，维护社会公德，增强民族凝聚力，进行爱国主义教育等方面的作用绝不可低估。

个人建议：1. 重视传统节日应从政府做起。政府在传统文化的传承和保护上应该起到关键性的作用。2. 挖掘文化内涵，加强传统文化宣传与教育。3. 年轻人应重新去认识传统文化，增强对自己民族传统文化的自觉保护意识。

【刘魁立】我觉得这个年轻的朋友所说的太对了，当然他说到的，我们应该挖掘它深厚的文化内涵，应该特别关注它，应该对它有更多的保护。我觉得特别特别重要的是我们自己要重视自己，我们真的要特别体会这些节日的丰富性，那种历史的悠远，那种文化内涵的厚重，我觉得这个特别特别重要。比如说，在我们的任何节日里，从内涵来说，不仅有非常重要的，对于我们来说有切身之痛的核心内容。比如刚才说的，我们在这里会学到非常深厚的道德修养，会有这种成效，我们同时也会敬畏天地，保护自然，我们要和自己的祖先的优良传统有密切的关联，而且要继承这种传统，我们能够很好地创造社会的和谐。这些非常重要的内容之外，我们还有非常好的一些象征，比如，在什么时候穿什么、吃什么，那些所谓的象征物，比如说，什么颜色、什么花，有哪些特别的食品，所有的这些，在我们的节日体系当中都特别丰富，特别完美，让我们自己感觉到做一个中国人真是特别的幸福。所以，我觉得，要深深地挖掘这些内涵，很好地把这些表现形式通过我们自己的关注加以体现，我觉得这个非常非常重要。当然，比如说，无论是学术界，无论是政府部门，无论是各种媒体，都应该特别关注，而且我认为，媒体在这里会起到一个非常非常关键性的作用，因为他们不仅会引导舆论，会防止那些不应该有的错误观点在我们节日的理解当中产生不利影响，另外，还在于会引导商家，而商家的鼓吹，实际上在我们整个节日保护当中是起着非常关键性的作用，他们的任何举动都对于我们整个社会生活有影响。我举这个例子，就是所谓圣诞节，圣诞节与其说是在我们心目中会有什么重要的地位，还不如说是这些商家在他们的宣传品里面，在他们的商业营销策略方面所起的作用大，他们实际上是把西方的这些东西通过这样一些有形的或者无形的方式推销出去之后，主要还是扩大他们自己的盈利，把它看成一种卖点，在这样一些地方，我们的舆论也好，我们的商家也好，我们所有的上上下下，从政府到每一个过年过节的人，也就是整个中华民族的全体成员，都应该有一个强烈的意识，我们要过好我们自己的节日，要使我们自己的生活变得更加有兴趣，更加甜美幸福。

【刘魁立】非常感谢人民网给我这样一次机会，能够和大家聊节日问题，我希望节日能够成为我们幸福美好生活的一个核心内容。

原文载于：人民网-强国论坛2013年4月2日，原题为《刘魁立谈中国传统节日文化的传承和保护》。

从"中国端午节"丛书出版说起

在中国民俗学会几位同仁的努力下，"中国端午节"丛书出版了，这是21世纪中国端午节研究方面值得祝贺和纪念的一件大事。

传统节日是中国民俗学会长期以来一直积极关注的领域。2007年底颁布《国家法定节假日制度调整方案》，增设清明、端午、中秋等传统节日为国家法定假日，自2008年起实施，从此结束了近百年来传统节日被排斥在国家时间制度之外的历史。中国民俗学会为此做了大量工作，是其中重要的推动者之一。

2002年，中国民俗学会与央视国际网合作，推出了民俗专家谈春节文化的系列访谈。访谈围绕着春节今昔、春节仪式、春节与百姓生活、春节习俗的历史演变与民族文化传承、春节文化的扩展与延续等专题展开。参加访谈互动的民俗学会同仁有数十人次，老中青三代学人聚首与广大网民共话春节文化。首次以中国民俗学会集体力量，以网络新媒体为平台，传播春节文化，实在是民俗学会同仁服务社会、参与文化建设的大事，系列访谈成果在2003年出版《文化年夜饭》（中华书局）一书。

2004年7月，中国民俗学会受中央文明办委托，由刘魁立、高丙中、萧放、陈连山、施爱东、黄涛等组成课题组，完成了"中国节假日体系研究"课题。随后，2005年6月，中央宣传部、中央文明办、文化部、民政部、教育部五部委联合下发《关于运用传统节日弘扬民族文化的优秀传统的意见》文件，这是"五四"新文化运动以来第一次以发布官方文件的方式正面对待作为整体的传统节日。

2005年1月，中国民俗学会主持召开"民族国家的日历：传统节日与法定假日"国际学术研讨会，邀请美国、俄罗斯、法国、日本、韩国、马来西亚和国内的民俗学家，讨论各国传统节日与现代国家的公共假日的关系，并对中国的节假日改革提出建言，会后出版《节日文化论文集》（学苑出版社，2006年）。

2005年中秋节期间，由中国民俗学会领衔发表"保护传统节日文化"的上海宣言。

2006年1月，中国民俗学会主持召开"中华民族新年庆典与习俗学术研讨会"，继续深入讨论传统节日问题。

2007年2月，中国民俗学会主持召开"文化空间：节日与社会生活的公共性"国际学术研讨会，讨论节日活动文化空间的重要议题。

2007年春，中国民俗学会受文化部及国家发改委委托，由中国社会科学院、北京大学、北京师范大学、中国人民大学的民俗学者组成课题组，完成"民族传统节日与国家法定假日"课题，对我国传统节日的起源、流变和文化内涵进行阐解，并对节假日体系改革问题提出建议（《中国节典：四大传统节日》，安徽教育出版社，2008年）。2007年12月，国家发改委负责人就法定节假日调整有关问题答问，曾经就此说道："2007年以来，文化部和有关高校就我国传统节日的内涵和意义展开研究，研究的内容包括我国传统节日的形成过程、演变历史、风俗变化、节庆活动等。"（2007年12月16日，新华网）

此前，刘魁立曾上书国务院有关领导，提出我国节假日制度改革的建议，并且还通过中国社会科学院渠道，向中央领导部门提交报告，说明将传统节日增设为国家法定假日的必要性和重要性。

在此期间，中国民俗学会广大同仁利用讲座、书刊、电台、电视台等各种媒介，广泛呼吁和宣传，深入阐发传统节日的文化内涵及其在社会生活中的重要意义，以提升传统节日在国家时间制度中应有的地位。

在推进这一项具有历史意义的活动当中，中国民俗学会广大同仁提供智力支持，使一个群众性学术组织的绵薄之力，汇入举国上下广泛共识、携手推动的巨大洪流当中，最终促进了国家时间制度的改革完善。

今天，回头看国家的这一举措，我认为其历史意义是非常巨大的。因为整个节假日体系，是一个国家的"国家日历"。节日，与我们的日常时间不同，它赋予时间以鲜明的文化记忆。传统节日通过全体社会成员共同的特殊时间体验，直接与民族认同和身份认同相关联，是我们民族时间文化体系中的核心瑰宝。

端午节是最古老的节日之一。早在神人观念未分的上古，我们的祖先已经对于夏至和冬至有了明确的认识。尽管我们不清楚其祭祀仪式的细节，但可以想象当时一定有过相关的祭祀活动。这正是端午文化最早的胎动，因为夏至节令是端午节的根本。经过秦汉时代的发展，在中国的时间文化体系中，最后形成了一月一、三月三、五月五、七月七、九月九等五组奇数节日构成的节日序列。端午节被编入这一序列中。到了魏晋南北朝时期，在节俗方面融合战国以来五月初五习俗、午月午日习俗和夏至习俗的端午节，已经成为中国人一年时间生活中地位最重要、节俗内容最丰富的几个节日之一。

此后千百年，端午节作为中国古代时间文化的一部分，不断传承发展，节俗内容越来越丰富，影响越来越广大。其覆盖面及于长城内外、大江南北，而其影响也远播于日本、朝鲜、越南等地。

2009年，端午节更作为中国传统节日的代表，入选联合国教科文组织人类非物质文化遗产代表作名录。这凸显了端午节的重要地位，同时，也向我们提出了问题：我们应该如何更好地传承和保护这一节日？在这方面我们还有许多工作要做。我高兴地看到，中国民俗学会多年来与嘉兴市委市政府携手合作，在嘉兴共同举办端午节文化活动和学术论坛，并且为此出版了《我们的节日——中国民俗文化当代传承浙江论坛（嘉兴）论文选》《寻觅中国端午文化魂脉：中国端午节习俗国际学术研讨会论文选》《彰显与重塑——2011年端午习俗国际学术研讨会论文选》三种论文集。

2010年6月，中国民俗学会在嘉兴设立全国首个"中国端午文化研究基地"。2011年和2012年两年时间内，在中国民俗学会的主持下，我们以端午习俗为中心对嘉兴下辖的七个县（市、区）分别进行了田野调查。今天，在中国民俗学会诸位同仁与中共嘉兴市委宣传部、嘉兴市文化广电新闻出版局等单位的共同努力下，编撰出版了"中国端午节"丛书，这是为传承和保护端午节迈出的重要一步。

一代人有一代人应当完成的历史使命。每个时代的历史使命，都要求有人勇于吃苦，勇于承担。我们的祖先给我们留下了非常优秀的时间文化传统，我们这一代人有责任将这一优秀传统以最完美的形态传递给后代。

《中国端午节》是继《中国牛郎织女传说》之后，中国民俗学会同仁为建设中国民俗文化做出的一份新贡献。在此我谨表示祝贺之意，并期望今后有更多同仁投身到保护和传承优秀传统文化遗产的伟大事业当中。

原文载于："中国端午节"丛书，桂林：广西师范大学出版社，2013年6月版。

节庆,那密叶中的疏花

"如果生活是一棵常青树,那么,淡雅而辛劳的平日就是繁密的树叶,逢年过节便是树上美丽的花。"

"元旦是不是新年?"刘魁立露出了孩子般狡黠的笑容,"一百多年前我们就管1月1日叫元旦,但你看,那天商人照样出摊卖货,他们没把元旦当回事;可是,大年初一你再出门看看,大家都收摊回家了。"

他记得幼年时,农历七月七,庭院中放碗水,水面上放根针,女孩子会对着水面祈祷找个好丈夫。他最爱中秋节,农历八月十五,皎洁的月光下,喝上一杯桂花酒。

一生从事民间文化研究的刘魁立,一直在寻找继承和弘扬中国传统文化的突破口。他给出的答案是:传统节日。

大雁南飞、燕子归来、布谷鸟叫、杨柳发芽、桃李开花,我们祖先对时间制度的总结诞生了二十四节气。春节、端午、清明、中秋,人们借由节日展示自己的服饰、美食、工艺、才艺和情感,民间的生活形态都在传统节日里体现。

"传统节日集中体现了中国人的时间系统和文化观念,它是文化认同、民族认同、国家认同的重要标志。"刘魁立说,所有的民族传统节日都是以协调人和自然的关系为核心而建立的,假如既有传统、又有深厚文化积淀的传统节日没有在法定假日体系中得以体现,是个巨大的缺憾。

"推动民族传统节日和国家法定假日的融合，有助于恢复民族文化的传统，提高民族自信心，激发民间创造力。"他说。

　　从2005年开始，他担任中国民俗学会会长，连续三年以"传统节日与法定假日"为议题召开国际学术研讨会，邀请多国民俗学家讨论各国传统节日与现代国家公共假日的关系，用意明确：推动传统节日和法定假日的融合，将民族传统节日纳入法定假日体系。

　　在确定国家时间制度的时候，假如没有把我们的民族传统节日纳入其中会怎样？

　　刘魁立分析说，一方面，民众历史传统的文化情怀得不到正常的充分的抒发；另一方面，可以在多方面发挥重大社会效益和文化效益的资源被白白地浪费了，甚至在一定程度上影响到文化传承、情感认同、民族认同。

　　2006年12月至2007年2月，受国家发展改革委及文化部委托，刘魁立率领中国民俗学会完成了"民族传统节日与国家法定假日"课题，他亲自执笔主体论证报告，对我国传统节日的起源、流变和文化内涵进行阐解，对节假日体系改革问题提出建议。

　　努力有了结果。2007年12月7日，《国务院关于修改〈全国年节及纪念日放假办法〉的决定》公布：除春节长假之外，清明、端午、中秋增设为国家法定假日，各放假一天。

　　"这是群体的力量与历史的必然，我们只是在必然中起了偶然的作用。"刘魁立平静地说，又添上一句，"消息传来时，内心感受真是分外强烈。"

　　下一步，老骥伏枥的他还想呼吁把长假放在传统节日里，让假日的平常变成节日的不平常。"如果生活是一棵常青树，那么，淡雅而辛劳的平日就是繁密的树叶，逢年过节便是树上美丽的花。"在《密叶疏花说春节》

里，刘魁立这样写。文章的开头引用了一首北京民谣：新年来到，糖瓜祭灶；姑娘要花，小子要炮；老头子要戴新呢帽，老婆子要吃大花糕。

开心诵读的他，仿佛又回到童年。

原文载于：《经济日报》2015年2月1日第08版：周末，本文节选自《民俗大家刘魁立：听风·采风·追风》，由陈莹莹整理报道。

话说端午——忠孝观念的维护与建构

传统节日对于我们每一个社会成员来说，都具有非常重要的意义。在这些特殊时刻，人们会用一种非常态的心理看待和对待自己的生活，看待和对待周围的人，看待和对待我们置身其中的社会环境以及自然环境。

如果说，有些民族的节日体系是以宗教纪念日作为核心的话，那我们的民族传统节日，其重要特征在于，这些节日是以协调人们和自然的关系为核心而建立的。所谓和谐，其前提就是要心情舒畅，这里边包括三个层面的关系建构：一是与自己内心的关系，二是与周围人的关系，三是与自然的关系。只有这三种关系都建构在亲密、和谐的基础之上，我们才可以说，生活在这样一个世界里是快乐的、幸福的，我们才有了前进的内驱力。

社会是动态前进的，节日的含义亦是如此。比如，端午节，从最初的天人对话、趋利避害，到包含忠孝道德观念内涵的祭奠行为，以及不断附着其身的种种理念，无不反映人们对自身、对周围人和对生活环境的美好诉求。

严格地说，端午节也许最早并不是一个人文性的节日，而是人类同自然对话的契机。根据中国传统的哲学理念，阴阳交替贯穿整个自然运行的进程：在整个季节的变化过程中，当阳气发展到极致的时候，阴气即开始萌生。农历五月的夏至正是阴阳交替的重要时候，五月五日午时是交节的确切时分，这当口一定会发生某些矛盾或者斗争。《礼记·月令》有明确的记载：是月也，日长至，阴阳争，死生分……故此，五月又被称为恶月。

如何才能平顺地度过阳发展到极致、阴开始萌生的关口，智慧的先人们选定了一些相应的活动来面对、契合这个重要关口。这些活动就带有些巫术的味道。比如，端午节时，人们要戴五彩线、挂艾蒿、喝雄黄酒、制五毒符、吃五毒菜等等。人们进行这些活动，其良好愿望就是为了让阴气在萌生之时，留住和发扬一切祥瑞，避免一切不好的事物发生。这即是端午节的最初生发渊源。从这个意义上来说，早期的端午节无疑是人们发现自然变化的阴阳交替、并假以各种活动来平顺度过这个关口的一个时间节点。

　　随着社会的不断发展，处于现实生活的人们不断进行生活秩序的维护和重新建构；随着社会的动态前行，人们会思考，如何处理随之而出现的诸多从宏观到微观的问题。比如，怎样对待自己的民族？怎样对待自己的国家？怎样对待周围的人们和生存环境？怎样完善自己的世界？

　　在人与社会不断契合的进程中，端午节随之还被赋予了两个重要的道德观念——"忠"与"孝"。

　　提到这个"忠"的观念，便要说到先人屈原的故事。作为战国末期楚国重要的政治家，屈原满怀才学与抱负，从建功被重用，到遭小人嫉恨，再到不得志被流放，最终在五月五日投汨罗江结束自己的生命，屈原的一生矢志忠于自己所属的家国。他所做的一切，紧紧围绕一个"忠"字。而人们选择在端午这个阴阳交替的时节，来祭奠屈原，反映的也是一个"忠"的道德观念。这个观念通过端午这个节日得到了极好的彰显。

　　另一个附着在这个节日上的重要道德观念就是——孝。孝附着于端午或始于曹娥的故事。曹娥是历史上有名的孝女，会稽上虞人。她的父亲曹盱是个巫祝，负责祭祀方面的工作，东汉汉安二年（143年）五月五日，曹盱驾船在舜江中迎潮神伍子胥，不幸掉入江中，生死未卜，数日不见尸身。

那时曹娥年仅14岁，她昼夜沿江哭寻父亲。过了十七天，在五月二十二日这一天她也投了江，五日后她的尸体抱父亲的尸体浮出水面。这个故事在《后汉书·列女传》中有详细记载。且不论人们对故事本身作何评价，重要的是，循着这个动人的故事，借节庆之机彰显了一个特别重要的、被人们特别关注的道德观念——孝。至此，端午这个节日，也便增益为一个"孝"的节日。

当然，还有其他一些内容和理念，也附会在这个节日里，并让这个节日变得十分丰满，充盈着无穷的韵味。对于我们来说，节日不再仅仅是一个消闲的、喜庆的，或者是祭祀的时机，它同时还是一种社会关系重建和道德观念提升的载体。

传统节日作为一种载体和复合性的文化表现形式，在非物质文化遗产诸多事象中，占据重要的乃至核心的地位，很多非物质文化遗产的精粹都附丽在、展现在完整的节日活动之中。更重要的是，节日以其悠远的渊源和丰富的内涵，深入人心，长盛不衰，是民族历史的记忆，是民族情感的寄托，是人们无尽的欢乐和永恒的向往，同时，也是人们建构和谐社会的重要依托。

人们怀着美好向善的情愫，居于康健和谐的环境之中，节日成为我们生活之树上的鲜艳夺目的花朵，节日成为社会群体及其每一个成员心中永远唱不完的美妙的歌。

原文载于:中国民俗学会乡愁文化发展研究专业委员会公众号2016年6月9日。

节气农谚的智慧

湖南的农谚说，"节分二十四，候有七十二"。

呈现在各位读者面前的这部书，就是解说二十四节气及七十二候同农业生产活动的关联的。这些关联最集中地体现在农谚当中。本书不仅有对二十四节气的简约精要的解说，更在二十四节气的框架下收罗和编排了几乎全部和节气相关的农谚。关于二十四节气各个节气的解释说明，以及关于难解谚语所做的注释，会把我们带进谚语流传的相应时间和相应地域，让我们同这些谚语的创造者和传承者感同身受，油然生出亲切之情。选材的宏阔和全面让我们由衷地赞叹：这的确是一部农谚全书。

每个人和整个人类社会，都始终生活在一定的时间和空间中。空间是固定的和具体的，而时间则需要通过某种办法加以测定和标识。人们测定和标识时间的参照物最初是自己感知到和观察到的气候和物候的变化。什么时间冰化了、河开了、风来了、雨来了；什么时候大地苏醒可以耕种了，气候转暖了，冬蛰的昆虫苏醒了；什么时候候鸟飞来了、飞走了……这些气候和物候的变化，就被我们的先人用来作为早期测定时间的依据。

时间是世间一切物质存在的重要方式，时间概念是一个抽象的概念，是物质的运动、变化的持续性、顺序性的表现。时间是人类用以描述物质运动过程或事件发生过程的一个参数。人们更准确地衡量时间、计算时间、记录时间，就要进一步选择具有普适性、恒久性和周期循环性的参照物。于是，太阳、月亮、谷物的成熟期等等，就成了优选的参照物。人类很早就学会观察日月星辰，用以测量时间。大约在纪元前五千年，人们利用指时杆观察日影。纪元前十一世纪，已经有了关于日晷和漏壶的记载。详细记录时间的钟表的发明，大约已经是十三世纪下半期的事情了。

协调和规范各民族或国家群体内部公共时间制度的，是各国实行的特定历法。世界现行的几种历法最为普遍的有以地球围绕太阳旋转的周期作为参照物的太阳历，或称阳历，我国当今使用的公历就是这一历法；还有以月球围绕地球旋转周期为参照物的太阴历，或称阴历；再有我国自夏代开始就使用，后经汉武帝太初元年加以修订的兼顾太阳历和太阴历确定的历法——阴阳合历，即我们所称的夏历、农历，或俗称的阴历、旧历。

我们的民间传统节日体系，例如，春节、元宵节、端午节、中元节、中秋节、重阳节，以及清明和冬至等，都是依据过去通行的阴阳合历而确立的。这种历法在我们的心目中和在我们的实践活动中，依然占有重要地位。正像我们对光华照人的月亮和太阳倍感亲切和极尽赞颂之情一样（人们把月亮和太阳神格化，编创出大量的神话传说就是最好的说明），我们对使用了几千年的阴阳合历同样有着深深的钟情和依恋。

说到二十四节气体系的创立，春秋时代，我们的先祖就曾用土圭测量日影的方法，确定了白昼最短、最长和长短相等的冬至、夏至、春分、秋分四个时间节点。秦代又确定了四季开始的四个时间节点：立春、立夏、立秋、立冬。到了汉代，二十四节气的完整体系便彻底确立下来。从地球的视角观察，太阳按黄经运行的轨迹划分为三百六十度，每运行十五度所经历的时日即为一个"节气"。运行三百六十度，共经历二十四个节气，即每月两个节气。在每一个节气下，更细分为三候：初候、二候、三候，每五日一候。例如，本书在立春的题解中所引用的，立春三候的表征是："初候东风解，二候蛰虫始振，三候鱼陟负冰。"二十四节气和七十二候既是气候变化的一个时段的标志，其开始的日期和时分同时也是气候物候变化的精确的时间节点。

人们为了便于记忆，还编成了二十四节气歌：

春雨惊春清谷天，
夏满芒夏暑相连，
秋处露秋寒霜降，
冬雪雪冬小大寒。

作为二十四节气保护和传承单位的中国农业博物馆，协同其他相关单位，已经向联合国教科文组织申报二十四节气作为人类非物质文化遗产名目的候选项目，这一申请正待批准公布。正式公布的时节将奏响我们中国人的二十四节气在新时代的响亮的赞歌。中国人关于时间制度的这一发明，将成为受到普遍关注的整个人类知识宝库中的珍贵遗产。它将作为人类认知自然、顺应自然和利用自然的一个历史性高度，被世界各国民众所关爱，所保护，所传承。

中国农业博物馆向联合国教科文组织提交的申报书所给出的关于二十四节气的简要说明是："中国古人将太阳周年运动轨迹划分为二十四等份，每一等份为一个'节气'，统称'二十四节气'。二十四节气是认知一年中时令、气候、物候等方面变化规律所形成的知识体系和社会实践，指导着传统农业生产和日常生活，是中国传统历法体系及其相关实践活动的重要组成部分。在国际气象界，这一时间认知体系被誉为'中国的第五大发明'。"

二十四节气作为中国人特有的时间制度，深刻影响着人们的思维方式和行为准则。各农业社区依据节气安排农业劳动，进行节令仪式和民俗活动，安排家庭和个人的衣食住行等各项活动。

二十四节气的发祥地是黄河流域中下游的广大地区。由于中国地域的广袤，南北东西气候、物候的变化有显著的差异，二十四节气交节的时间并不一致。所以，涉及二十四节气的农谚便具有鲜明的地域性，人们会根据所在地域的特点，总结出关于自然变化的认知并具体规划劳作的进程。例如，东北的谚语说"清明蛾子谷雨蚕"或"大暑蛾子立秋蚕"，而在浙江则说"清明孵蛾子，立夏见新丝"；在种大田的甘肃张掖说"彭祖活了八百年，田要种在春分前"，而在种水田的长江流域则说"不到清明人不忙，立夏点火夜插秧"。我们看到，在谚语中，广大农民对节令和地域的把握是具体而精准的，并没有把一个地区的经验看成是不变的刻板教条套用在另一个地区，而是因地制宜地总结出适宜于地方特点的自己的谚语。

说到谚语，作为人类智慧高度概括并以口头形式广泛流传的、短小而精准的语言形式，虽说世界各个民族都有丰富的创造和积累，但是，居住在广阔地域上的、历史悠久和文化积淀深厚的中国人则创造了极为丰富的各类谚语。有涉及生活知识的谚语，有讲求伦理道德、行为规范的谚语，有寓教于乐的谚语……林林总总，不一而足，反映了中国人生活的全部侧面。其中，尤以反映中国人祖祖辈辈农业生产活动的农谚最为珍贵。农谚鲜明地体现了人与自然的亲密关系、人对于自然规律的尊重和利用，体现了人与自然的和谐共处，同时，农谚又把人的劳动和生活有序地安排在时间的进程中。这是我们中国人祖祖辈辈创造和传承的宝贵的口头传统，这种升华为精准短语的农业生活经验，是规律的总结，也是劳动生活的指导，最鲜明可感地刻画出中国人的勤劳、智慧的形象。

中国农业博物馆以二十四节气为纲，把中国农民在长期的劳动和生活过程中积累下的关于对自然的感知以及关于自己生活实践经验的大量的谚语编纂成书。按照现有体例编纂的这部农谚大全，选材全面，条例清晰，鲜明地描绘出在中国大地上的农业劳动生活的全部场景。同时，也是我们今天认识相当长一段时期农业生产活动的宝贵历史资料。非但如此，对于今天的农业生产活动仍然可以具有参考借鉴的裨益。

手捧这部书，读者会不断地赞叹作为社会生活脊梁的中国广大农民的高大伟岸，以及他们的智慧的闪光。同时，读者也会感激农业博物馆的工作人员将这些珍珠般的精言妙语编织在一起。经过工作人员的编辑，他们奉献给读者的不再是散金碎玉，而是一座关于农业生产的历史实践和宝贵经验的巨大而丰富的宝库。

印行此书，善莫大焉！

原文载于：隋斌、王一民主编，中国农业博物馆：《二十四节气农谚大全》，北京：中国农业出版社，2016年9月版。

同时，以"中国的第五大发明——《二十四节气农谚大全序》"为题，载于《非物质文化遗产研究集刊》2017年。

中国人的时间制度
——值得骄傲的二十四节气

编者短评： 2016 年 11 月 30 日，中国的"二十四节气"正式列入联合国教科文组织人类非物质文化遗产代表作名录。向联合国教科文组织提交申请书的单位是中国农业博物馆、中国民俗学会和若干地方社区。二十四节气在中国有着悠久的历史，早在春秋战国时期，人们根据日月运行位置、天气及动植物生长等自然规律，总结出了二十四节气，到了秦汉年间，完全确立。讲座以二十四节气为话题展开了中国人对时间制度的讨论，二十四节气作为中国的传统民间民俗文化，对中国人的农耕文明有着巨大的影响。刘魁立老师一直致力于民间民俗文化和非物质文化遗产保护的研究工作，他介绍了中国人的时间制度的产生及发展，阐释了二十四节气在时间制度中的特殊性，并全面梳理了二十四节气的文化意义。讲座趣味生动，在掌握传统文化的同时，感受令人骄傲的中国非物质文化遗产的魅力。

中国人的时间制度

每个人和整个人类社会，都始终生活在一定的时间和空间当中。空间是固定的、具体的，而时间则需要通过某种办法加以测定和标识。人们测定和标识时间的参照物最初是自己感知到和观察到的物候和气候的变化。什么时间月圆了、月缺了；什么时间天长了、天短了；什么时间冰化了、河开了、风来了、雨来了；什么时候气候转暖，冬蛰的昆虫苏醒了，大地可以耕种、种子可以发芽、庄稼可以生长了；什么时候候鸟飞来了、飞走了……这些气候和物候的变化，就被我们的先人用来作为早期测定时间的依据。

时间是世间一切物质存在的重要方式，时间概念是一个抽象的概念，是物质的运动、变化的持续性、顺序性的表现。时间是人类用以描述物质运动过程或事件发生过程的一个参数。人们为了要更准确地衡量时间、计算时间、记录时间，就要进一步选择具有普适性、恒久性和周期循环性的参照物。于是，太阳、月亮、谷物的成熟期等等，就成了优选的参照系。人类很早就学会观察日月星辰，用以测量时间。大约在公元前五千年，人们利用指时杆观察日影。公元前十一世纪，已经有了关于日晷和漏壶的记载。详细记录时间的钟表的发明，大约已经是十三世纪下半叶的事情了。

协调和规范各民族或国家群体内部公共时间制度的，是各国实行的特定历法。世界现行的几种历法最为普遍的有以地球围绕太阳旋转的周期作为参照物的太阳历，或称阳历，我国当今使用的所谓公历就是这一历法。作为我们传统时间制度组成部分的二十四节气的制定，也是以地球围绕太阳旋转的周期作为参照物的。除阳历之外，还有以月球围绕地球旋转周期为参照物的太阴历，或称阴历。我国自夏代就开始使用、后经汉武帝太初元年加以修订的兼顾太阳历和太阴历确定的历法，是阴阳合历，即我们所称的"夏历""农历"，或俗称的"阴历""旧历"。这样说来，我们所遵行的夏历实际上是阴阳合历，是既参照了对月亮的观察，又参照了对太阳的观察而制定的历法。

我们的民间传统节日体系，如春节、元宵节、端午节、中元节、中秋节、重阳节等，都是依据过去千百年来通行的阴阳合历而确立的。这种历法在我们的心目里和在我们的实践活动中，依然占有重要地位。正像我们对光华照人的月亮以及太阳倍感亲切和极尽赞颂之情一样（人们把月亮和太阳神格化，编创出大量的神话传说就是最好的说明），对使用了几千年的阴阳合历我们同样有着深深的钟情和依恋。

为了准确反映一个对从事农业生产极为重要、同时又准确标志寒暑往来规律的计时办法，人们将一年三百六十五天平分为二十四等分，分别给予一个名称，如立春、雨水、惊蛰、春分等等，于是，就形成了二十四节气的时间标识制度。古人很早就掌握了两分、两至这两个最重要的节气：春分、秋分（昼夜长短相等）、夏至（白天最长）、冬至（白天最短）。在某些历史时期，某些节气的名称与今或有不同，但在汉代刘安所著的《淮南子》（公元前141年）中，就有二十四节气名称的明确记载了。各个节气（包括节气、中气）都已有明显的"物候"作为标志，即所谓二十四节气七十二物候（一节气三候）。

我们古代的先人发明节气，把自然界的变化、动植物呈现的状态以及我们人体内部功能的状态和变化都反映出来，而且相当准确：雨水，草木萌动；霜降，草木黄落；立秋，凉风至等等。这些都是从人们对自然界的细腻感觉出发而形成的，体现出对于客观规律的准确认知，相当科学。

以上体现在我们中国人生活中阴历阳历合并使用的时间制度，各有其科学依据、计算方法和历史发展进程。表面上看来似乎是互不关联、彼此相悖，但在我们的生活中交错使用、互为补充，形成了协调并用、多元而统一的时间计算体系。这个多元而统一的时间制度就是我们中国人生产生活节律和节日体系的背景。

中国人的传统节日体系与其他某些民族的传统节日有很大的不同。如果说有些民族的节日体系是以宗教人物或某些社会名人的纪念日作为核心而制定（当然，在设置这些宗教节日时，有时也不得不考虑要"挂靠"有悠久历史的民族文化传统），而我们中华民族的传统节日则主要是以协调人和自然的关系为核心而建立的。

比如，我们中国人和月亮有着特别亲密的情感关系，我们的一些节日和地球视角月亮的圆缺有关，这在西方文化中是很少见的。上元、仲秋、除夕乃至七月七、腊八、腊月二十三，我们都会联系到月亮的状态。中国人对月亮的这种特殊的情感，是把月球这个天体看成与人间世界雷同的一个所在。那里有巍峨的建筑——广寒宫，那里有神圣的植物——砍不倒的桂树，那里有可爱的动物——捣药的白兔，那里有从人间飞到天上、升格为神的嫦娥、吴刚，那里是人间的缩影，人间的美化。对于月亮这样一个天体，我们一往情深，月亮成为我们象征体系中的一个非常重要的对象。我们依据这一象征，纪念和庆祝着一系列重要节日，月望的元宵节、中秋节，月半弦的七夕和腊月二十三，月朔的除夕和大年初一，等等。我们的这一节日体系，已经化为我们民族文化灵魂的一部分，也成为我们民俗传统根基的一部分。"每逢佳节倍思亲"，不思亲，没有亲，六亲不认，无朋无友，不爱社群，不爱家乡，民族将何在？国家将何在？民族性，是节日的本质品格之一。

二十四节气的创立

说到二十四节气体系的创立，春秋时代，我们的先祖就曾用土圭测量日影的方法，确定了白昼最短、最长和长短相等的冬至、夏至、春分、秋分四个时间节点。秦代又确定了四季开始的四个时间节点：立春、立夏、立秋、立冬。到了汉代，二十四节气的完整体系便彻底确立下来。从地球的视角观察太阳，将太阳按黄经运行的轨迹划分为三百六十度，每运行十五度所经历的时日即为一个"节气"。运行三百六十度，共经二十四个节气，即每月两个节气。在每一个节气下，更细分为三候：初候、二候、三候，每五日一候。例如，立春三候的表征是："初候东风解，二候蛰虫始振，三候鱼陟负冰。"二十四节气和七十二候既是气候变化的一个时段的标志，其开始的日期和时分同时也是气候物候变化的精确的时间节点。

二十四节气的发祥地是黄河流域中下游的广大地区。由于中国地域的广袤，南北东西气候物候的变化有显著的差异，二十四节气交节的时间并不一致。所以，涉及二十四节气的农谚便具有鲜明的地域性，人们会根据所在地域的特点，总结出关于自然变化的认知并具体规划劳作的进程。例如，东北的谚语说"清明蛾子谷雨蚕"或"大暑蛾子立秋蚕"，而在浙江则说"清明孵蛾子，立夏见新丝"；在种大田的甘肃张掖说"彭祖活了八百年，田要种在春分前"，而在种水田的长江流域则说"不到清明人不忙，立夏点火夜插秧"。我们看到，在谚语中，广大农民对节令和地域的把握是具体而精准的，并没有把一个地区的经验看成是不变的刻板教条套用在另一个地区，而是因地制宜地总结出适宜于地方特点的自己的谚语。

二十四节气作为中国人特有的时间制度，深刻影响着人们的思维方式和行为准则。各农业社区依据节气安排农业劳动，进行节令仪式和民俗活动，安排家庭和个人的衣食住行等各项活动。围绕二十四节气每一个时令节点，人们在组织生产和生活活动的同时，还使生产和生活各个领域的传统知识在丰富多彩的民俗活动和相关仪式中得到保存、保护和传承。

二十四节气作为中国人祖辈发明的时间制度，是中国农业文明的智慧结晶，一直指导着春耕、夏耘、秋收、冬藏的农事活动，也是亲善自然、道德修为，提升认同，构建和谐的有效手段。

春季，许多地方有迎春、鞭春、唱春、拜春等仪式活动，祭祀春神，开始农事。立夏，在杭州一带，有吃乌米饭、登高等传统活动，旨在强身健体。立秋，湘西花垣苗乡庆祝"赶秋节"，人们举行仪式，唱苗歌、打苗鼓，共颂风调雨顺，五谷丰登。到了霜降节气，在广西一些地方，则有"壮族霜降节"，举行仪式欢庆丰收，感谢天地自然的恩赐。

俗话说，"冬至大于年"。冬至时节，浙江三门等地向有祭冬习俗。社区民众举行祭天祭祖仪式，庄严而隆重。感恩社会，敦睦族亲。三门祭冬习俗，千百年来，连绵不断，延续至今。

顺天应时，循时而动，融入了中国人道法自然、崇尚和谐、珍视生命的民族精神。

人们为了便于记忆，还编成了二十四节气歌：

春雨惊春清谷天，
夏满芒夏暑相连，
秋处露秋寒霜降，
冬雪雪冬小大寒。

中国向联合国教科文组织申报二十四节气作为人类非物质文化遗产代表作名录的候选项目，向联合国教科文组织提交申请书的单位是中国农业博物馆、中国民俗学会和若干地方社区。中国提交的申报书所给出的关于二十四节气的简要说明是："中国古人将太阳周年运动轨迹划分为二十四等份，每一等份为一个'节气'，统称'二十四节气'。二十四节气是认知一年中时令、气候、物候等方面变化规律所形成的知识体系和社会实践，指导着传统农业生产和日常生活，是中国传统历法体系及其相关实践活动的重要组成部分。在国际气象界，这一时间认知体系被誉为'中国的第五大发明'。"

几天前，这一申请已获批准公布。这是我们中国人的二十四节气在新时代的响亮的赞歌。中国人关于时间制度的这一发明，成为整个人类知识宝库中受到普遍关注的珍贵遗产。它作为人类认知自然、顺应自然和利用自然的一个历史性高度，必将被世界各国民众所尊重、所关爱、所保护。

二十四节气的文化意义

二十四节气是中国人时间框架的一部分。虽然外国也有自己命名的春分、秋分、夏至、冬至这些时间节点的认知，但是能再细分出二十四节气、七十二物候，使生产生活与自然结合得如此紧密的，则是我们中国人，而这一时间制度的确立对于我们的文化认同和中华民族的凝聚力，具有极为重要的意义。

首先，二十四节气是我们观察自然变化、记录自身生活时间过程的一种发明，它是构成中国人时间制度的一个重要内容。起初，我们并没有更准确地衡量物来记录我们生活的时间节点和所经历的事件过程，后来有了二十四节气、七十二物候这样的方法来说明事件的时间节点和计算人们的社会进程，以及我们每一个个体的生命进程，把它当作是一种时间制度，用以测定和记录所有事物变化节点乃至整个人类社会发展进程的标志。

其次，对于我们中国人来说，它是我们在面对自然、顺应自然、利用自然和自然对话的过程中，所使用的一种非常精细的、科学的认知方法，是我们对于自然认知和实践的记录手段。

再次，因为有了节气这种时间计算方法后，它作为一种时间制度就进入了中国传统节日的体系之中。比如，清明节，到现在依然是我们民族传统节日中一个很重要的节日之一。清明的内涵也是有多种的，从踏青、郊游的层面来看，清明是一种让人走向自然、亲近自然、与自然和谐共处的节日；从另一种意义上说，就是把现实和历史联系在一起、把我们自己与先人联系在一起，这就建构了一种历史传承的关系。

对于整个人类社会来说，二十四节气显然是一种具有特定科学内涵、具有重大借鉴意义的创造，这是在文化多样性发展的大背景下，人类可以共享的非物质文化遗产的一个很好的典型范例。

最后，当二十四节气被正式列入联合国教科文组织人类非物质文化遗产代表作名录的时候，无形中提升了它在我们心目中的地位，增进了我们的民族自豪感，通过许许多多这样的事例，也必然会增进我们的民族认同。民族传统节日本身就是民族认同的一个重要的因素。就如同每到过年，我们都会不约而同地回家过年一样，要回到家乡，和亲人团聚，所以说，民族传统节日体系是民族认同非常重要的一个标志。而二十四节气，作为中华民族先人发明的一种时间制度，作为人类非物质文化遗产的代表作，今天被放在了一个明显的地位，特别予以彰显，让整个人类社会关注、共享、保护，不仅提升了我们的民族自豪感，增强了我们的民族认同，同时，也是世界认识中国的一个标志。

可能有人会有这样的疑问：城市里的人与农业生产活动相距遥远，那么，我们还需要二十四节气吗？有什么样的生活，就会遵循什么样的时间框架，我们现在按星期来安排工作和生活，其实，这是工业化社会的产物，是一种人为安排的机械的生活节律。二十四节气则是认识大自然的变化、顺应大自然的变化、利用大自然的变化而制定的时间框架，它的科学价值和丰富内涵多彩意蕴，提醒着人们要回归自然，要与自然和谐相处，这就是为什么我们需要在生活中加入像二十四节气这样的时间框架。现代人生活在钢筋水泥的高楼中，漠视自然已经太久了，而要了解自然，二十四节气作为一个时间尺度是必不可少的。

二十四节气设置的深层寓意和功能，在于调整我们人类群体同自然的关系，就拿清明节和端午节来说，在二十四节气当中，清明节这一节气成为人们广泛开展的民族传统节日。清明在春分后的第十五天，是其后的第一个节气。阳春三月，万物萌生，天气清静而明洁，一切生物（植物、动物也包括人），萌发出强烈旺盛的生命力，所以有"少女游春"等等说法。踏青、春游，同时祭扫，是其相当普遍的节俗。直到今天，国内许多民族尚存有三月三歌墟和男女交谊之类的活动。正因为有了夏历，它使清明这一节气与大自然之间有了亲和呼应关系。

再说端午节。四、五、六三个月为夏季，五月是仲夏之月。寅月为岁首（正月），卯为二月，辰为三月，巳为四月，五月即午月。午月午日，故曰"重午""重五"。午月午日午时（12时），日在中天，所以，端午节又有"中天节"之称。是时，阳气盛极，阴气初生，故又称"恶月"。在这危机潜伏的重要关节，当然要小心过渡、平顺过渡。邪气萌动，当须避之。人们通过各种方式，如沐浴兰草汤、登高、采药、戴香包、系五彩线、龙船竞渡等，借助于艾、菖蒲、艾人、艾虎、艾旗、蒲剑、雄黄酒、朱砂等，以防五毒，以送瘟神。同样，也正有了夏历，端午节也告诉我们要与大自然保持紧密的联系。

二十四节气还激发了人们的审美情趣，历代诗人围绕着二十四节气创作了无数广为人知、脍炙人口的佳作。广大民众也创造了无数内涵丰富的二十四节气的民间谚语。

湖南的农谚说："节分二十四，候有七十二。"

谚语作为人类智慧高度概括并以口头形式广泛流传的、短小而精准的语言形式，虽说世界各个民族都有丰富的创造和积累，但是，居住在广阔地域上的、历史悠久和文化积淀深厚的中国人则创造了极为丰富的各类谚语。有涉及生活知识的谚语，有讲求伦理道德、行为规范的谚语，有寓教于乐的谚语……林林总总，不一而足，反映了中国人生活的全部侧面。其中，尤以反映中国人祖祖辈辈农业生产活动的农谚最为珍贵。农谚鲜明地体现了人与自然的亲密关系、人对于自然规律的尊重和利用，体现了人与自然的和谐共处，同时，农谚又把人的劳动和生活有序地安排在时间的进程中。这是我们中国人祖祖辈辈创造和传承的宝贵的口头传统，这种升华为精准短语的农业生活经验，是规律的总结，也是劳动生活的指导，最鲜明可感地刻画出中国人的勤劳、智慧的形象。

原文载于:《人民政协报》2016年12月12日,第10版:学术家园。
同时载于:《新华月报》2017年第1期。

关于把"年"叫成"春节"的一些思考

2月16日下午，己亥年的第一场南湖讲坛在嘉兴市图书馆举行。国内著名的民间文艺理论家、社会学家刘魁立先生，带来了一场题为《新年与二十四节气》的精彩讲座。

新年当中聊"过年"，应时应景。满头白发的刘魁立教授激情满怀，全程站立着，为大家普及了传统历法和民族节日的知识。

虽然他所提及的每一个名词，人们都很熟悉，但生动的系统讲解，仍让人感觉获益匪浅。尤其是刘教授关于"年味"的解读和观点，令人颇有感触。

下面，就来看看讲座当中有哪些精彩的讲解吧——

阴阳合历是中国的传统历法

无论是年，还是二十四节气，都是和时间有关系的。于是，我们就要想一想，什么是时间？

时间存在在所有的物质上。这是所有物质的一种存在形态，任何事物没有办法脱离开时间。我们怎么才能够确定一个东西的时间呢？人们就努力去找一个参照物——客观的东西，用它作为一个尺度来衡量时间。需要哪些条件来找到这个参照物呢？

第一个条件，是大家都能看得见、都能认同的。第二个，它应该是周期性的。第三，它应该是恒久的。满足了这三个条件，才能够把它当作尺度。

满足这三个条件，最适合的，首先是太阳。太阳从早晨升起来，到晚上又回去，周而复始，地球上的所有人都能看得见它。长此以往，永远是这样。我们就把太阳的这个活动周期，看见太阳间隔的长短，叫作一个太阳，或叫一天、一日。这一个尺度的衡量，我们把它叫作太阳历。

除了这个之外，如果要长一点，我们会选择哪一个作为衡量时间的尺度呢？那就是月亮。就这样，我们把比"一日"更长的叫"一月"。世界各个民族都这么称呼的。

中国人制定自己的时间标准，既考虑到太阳，同时又考虑到月亮的情况。因此，我们的历法叫作阴阳合历。大约五千年前，我们就有了太阳历。把太阳历和太阴历合起来，大约是在三千年前。到了汉代太初元年，制定了一个太初历。这个历法，我们又把它叫作农历、阴历或夏历，我们至今仍在使用。

二十四节气的由来

汉代刘安在《淮南子》中，已经非常明确地把二十四节气的名称、时间、计算标准，都写清楚了。这是中国人的特殊发明。

有早期文明的民族，都知道春分、秋分、夏至、冬至。虽然名称不一样，但对于"两分、两至"的认识没区别。因为这个并不难。对于当时每一个民族的天文学家来说，他们都会知道，什么时候白天黑夜一样长，一年之中的这两天，定为春分、秋分。而白天最长，黑夜最短的一天，定为夏至；黑夜最长，白天最短的一天，定为冬至。这四个节气，是人类观察太阳共同的结果。

秦代的时候，我们民族确定了立春、立夏、立秋、立冬，这都是我们根据对太阳的观察来确定的时间标准。有了"两分、两至、四立"这八个基准，就可以把一年分得非常清楚。最后，每一个节气的中间又放了两个节气，这样就构成了我们今天所说的二十四节气。

"万物生长靠太阳"，我们根据太阳和地球之间的关系来确定生产和生活。所有的植物和动物，所有的气候和物候，都根据时间的发展来表现出自己的标志。中国人又把每一个节气分成"初候、中候、末候"，这样就有了"二十四节气、七十二候"。这样的划分，明确地把"什么时候风来了，什么时候要下雨了，什么时候草开始生长了，什么时候草黄了，什么时候下雪，什么时候结冰"表现得清清楚楚。

但是，"二十四节气、七十二候"地方色彩特别浓，南方和北方实际上是有很大差异的。既然这样，我们就需要去考察一下各地的农业谚语。这个农谚，就因地制宜地把"二十四节气、七十二候"地方化了。

"年"为什么不适宜叫"春节"

二十四节气这个体系，是太阳历的体系，它对我们的农业生产很重要。另外一个计时的太阴历的体系，则表达的是人与人之间的关系。

我们中国人所有的节日，不是根据对太阳的观察来制定，而是根据对月亮的观察来制定的。中国人不同于西方人，我们对月亮的情感特别浓。我们根据太阴历来制定节日活动，来表达我们的情感。比如，我们把每年最后一个"三十"，叫作除夕；把每年第一个月圆，作为一个特别重要的节日；再比如七月七、中秋。而腊八、腊月二十三，也安排成一个节日，也和月亮有关，它们都在上弦月和下弦月中间，都是月半。

而我们所说的"年"，有两个含义：第一是代表一个时段、一个周期，第二是代表具体的一个时间的节点，也就是常说的"过年"中所指的特别重要的这一天。

我一直对现在把这一天叫作"春节"有意见。也是在去年，在中央电视台一次会议上，我发表了一番感慨，"就是中央电视台不断用'春晚'这个词，把'年'给冲淡了"。

春节这个称呼怎么来的呢？1914年，中华民国要推行西方的公历，废除阴阳合历，但老百姓并不怎么接受。1927年，甚至严禁过年。当时，封了许多卖年货的店铺，强制老百姓不再过年。

但是，在中华民族的文化里，节日都是按照阴阳合历制定的，代表的都是人与自然的关系、人与人的关系。如果只使用公历，去除掉阴阳合历中太阴历的部分，就会把我们民族的节日体系破坏掉。所以，当时老百姓对于不让过年的条例，并不买账。

从哪里寻找变淡的年味

过年，其实是对文化的坚持。到现在，我们仍然会说"回家过年"，并不会说"回家过春节"。春节这个词，并没有变成我们心理上充满感情的一个词语。比如说，我们会说买年货、年夜饭等，这个"年"字，在我们心中一直没有失掉它的意义。

过年，是一个文化传统。它和其他的节日是不同的。我觉得有三个不同。

第一个，人的"重生"。比如说，正月不许讨债；过年，所有人都需要剪头、沐浴、更衣。到了二月二，才理发。在这个节日过程中，人要"重生"一遍。

第二个，重建。以前，人们要在过年时糊棚，把房屋里的顶棚用纸重新糊一遍，院子要打扫干净；初一到初五，人们不会倒垃圾，垃圾要从外面往里面扫，破五之后才恢复倒垃圾。所有的这些，都代表人与自然建立了一种新的关系。

第三，是社会关系的重构。过年，我们要请（祭）祖先、请（祭）神，要去给亲戚朋友们拜年。这都是关系的重建。

现在，人们都说年味越来越淡，但年味不在街上，不在鞭炮里，更重要是在人心里——我们是不是把过年看成一个非常重要的时刻：我自己重生了，我和整个自然的关系有一种新的结合，与人的关系有了一个重构。

年这个词，也许并不那么重要。但是我们要恢复这样一个称呼，实际上是要恢复那样一个意义、那样一个价值，捡回对于年的尊重、那种神圣感。

我希望，在我们每一个人的心目中，要让年有一个复兴。这得靠我们大家，我们都是这个非物质文化遗产的传承者。

原文载于:《嘉兴日报》2019年2月22日第10版:江南周末·悦读,本文由刘艳阳整理报道。

过大年是我们生活的歌

　　与中国其他传统节日相比，春节节期更长，更有意义，更庄严隆重。居住在城市里，有时会觉得现在过年不如过去那么欢乐喜庆和饶有兴味，抱怨"年味儿"有些淡了，可是在广大农村、乡镇，过年依然是那么红火、富有意趣。这些年，不少外国朋友特地赶来中国，亲身体验我们过年的乐趣。他们直接称它为"中国年"。

　　过年是前一个时间周期的结束，一个新的时间周期的开始。"除旧迎新"，是传统新年专有的修饰语。特别是更岁交子的那一刻，更被我们看成是新旧交接的庄严时间节点，"一夜连双岁，五更分两年"，或者说"一元复始，万象更新"。

　　"万象更新"是指什么？"万象"的范围是哪些？"更新"又是什么含义？深入分析这一问题也关乎理解过年的深层意义和文化价值。

　　万象更新，首先是指人，是指我们每个人从外到内的更新。

　　往常，过年之前，人们依照习俗一定要剃头、洗澡、换新衣。直到今天，多数人不改旧习，依然这样做，好像要从里到外"变成"一个新人。这时，人的心理也会发生一定变化。过去，过年有欢庆丰收、祈望吉祥的意思；如今，在这个时间节点，每个人也会情不自禁地总结一下过去一年的成绩，规划和展望来年要做的事情。总之，这是一个庄严隆重的时间关口，人们称它为"年关"。通过一系列仪式性活动，平顺地度过这一时间关口，振作精神，付出新的努力，绘制新的蓝图，迎接新的生活。这些举措意味着人的"重生"。

其次，过年体现着环境的更新。

每逢新年，各家各户，屋里屋外，院内院外，都会被打扫得干干净净。过去，住平房的北京人家还要重新刷墙、糊棚、换风斗。家家过年要张灯结彩，以示欢庆，以求吉祥。门两侧贴对联，室内贴"抬头见喜"，院中贴"出门见喜"，连所有的场所和器具都要贴上对联、喜字，"风调雨顺，国泰民安"，如此等等，举不胜举。这些带有仪式意义的传统习俗，表达了人们对自然、对周围事物、对自身生活环境的关心、关爱、善待和尊重，展现对美好生活的真诚祈愿，其深层文化内涵在于"生活环境的重建"。

再次，过年是进行广泛人际交流，"更新"关系、加深亲情和友谊的最好时机。

在许多地方，过年要祭祖，外出的人无论有多困难，都要想方设法回家团聚，庆祝新年。在吃年夜饭之前，要给长辈拜年，长辈要给晚辈"压岁钱"。通过这种方式，尊老爱幼，深化亲情，强化家族内部的和谐和睦。除夕过后，从一早开始，一连几天，要给亲戚、朋友、同事、同学等一切友好相知拜年贺年。通过祝福，表达情意，加深友谊，强化相互关系。元宵节期间，也是一种大联欢。人们无论认识不认识，彼此之间都亲热友善、以礼相待。从这个角度看，过年不仅是重要的节庆欢乐活动，更是人际关系的重构。

归根到底，过年在我们心中，"年味儿"也始终在我们心中。过年催生了自然的苏醒和生活的复兴，一元复始迎来万象更新。过年意味着人的"重生"、生活环境的重建、人际关系的重构。这才是过年的意义，这才是年。

各地方种类繁多的过年仪式，大体上都是围绕着这三个意义重大的主旨来设置。同时，这些仪式或仪式性的活动又丰富和提升了新年的文化内涵与精神价值。这些活动和仪式，不仅要有意趣，还要有时代感。意义重大的仪式和活动，具有亲善自然、友善家庭和社会以及修养自身的内涵，是新年之"新"的应有之义。

过年是展示美好心灵和表现智慧才艺的舞台，过年是提升道德情操和培育丰富情感的熔炉，过年是社会群体和谐团结的黏合剂，过年是历史传统、文化传统的积淀和时代再现，过年是民族性格、民族文化的一种展示，过年更是文化认同、民族认同、国家认同的重要标志之一。

过年是时间之树上的花朵，是我们生活的歌。

原文载于:《人民日报》2020年1月30日第8版:副刊。

节日之歌

岁岁有年,年年有节。每逢过年,无论种地也好,做工也好,人们会把手上的活儿暂时放下,怀着美好愉快的心情,完成某些相同仪式或习俗,欢度这一特殊时光。

一年三百六十五天,可分为平日和节假日。一般假日,是社会成员"个人的"时间,重大节日则是某一社群、族群及整个社会"集体的"时间。"每逢佳节倍思亲",说的是群体性心理活动。围绕节日,大家心态观念有一致性,行事和作为也有一致性。

重大节日的社会群体性,引申出节日的教育功能。这一点在国家规定的重大节日中体现得最为明显。每逢"五一"国际劳动节、"十一"国庆节,人们会感受到热爱祖国、珍视生活、充满理想的节日文化。

历史悠久、积淀丰厚的传统节日,同样具有潜移默化的教育作用。节日还是人们同自然、历史、社会对话交融的一个重要节点,比如,过年。早先过年期间,有一些传统风俗。现在不同了,但室内和庭院仍然要按惯例打扫得干干净净。这些活动,是在表达重新建构与自然和谐相处的殷切期望。有的地方过年要祭扫,拜谒祖辈;除夕交子时分,要给父母长辈行礼拜年,长辈会给晚辈压岁钱祝福;过年期间,要走门串户给亲朋好友拜年;到了正月十五元宵节,纷纷走上街头,参加或观赏新年踩街活动,进行社会性群体大联欢。这些仪式和习俗活动体现了人们重构和强化社会关系的美好祝愿。

人们过年要理发,要沐浴,要穿新衣服,言谈举止要和善,待人接物要有礼,旧年行事要总结,祈盼新年有新气象。这些活动意味着,在时间转换、新旧交接的年关当口,人们在庄严地展现改革自我、涵养自我、提升自我、完善自我的赤诚之心。这就是我们的"年"。

传统节日是祖先留给我们的宝贵遗产,依然生动地存续于我们的现实生活之中。当代社会的技术发展、人文变化都在延续着传统节日的生命,它的当代功能、新特性、新结构、演变中的新形态,也不断拓展着我们对节日的认知。

首先,节日是增强文化认同、民族认同的重要依据,是民族特质、民族性格的文化符号。这种认同感,使我们能够找到我们的亲人朋友和生活于其中的社会群体,从而获得生活满足和创造力量。

其次,我们的节日体系具有多重历史记忆和辉煌的时代印记。通过节日,我们可以将自己与不同时代的文化传统联系在一起。我们欢度节日不仅是个人生活记忆,还是节日文化长链上的一环。有了这种历史感,会增强我们的民族自信心和自豪感。

第三,中华民族整个节日体系在培育民族性格、丰富民族情感方面,尤其显示出强大力量。由节庆实践而产生的亲善感、满足感、审美享受和内心快乐,是节日馈赠给我们的厚礼。节日是美的结晶、美的化身。节日本身和我们欢度节日都饱含着美的、乐观的、幸福的意味。让我们怀着无尽的依恋和深深的珍爱,年年欢度、代代守护我们的民族节日,高声欢唱健康快乐向上的节日之歌。

原文载于:《人民日报》2022年2月10日第20版:文化遗产。